本书为国家社科基金西部项目（项目编号：12XZX023）成果；

出版受到"贵阳市财政支持贵阳学院学科与硕士点建设项目 [YM−209]"资助

国家社科基金丛书
GUOJIA SHEKE JIJIN CONGSHU

非物质文化遗产
"生产性保护"的哲学研究

A Philosophical Research on the Productive Protection
of Intangible Cultural Heritage

龙叶先　著

人民出版社

序　一

　　龙叶先博士的专著即将出版,他嘱我为之作序,我看过其书电子版后,欣然同意。关于非物质文化遗产的保护与本土知识的研究或地方性知识的研究有密切关系。而我长期从事科学实践哲学和地方性知识研究,当然可以从他的书中看到对于本土性的、非物质文化遗产保护的重要意义,这种意义不仅是现实性的,而且具有关于本土知识在所有知识中的地位、作用的哲学思想的理论意义。因此,他在研究中论证为何要从哲学视角思考"非物质文化遗产"的"生产性保护"的观点(当然不是他第一个提出这样的观点),我认为非常重要。这是因为,唯有"生产性保护"才是真正意义的融入本土居民生活的保护,而其他的保护,很多都具有外在性,是一种装饰性或名义性的"保护"。

　　龙博士的专著提出,非物质文化遗产"生产性保护"的哲学研究,主要包括以下几个方面:

　　第一,重新认识和理解非物质文化遗产"生产性保护"概念的含义。非物质文化遗产的"生产性保护",在本质上是生活资料的生产和再生产,以及人的自身的生产和再生产。通过遗产保护,保护的不仅是一种文化成果,而且是文化传承方式,是具有这种文化记忆、技艺的人的再生产,如果没有"生产性保护",如何能够完成这种传承和保护呢?

第二,民众才是非物质文化遗产"生产性保护"的实践主体。但在现实中,非物质文化遗产的"生产性保护"却往往是政府主导、商家操纵。这种现象将导致民众的实践主体性难以体现,文化自觉、文化自信难以树立,专家帮助作用难以发挥等问题。龙博士认为,非物质文化遗产"生产性保护"实践主体包括生产者、消费者、政府、学术界和理论界、媒体、商业界等,它们之间只存在任务、责任的不同,而不存在层次的差别,保护活动只有依赖于主体各方面相互配合、相互协同、通力合作才能有所成效。因此,应该把各相关主体的任务、责任进行明确,使各主体目标一致,各司其责,协同配合。而我以为,民众能够坚守本土知识,学界能够认识本土知识的意义,政府也能够提高关于本土知识的认识,是更为重要、更为根本的。

第三,澄清非物质文化遗产"生产性保护"的价值问题。的确,澄清非物质文化遗产"生产性保护"的价值问题,应该是非物质文化遗产"生产性保护"哲学研究的重要构成部分。我同意这一议题是其哲学研究的重要议题,同意龙博士关于"非物质文化遗产'生产性保护'这种实践活动的根本的及深层次的价值意义,就是通过非物质文化遗产的生产和再生产,以促进人类与自然、人类与历史、个体与社会、个体与自我之间的和谐与协调"的观点。

第四,具体探讨非物质文化遗产"生产性保护"中人与自然的动态协同关系。

第五,具体探讨非物质文化遗产"生产性保护"中个体与社会、个体与个体、个体与自我的动态关系。

我认为,这些探讨都是很有意义的议题。

在文章中,龙博士引用了 19 世纪被称为建筑遗产保护巨人的英国思想家约翰·罗斯金（John Ruskin）在 1849 年出版的《建筑的七盏明灯》一书中的观点，强调真正保护的意义，对古建筑保护和盲目修复所带来的问题进行了极其深刻的论述。他明确指出："建筑应当成为历史，并且作为历史加以保护"，应"小心呵护看管一座建筑，尽可能守卫着它，不惜一切代价，保护着它不受破坏"，而"所谓的修复其实是最糟糕的毁灭方式"。① 这一思想实际上意味着，非物质文化遗产的保护也是一件历史性的工作，因此应该尊重历史，不应该包装非物质文化遗产。保护其中的技艺和工艺，保护传承人，保护使得遗产能够生产性发展的体制和环境，都是极为重要的系统性的工作，而对此的思考则具有哲理性的意义。因此，能否把非物质文化遗产通过生产性保护存留在当代本土中，而不是转变为少数人表演性的、装饰性的"遗产"，意义非凡。

在序的结束处，我想再次引用龙博士的话："我们提倡、推广、实施非物质文化遗产的生产性保护，就是希望通过非物质文化遗产的再现和再生产，为人类共同信念，为人类形成恰当地处理人和自然、人和人的相处问题有所助益"，以作为我们共同的心愿；亦希望龙博士自清华毕业后为家乡、为本土知识的保存和弘扬作出更多贡献。

吴　彤

（清华大学科学技术与社会研究中心　教授）

2016 年中秋前夕写于清华大学荷清苑家中

---

① 张松：《历史城市保护学导论》，同济大学出版社 2008 年版（第 2 版），第 229 页。

序　二

在这个鲜花也不矜持开放的季节,我勉为其难地为我清华同学(该书作者龙叶先博士)撰写一个非我熟悉领域,但还得像模像样的出版序言。虽然在读书期间我们的一次偶然交谈中我答应了此事,但我早已忘记而他却记住了。由此我想起了人生很多无奈都是债务人忘性太大、债权人记性太好而造成的。言归正题,作为抽象的文化思维的非物质文化遗产,是世界上所有不同民族的独特创造力和民族精神的体现,也是所有国家都非常重视的文化保护项目和研究课题。因为非物质文化遗产作为一种地域性的民族文化产物,其对应着特定的风土人情和其民族的生活、思想、情感和文化,也沉淀着不同历史时期的风土人情、民风民俗和地理信息,以及在世代的传承中不断地塑造并延续的民族生活理念和行为伦理,以及成为一些特定形成了民族的一种心灵的皈依和灵魂的寄托。因此美国人类学家雷德菲尔德在论及非物质文化遗产时就曾经提出大传统与小传统的概念。他认为大传统是指以城市为中心,由社会中上层人士、知识分子所传承的非物质文化遗产。大传统通过学校、官方等正规途径传播而成为精英的文化,从而得到更多的保护;小传统是指在社会中多数民众所传承的非物质文化遗产。小传统之于大传统除了是原生与派生的关系外,同时也兼有取代、遮蔽与被取代、被催生的关系。大传统更多传承的是政治化、官僚化、伦理化的思想;而代表小传统的非物质文化遗产则向所有的人开放,从而使小传统成为社会广大的中层、中下级阶级理解生活、了解社会政治和学习历史的主要来源,更是他们获取传统文化知识的来源和重要渠道。因此小传统更多传承的是生活化、现实化、道德化的思想。当然,小传统中的非物质文化遗产也是规范广大人民群众(包括接受大传统传承的阶层)的思想观念、行为方式的一种基本伦理观,其理念和价值能够使人们凝聚成一个共同整体,促进心灵与身体的和谐、个体与社会群体的和谐、群体与自然环境的和谐,从而构成族群文化的基础标识。这就使很多小传统类别的"非物质文化遗产"或者区域性的非物质文化遗产涉及人类社会的各个方面,其类别、内容不仅丰富多样,而且还具有十分独特的民族性和地域性,其保护的方式也面临着多样性和复杂性的局面,这就造成更多的非物质文化遗产没有得到基本的保护。这些面临的现实问题也体现了龙叶先博士进行"非物质文化遗产'生产性保护'的哲学研究"的必要性。

非物质文化遗产作为历史的产物,也是对历史上不同时代生产力发展状况、科学技术发展程度、人类创造能力和认识水平的原生态的保留和反映,传承和保护这些非物质文化遗产是后人获取科技资料、掌握科技信息的基本方式之一。同时,一些非物质文化遗产展示着一个民族或群体在历史上不同时期的生活风貌、艺术创造力和审美情趣等信息,其中有许多也是历代文化艺术创造取之不尽的源泉,并孕育了无与伦比的璀璨文化和经典文献艺术。因此,保护非物质文化遗产也是创造性地把非物质文化遗产资源转变为一种文化资本和经济资源,并成为各种文艺作品和文化产业的创意源泉和智慧源泉,从而形成一种良性循环发展的"文化生态"。由此,"非物质文化遗产'生产性保护'的哲学研究"既是维护国家文化安全的基本要求之一,也是传承和发扬其国民的悠久文化传统,延续各个民族特质、情感记忆和激扬民族精神文化的重要举措,更是一个国家政权合法性的来源之一。

在人类社会中,由于人自身的生产和再生产不仅仅是身体——劳动力的再生产,更是个体的人与社会性的再生产,即人的社会化和再社会化,以某些物质生产来形成相应的精神生产行为,并使已形成的精神意识反过来或制约或促进与其相应的物质生产活动。因此,非物质文化遗产的"生产性保护",在本质上是生活资料的再生产与人自身再生产的统一,其中对非物质文化遗产中的工艺性、技艺性项目进行再生产时,就形成了经济文化产业和人们的就业机会,以及给非物质文化遗产的"生产性保护"带来可持续性的动力,更有利于将非物质文化遗产中的沉淀资源盘活成经济资源和文化生产力,为其传承和"生产性保护"带来深厚的、持久的动力。因此,非物质文化作为一种特殊的"遗产"不但不会因"使用"和"消费"而失去价值和作用,反而会在不断地被重复"使用"和"消费"的过程中实现价值递增,从而通过其物质性的载体不断地得到"再生产"和保护。因此,在某种程度上来讲,任何非物质文化遗产都具有它的"生产性"来源及与"生产性"相结合的性质,非物质文化遗产不仅是与物质生产相结合,更是与人的自身生产(繁殖)相结合。从"生产性保护"的哲学研究角度来看,任何非物质文化遗产在理论上都有通过"生产性"方式而得到保护和传承的必要性,而非物质文化遗产一旦丧失了"生产属性",也就难以得到传承。因此,在非物质文化遗产的"生产性保护"的实施方案中,该书作者认为应该是重点保护其所具备的生产特性,也只有保护非物质文化遗产的生产特性,才是真正的"生产性保护"非物质文化遗产。就此而言,这种把握非物质文化遗产传承中的核心问题和"生产性保护"中的关键举措也是该书不同于其他同类课题研究的创新之处。

同样地,在非物质文化遗产的"生产性保护"方面,作者在具体的研究中认为需要用哲学思维中的多角度、多层次方法进行深入的审视和反思,去发现非物质文化遗产"生产性保护"实践过程中所出现的问题和矛盾,而现实中很多非物质文化遗产保护不善或许就与哲学审视和反思的缺乏有关。因此,"非物质文化遗产'生产性保护'的哲学研究"则是正确地阐述了其"生产性保护"中的概念和内涵;澄清了"生产性保护"的基本含义及适用范围;把握了其中的主要矛盾和层次关系;厘清了非物质文化遗产"生产性保护"实践主体的类型及他们之间的关系、目标和责任;挖掘了"生产性保护"中的各种价值与经济功能;明确了"生产性保护"与产业化和商业化之间的界限;规划了"生产性保护"实施系统的构成要素、主次矛盾等。因此,非物质文化遗产"生产性保护"的哲学反思和哲学审视,就是要使非物质文化遗产"生产性保护"得到更好的传承和发展。

社会的发展与创新离不开本民族自身文化的基因,而创新出富有竞争力的文化不是从零开始,只有在传统非物质文化遗产的基础上进行文化创新,才能使非物质文化遗产的传承得到延续,并以创新后的文化去修复其中的缺陷、弥补其中的文明性不足,从而使非物质文化遗产在"生产性保护"中发挥出自身的作用,体现出非物质文化遗产的"生产性保护"的价值指向与理论视野,这也是进行非物质文化遗产的"生产性保护"的哲学研究的必要性所在。因此,倡导和推动非物质文化遗产的"生产性保护"的哲学研究正是以哲性思维和理性思想为基础,以当今社会发展的需要和人类精神的"终极关怀"为对象,并把有限与无限、相对与绝对、暂时与永恒、现实与理想、现象与本质、理论与实践、量变与质变等统一作为研究对象,在传承与保护非物质文化遗产的各种思路和方案上去粗取精、去伪存真,正确处理好个人与集体、当前与长远、局部与全局之间的关系,丰富和发展非物质文化遗产"生产性保护"中的"和谐"思想,促进人与自我、人与人、人与社会、人与自然的和谐发展,并在此基础上构建出一套符合非物质文化遗产的"生产性保护"的生产体系和价值体系,这也是龙叶先博士此课题研究中的出发点和出版此书的中心点所在。

是为序!

任多伦

2018 年 5 月于 U.C.Berkeley

目　录

导　言 ………………………………………………………………… 001

第一章　非物质文化遗产"生产性保护"内涵的再理解 ……… 039

一、非物质文化遗产"生产性保护"概念的产生 ……… 039

二、非物质文化遗产"生产性保护"概念的相关认识 ………… 051

三、非物质文化遗产"生产性保护"概念的再认识 …………… 063

第二章　非物质文化遗产"生产性保护"实践主体的

　　　　再认识 ………………………………………………… 080

一、非物质文化遗产的"生产性"本性 ………………… 080

二、非物质文化遗产"生产性保护"保护主体系统的构成 ……… 087

三、非物质文化遗产"生产性保护"保护主体系统的运行

原理 ………………………………………………………… 101

第三章　非物质文化遗产"生产性保护"的价值根据 ………… 117

一、价值哲学的一般原理 ……………………………… 118

二、非物质文化遗产保护价值的现有认识及其批判 ……… 134

三、非物质文化遗产"生产性保护"的价值正当性 …………… 147

第四章　非物质文化遗产"生产性保护"与人的类存在 ········ 158

一、人是自然界的一种类存在 ······························· 159

二、非物质文化遗产"生产性保护"对人的类存在的作用 ······· 168

三、非物质文化遗产"生产性保护"与人的类存在的动态

关系 ··· 178

第五章　非物质文化遗产"生产性保护"与人的现实

存在 ··· 191

一、人的现实存在：个体性存在与社会性存在的统一 ············· 192

二、非物质文化遗产在人的现实存在中的意义与作用 ········· 202

三、非物质文化遗产"生产性保护"与人的现实存在的

协同演进 ··· 212

结　语 ··· 226

参考文献 ··· 242

后　记 ··· 254

图表目录

图 1　哲学反思与现实存在的关系 ………………………………………… 028

图 2　社会基本生产的两种不同认识 ……………………………………… 066

图 3　传承主体与保护主体的关系 ………………………………………… 095

图 4　非物质文化遗产"生产性保护"实践主体新认识 ………………… 097

图 5　非物质文化遗产"生产性保护"实践主体之间的关系 …………… 103

图 6　非物质文化遗产与"生产"和"消费"的关系原理 …………… 111

图 7　物（客体或对象）与人的价值关系 ……………………………… 127

图 8　价值的三对范畴关系 ………………………………………………… 128

图 9　价值评价范畴与人的价值意义关系 ……………………………… 129

图 10　价值评价的认识及其层次关系 …………………………………… 132

图 11　构成人类社会价值的子系统（要素）及子系统（要素）之间的

　　　相互关系 …………………………………………………………… 156

图 12　物质文化与非物质文化之间的关系及其在时间维度上的演变 … 176

图 13　非物质文化遗产"生产性保护"与"人的类存在"协同 ……… 181

图 14　"人与自然"关系状态在时间维度中与非物质文化的关系 …… 183

图 15　有序在时间维度上的演变原理 …………………………………… 186

图 16　"人的选择"与"文化""环境""人与自然关系状态"

之间的原理 ·· 189

图 17　个体与社会之间相互作用原理 ···················· 208

图 18　拉斯韦尔传播模型 ··································· 209

图 19　香农信息传播模型 ··································· 209

图 20　非物质文化和"人与社会"的相互关系原理 ·········· 213

图 21　现代社会中"人与社会之间病变问题"形成的原理 ·········· 222

图 22　非物质文化遗产"生产性保护"与"人的现实存在"

关系原理 ··· 224

导　言

　　2003 年,联合国教育、科学及文化组织(United Nations Educational, Scientific and Cultural Organization,以下简称"联合国教科文组织")于 9 月 29 日至 10 月 17 日在巴黎举行了第三十二届会议,会议通过了《保护非物质文化遗产公约》(*Convention for the Safeguarding of the Intangible Cultural Heritage*,以下简称《公约》)。《公约》的通过表明,非物质文化遗产的抢救、保护和传承已经成为一项国际性事务。联合国教科文组织北京办事处代表青岛泰之指出,《公约》是"对联合国教科文组织有关世界的有形文化遗产保护的法律文件(如《世界遗产公约》)的补充",其目的"在于保护包括语言在内的口头传统和表现形式、表演艺术、社会实践、宗教仪式、礼仪节庆、传统手工艺,以及关于自然和宇宙的知识与实践"[1]等。根据《公约》的精神,抢救、保护、传承非物质文化遗产是人类社会重要的、紧迫的任务,各缔约国应当把抢救、保护、传承自己国家的非物质文化遗产当作自己的重要责任和应尽义务。在《公约》发布后不久,中国政府就迅速地作出了回应,并于 2004 年加入了《公约》,成为《公约》的缔约国之一。中国加入《公约》,表明了中国在抢救、保护、传承、推广非物质文化遗产上的主动性和积极性。

---

　　① 　青岛泰之:《在"中国非物质文化遗产保护论坛"开幕式上的致辞》,王文章:《中国非物质文化遗产保护论坛论文集》,文化艺术出版社 2006 年版,第 6 页。

一、中国非物质文化遗产传承保护历程简略

事实上,中国政府历来就十分重视非物质文化遗产的抢救、保护和传承。尤其是在中华人民共和国成立之后,非物质文化遗产的抢救、保护、传承事务,更是得到了高度重视。在加入《公约》之后,中国非物质文化遗产的抢救、保护和传承事务又迎来了新的阶段,迈上了新的台阶。

中国既是一个文明的古国,也是一个多民族共存的古国。在历史长河中,各民族不仅创造了粲然可观、绝伦逸群的民族民间优秀文化传统,更值得我们自豪的是,在收集、整理、保护、传承民族民间优秀文化传统方面,我们也形成了历史悠久的传统。在一定意义上可以说,中华民族丰富而厚重的文明传统,几千年来之所以能够得到不断积淀、世代绵延和薪火相传,正是由于我国具有悠久的保护、传承非物质文化遗产的传统。在古代,我国传承、保护非物质文化遗产的主体可以大致分为两种类型:其一为古代官府。我国古代官府不仅采取了一系列非物质文化遗产保护、传承措施,而且还大力支持文化典籍的搜集、整理、编纂。其二为文人学士。在我国古代,不少文人学士、达人书生也对非物质文化遗产的搜集、整理、保护、传承饶有兴趣,即便没有得到官府的任何支持和帮助也仍然兴致勃勃。

相关文献整理研究表明,早在春秋战国时期,我国仅在古代民间文学上的搜集、记录、整理、编纂工作就已经大有作为,成绩斐然。资料显示,早在西周时代,采风(采诗观风)制度就已经成为官府的一项专门性事务,不仅配备了专门人员,而且还设置了专门机构。《礼记·王制篇》就已有了关于采诗观风的记载:"天子五年一巡守,……命太师陈诗,以观民风。"①《汉书·艺文志》也可觅见有关采诗观风的记录:"《书》曰:'诗言志,歌咏言。'故哀乐之心感,

---

① 胡平生、陈美兰:《礼记·孝经》,中华书局 2007 年版,第 80 页。

而歌咏之声发。诵其言谓之诗,咏其声谓之歌。故古有采诗之官,王者所以观风俗,知得失,自考正也。"①汉语中"行人"一词,现在意指"行路之人"。最早时候,这个词却是特定用来指称那些专门收集、记录、整理、编辑民族民间歌谣的人的。② 古代官府之所以设置"行人机构",配置专业"行人",其意为通过了解民风民情,考察政治得失,以加强、巩固他们的统治。古代"行人"的主要工作和任务,就是专门到民间去搜寻、收集民族民间的歌谣及词赋。《诗经》这部共有305篇脍炙人口的诗歌的总集,就是中国古代官府所收集、记录、整理的民族民间歌谣、词赋的总汇,贯穿了从西周初年至春秋中叶约五百余年的时间。这些歌谣、词赋真实反映了当时人民群众的生产、生活状况及思想情感状况。《汉书·食货志》也描写了"行人"采集民族民间诗赋、歌谚、谣语的过程:"孟春之月,群居者将散,行人振木铎徇于路以采诗,献之太师,比其音律,以闻于天子。"③官府采风制度自西周开基创业后,民族民间文化的收集、记录、整理、保护、传承、编纂逐渐演变成为一项专门性的传统事务。

至秦汉时期,朝廷官方加强了采风制度的建设和完善,专门设置了潜心笃志音律的乐府部门。乐府部门的基本事务是专门为国家制定礼仪音乐,以及到各地考察民族民间风俗习惯,对民族民间文化传统,如歌谣、格谚、诗赋等,进行搜集、记录、整理、编纂。稍做搜集、考察就可知见,中国古代官方确实编纂了大量的民族民间传统文化丛书。例如,《永乐大典》就是一部由明代官府组织编写修纂的大型综合性文典。清代乾隆年间,耗费巨大人力物力,耗时十多年才编成的《四库全书》,如没有官府的大力支持和投入,靠民间能力是不可能完成的。

这些丛书文典涉及社会的各个方面,包括了哲学、历史、政治、地理、语言、

---

① 陈国庆:《汉书艺文志注释汇编》,中华书局1983年版,第40页。
② 王文章主编:《非物质文化遗产概论》,文化艺术出版社2006年版,第170页。
③ 金少英集释:《汉书食货志集释》,李庆善整理,中华书局1985年版,第38—39页。

文学、艺术、宗教、风俗、神话传说、科学技术等方面,为中华民族优秀传统文化的传承与保护作出了重要贡献。[①] 需要确定的是,官方搜集、记录、整理民间歌谣文化,并不是为了提高民族大众的精神生活和文化生活水平,其主要目的是通过体察社会风俗民情,采取一些符合社情民意、顺应民心的政策和方略,[②]从而达到巩固其统治和维护社稷长治久安的目的。

与此同时,中国古代非官方文人学士也对我国古代民族民间传统文化进行了收集、整理和保护,撰写了大量的著述。这对于保护和传承我国传统非物质文化遗产也具有不容忽视的重要作用。但是,与官方以巩固其统治为主要目的而从事民族民间歌谣、诗赋文化的搜集、记录和整理不同,中国古代非官方文人学士对民族民间歌谣文化的搜集、整理和保护产生旨趣的原因,尽管很难了解和揣度,但也不失有"为民立命""使己入圣"的理想追求。

中国古代非官方的历史学家、哲学家、文化家、地理学家也留下了大量的文化典籍,内容涉及神话、传说、寓言、笑话、谣谚、民歌等,这些都是我们今天进行文化研究的相当珍贵的民间民俗资料。如果没有这些民间学士和书生达人的工作,或许许多神话、传说、寓言将不会得以保存和流传下来。例如,如果没有孟子、庄子、韩非子、列子等人的工作,我们现在也许就不会有"拔苗助长""望洋兴叹""和氏献璧""愚公移山""刻舟求剑"等脍炙人口、寓意深刻的成语和警句了。中国民间社会中目前仍然广为流传的许多原始形态的神话、传说等民间民俗材料,如刑天传说、精卫填海、女娲补天、夸父追日、兄妹成亲等,很大程度上正是有赖于古代非官方学士书生的记载才得以保护和传承的。

事实上,我国流传至今的各种著述几乎都从民族民间传统文化中汲取了

---

① 参见宋建林:《中国古代对非物质文化遗产的传承与保护》,《中国文化报》2005 年 7 月 7 日。

② 参见陈文:《城市非物质文化遗产保护研究》,硕士学位论文,西北大学,2007 年。

丰富的材料和营养。例如，西汉司马迁的《史记》、东汉班固的《汉书》、北宋司马迁的《资治通鉴》等历史著述，几乎都借鉴了民族民间的口头传说、民歌、谣谚、俗语等，以增强它们所叙之事的说服力和文章的生动性。战国时期伟大诗人屈原所作的《离骚》《天问》《九歌》等文章，产生于唐代的《南柯太守传》《李娃传》等小说传奇，生发于明代的《水浒传》《西游记》等长篇小说，清代蒲松龄所创作的怪异名作——《聊斋志异》等诗歌、小说、戏曲，无不与民族民间的歌舞音乐、方言语音、民谣曲调存在着十分密切的联系，而且这些诗歌、小说、戏曲的演出和生存，也都离不开民间习俗、社会风情、宗教信仰等民族民间特殊的社会文化背景和文化环境。

有些著作甚至就是民族民间传统文化的直接记述，比如东汉应劭的《风俗通义》、晋代宗懔的《荆楚岁时记》、宋代孟元老的《东京梦华录》、明代刘侗和于奕正编撰的《帝京景物略》等。这些著述的主要内容都是直接记录了当时当地的生产农谚、气象谚语、地理谚语、卫生谚语、民间歌谣、谚语格言、岁时节令、风土习俗等。

我国古代虽然比较重视对非物质文化遗产的搜集、记录、整理和编纂，但这种搜集、记录、整理和编纂尚缺乏系统性、组织性和计划性，相对而言还仍然处于任意的和零星的阶段。我国有意识地对非物质文化遗产进行系统性、组织性和计划性的搜集记录、整理保护，大约始于五四新文化运动前后。五四新文化运动前后，中国文化界在"德先生"（Democracy，意为"民主"）和"赛先生"（Science，意为"科学"）的旗帜下，迅速掀起了民族民间文化的搜集、记录、整理和研究高潮。1908年，鲁迅先生先后发表了《摩罗诗力学》和《破恶声论》两篇重磅论文。在这两篇论文中，他提出了可以由神话传说、歌谣民俗来认识"民性"的思路。这可算是国内在现代时期最早提出要系统地进行民族民间歌谣、民俗、神话、传说研究的构想。此后，1913年，鲁迅先生又在《拟播布美术意见书》中指出，民族民间的歌谣、俚谚、神话、传说等传统文化具有十分重要的社会功能及社会作用，我们应该着力"理各地歌谣、俚谚、传说、童话等;详其意谊,辨其特性,又发挥而光大之,并以辅冀教育"。① 实际上,早在鲁迅提出系统研究民族民间文化之前,鲁迅留学日本的弟弟周作人就已对神话、传说、童话等民俗学方面的内容产生了兴趣。据周作人回忆,1904 年他在阅读《天方夜谭》《酉阳杂俎》时就已开始产生了"平民趣味"。② 1912 年至 1914 年间,周作人先后发表了《童话研究》《童话略论》《古童话释义》《儿歌研究》等文章。③ 这些文章的发表,意味着"民俗学"系统研究已开始在中国兴起。

此后,中国文化界开始对民族民间文学和民俗文化进行有组织、有计划的搜集、整理和研究。虽然当时国家处于内外交困的形势下,但通过努力,仍然成绩显著,硕果累累。1918 年 2 月,在北京大学蔡元培校长的积极支持下,北京大学发起了在全国广泛征集民间歌谣的活动,并设立了"歌谣征集处",从而揭开了中国现代以科学方法有组织、有计划、大规模地进行民族民间歌谣、诗赋等文化传统的收集、记录、整理活动的序幕。1920 年 12 月,歌谣研究会在北京大学成立,由沈兼士、周作人任主任,主要任务是征集和研究中国的近代歌谣、诗赋。歌谣研究会从成立至 1925 年,约四年多时间就从全国各地征集各种歌谣、诗赋约 14000 首,为中国非物质文化遗产的抢救和保护工作作出了极大贡献。歌谣研究会成立之后,风俗调查会、方言调查会也先后于 1923 年 5 月和 1924 年 1 月在北京大学成立。

此时期尤为突出的是蔡元培先生担任国立中央研究院院长之后的民族民间文化调查研究事务。大量相当珍贵的资料、文献,如《俗乐谱》《全国歌谣总藏》《松花江下游的赫哲族》《湘西苗族调查报告》《中国俗曲总目稿》《北平俗

---

① 鲁迅:《鲁迅全集》第八卷,人民文学出版社 1981 年版,第 47 页。

② 钱理群:《周作人传》,北京十月文艺出版社 2001 年版,第 124 页。

③ 《周作人日记》1912 年 10 月 2 日记:"下午,做《童话研究》了。"《童话略论》载《绍兴县教育会月刊》1 号(1913 年 10 月 15 日),并转载《教育部编纂处月刊》1 卷 8 册(1914 年 9 月);《儿歌研究》载《绍兴县教育会月刊》4 号(1914 年 1 月 20 日);《古童话释义》载《绍兴县教育会月刊》7 号(1914 年 4 月 20 日)。转引自钱理群:《周作人传》,北京十月文艺出版社 2001 年版,第 196 页。

曲略》等,就是在这一时期产生的。

在非物质文化遗产抢救、保护、传承方面,地方性研究会也做了大量工作,成绩也十分突出。例如,杭州民俗学研究会编辑出版了《民俗周刊》《民间月刊》《艺风》等刊物。还有如上海民间文化和民俗学研究会、中山大学民俗学研究会等,也为非物质文化遗产的抢救、保护、传承作出了相当突出的贡献。

中国共产党在艰苦的革命斗争中,创造出了许多适应革命形势的、深为老百姓喜闻乐见的艺术作品,比如《白毛女》《血泪仇》《王贵与李香香》《刘巧团圆》《小二黑结婚》《李有才板话》等。①

中华人民共和国成立后,党和国家领导人多次就文化遗产的保护和利用工作作出了重要指示。1949年9月,毛泽东主席在中国人民政治协商会议第一届全体会议开幕词中就明确地说:"随着经济建设的高潮的到来,不可避免地将要出现一个文化建设的高潮。……中国人……将以一个具有高度文化的民族出现于世界。"②1956年3月,毛泽东在国务院有关部门汇报手工业工作情况的谈话中还着重强调:"手工业中许多好东西,不要搞掉了。王麻子、张小泉的刀剪一万年也不要搞掉。我们民族好的东西,搞掉了的,一定都要来一个恢复,而且要搞得更好一些。"③1961年到1962年,国家领导人周恩来、陈毅等也对保护文化遗产、弘扬民族精神提出了许多重要意见。如关于历史文化与传统,周恩来在《在文艺工作座谈会和故事片创作会议上的讲话》中指出:"历史的发展总是今胜于古,但是古代总有一些好的东西值得继承",对国外其他民族的优秀历史文化传统,我们要借鉴,但我们要"先把本民族的东西搞通",然后才能把"国外的东西加以融化,使它们不知不觉地和我们民族的文化溶合在一起"。④陈毅在《在戏曲编导工作座谈会上的讲话》中批评了当时

---

① 王文章主编:《非物质文化遗产概论》,文化艺术出版社2006年版,第186—188页。

② 《毛泽东文集》第五卷,人民出版社1999年版,第12页。

③ 《毛泽东文集》第七卷,人民出版社1999年版,第12页。

④ 中共中央书记处研究室文化组编:《党和国家领导人论文艺》,文化艺术出版社1982年版,第53—54页。

的一些人对文化遗产的虚无主义态度。他指出："我国有丰富的文化遗产，是无价之宝，千万不要糟蹋。作为一个中国人来说，对遗产采取虚无主义的态度，可以说是犯罪。"①

在党和国家领导人的正确指导下，国家层面的各种民间文化研究机构和民间社团犹如雨后春笋，发展迅猛，而且，各机构社团还纷纷在省、市、区等设立地方办事处或分支机构。② 中国民间文艺研究会在20世纪50、60年代陆续编纂出版了各种民间文学丛书、单行本六十余种，如《安徽童谣》《西藏歌谣》《云南歌谣》等。与此同时，还编纂出版了许多民族民间文学作品专集，如《信天游选》《爬山歌选》《藏族民歌选》《阿诗玛》等。与此同时，各省、市、区也纷纷编辑出版本地的民族民间故事选集，如《云南各族民间故事》《贵州民间故事集》《安徽民间故事》《湖北民间故事》等。

此外，全国性的民族调查、民族识别工作轰轰烈烈地全面铺开，专家、学者、工作人员纷纷奔赴少数民族地区展开调查研究。在进行民族识别的同时，还根据调查情况组织编写了大量有关少数民族史志的书籍，如《少数民族简史》等丛书。与此同时，还通过对全国各少数民族的普遍调查，发掘出了许多少数民族的优秀文化作品，如《刘三姐》《阿诗玛》等，还搜集了大量有关少数民族文化和民俗的相关资料，并撰写出了一大批很有学术价值的调查报告，如《四川省凉山彝族自治州社会调查》《蒙古族简史》《创世纪》《铜鼓王》《格萨尔》《十二木卡姆》等③，为我国民族民间文化遗产的抢救和保护作出了重大贡献。

"文化大革命"时期，在"左"倾思想的影响下，许多民族民间传统优秀文化遭到了严重摧残。研究民间传统文化的机构、社团，甚至国家正式的文化机

---

① 中共中央书记处研究室文化组编：《党和国家领导人论文艺》，文化艺术出版社1982年版，第103页。

② 周和平：《在"中国非物质文化遗产保护论坛"闭幕式上的讲话》，王文章主编：《中国非物质文化遗产保护论坛论文集》，文化艺术出版社2006年版，第8页。

③ 王文章主编：《非物质文化遗产概论》，文化艺术出版社2006年版，第192—200页。

构也遭到了无由解散,从而导致了民族民间传统文化研究人员的大量流失。比如,不仅民族民间的一些鬼师、法师、巫医的身体受到严重摧残,而且无数源远流长的优秀文化,如道具、古籍、古迹等,多被毁于一旦,更有无数珍贵的要依靠一代代人为载体才能流传的口头传统等非物质文化遗产及成果都被毁掉了。这些被毁掉了的文化遗产和非物质文化遗产,即便现在我们认识到了它们的重要性和价值,但也不可能再恢复了。

党的十一届三中全会后,民族民间文化研究获得了新生,研究机构、人员、刊物不仅得以恢复,更是得到了迅速扩张和快速发展,一些新的研究学会或机构也纷纷组建。① 1979 年 12 月,顾颉刚等 7 位教授在《民间文学》上刊登了《建立民俗学及有关研究机构的倡议书》,论证了重建民俗学的重要性和必要性,并讨论了专门研究机构的创设问题,社会各界对此响应热烈。20 世纪 80 年代,辽宁、吉林、浙江、江苏、广东、安徽等省先后成立了民俗学研究机构;许多高等院校、研究院,如北京大学、中央民族大学、辽宁大学、北京师范大学、东北师范大学、中山大学、中国社会科学院等,也相继开设了民俗学课程或成立民俗学社。民族民间传统文化,如民间文学、民间宗教等的调查、整理工作,也逐渐得到了恢复。各种民族民间文化展览也陆续开展。如 1981 年北京民族文化宫举办了"全国民族民间工艺美术展览会",1982 年江苏省南通市举办了"民俗品物展览"等等。

总而言之,这一时期的民族民间文化研究的成果相当丰硕。在民间文学方面,有中国民间文艺出版社出版的《民间文库》《民间文学小丛书》等,有上海文艺出版社出版的《中国地方风物传说丛书》《中国民话六种》《中华民族故

---

① "文化大革命"后,在政府的积极支持下,民族民间文化遗产研究和保护机构相继成立和恢复工作。如:1979 年 6 月,中国少数民族文化学会成立;1979 年 10 月,中国民间文艺研究会正式恢复工作;1980 年 5 月,苏州评弹研究会成立;同年 7 月,中国红楼梦学会成立;8 月,辽宁抚顺故事工作者协会成立;1983 年 5 月,中国民俗学会成立;1984 年,中国俗文学会、中国神话学会、中国歌谣学会、中国新故事学会、中国三国演义学会相继成立;1987 年,中国戏曲学会、南戏学会相继成立。此外,许多少数民族知识分子也积极组建本民族的研究学会。

事大系》《江南十大民间叙事诗》等；在民间艺术方面，有刘魁立主编的《中国民间文化丛书》、田自秉编撰的《中国工艺美术史》、中国艺术研究院美术研究所编选的《中国民间美术研究》等；在民俗学方面，有乌丙安的《中国民俗学》《神秘的萨满世界》《中国民间信仰》，马学良的《云南彝族礼俗研究论文集》，宋兆麟的《中国生育信仰》，钟敬文主编的《民俗学概论》等。

近年来，随着全世界对非物质文化遗产的日益重视，中国政府也加强了非物质文化遗产的抢救、保护和传承工作。学术界、理论界、实践领域等社会各界，也纷纷加入到了抢救、保护和传承非物质文化遗产的工作中来。通过全国全社会的共同努力、艰苦探索，抢救、保护和传承非物质文化遗产的工作无论在理论上还是在实践上都取得了大量的具有突破性的成果，突出表现在以下几个方面。

首先，加强了对非物质文化遗产保护的法规建设。尽管中国之前的非物质文化遗产抢救和保护工作取得了相当显著的成绩，但这些工作大多是凭借领导人的讲话精神或个人的爱好而开展的，尚缺乏明确的法律法规的指导和支撑。为使非物质文化遗产的抢救、保护、传承工作进一步规范化，自 20 世纪 90 年代起，我国政府陆续颁布实施了一系列政策法规，不仅使非物质文化遗产抢救、保护和传承的法规建设得到了进一步加强，同时也使非物质文化遗产的抢救、保护和传承工作进一步得以有规可循、有法可依。例如，20 世纪 90 年代，云南、贵州、福建、广西等省、自治区，为抢救、保护和传承本省、本区的非物质文化遗产，根据本省、本区的非物质文化遗产类型、特点，先后颁布了具有针对性的地方性民族民间传统文化保护条例；随后，江苏、宁夏等省、自治区也纷纷根据本省、本区内的民族民间美术、艺术传统的特色特点及处境情况，先后制定了地方性传统美术保护条例。在国家层面上，一系列法律法规也相继发布、推行、实施。比如：1997 年，国务院颁布了《传统工艺美术保护条例》（国务院令〔1997〕第 217 号）；2003 年，全国人大教科文卫委员会组织起草了《中华人民共和国民族民间传统文化保护法（草案）》；2005 年，国务院办公厅颁发了《关于加强我国非物质文化遗产保护工作的意见》(国办发〔2005〕18 号)《关于加强文化遗产保护的通知》(国发〔2005〕42 号);2011 年颁布了《中华人民共和国非物质文化遗产保护法》;等等。

其次,实施中国民族民间文化保护工程。在加强法律、法规建设的同时,我国政府在抢救、保护、传承非物质文化遗产的具体工作层面上也给予了高度重视,并积极展开行动。比如:2000 年,文化部、国家民委在它们联合发布的《关于进一步加强少数民族文化工作的意见》(文社图发〔2000〕8 号)中强调指出,各省、各市、各自治区要高度重视民族文化艺术遗产的抢救、保护和传承工作,切实抓好民族文化艺术遗产的收集、记录、整理;并强调指出,老歌手、老艺人是少数民族文化艺术遗产的活载体和活源头,要保护好。2002 年,在全国范围内推行了"中国民间文化遗产抢救工程"。2004 年,文化部和财政部联合下发了《关于实施中国民族民间文化保护工程的通知》及《中国民族民间文化保护工程实施方案》。2005 年,文化部下发了《关于申报第一批国家级非物质文化遗产代表作名录的通知》;此外,文化部还编写了《中国民族民间文化保护工程普查工作手册》等。

最后,全社会抢救、保护、传承非物质文化遗产的氛围初步形成。2004 年6 月,世界遗产委员会召开了第 28 届会议。时任中国国家主席的胡锦涛在致大会贺词中突出指出:"保护世界遗产,是造福人类的千秋功业,中国政府高度重视保护文化自然遗产,将继续弘扬中华民族的优秀文化,保护生态环境,扩大国际合作,保证文化和自然遗产的充分保护和适度利用,进一步促进人与自然的和谐发展。"[①]2005 年 5 月,在中央民族工作会议暨国务院第四次全国民族团结进步表彰大会上,胡锦涛发表了重要讲话。他在讲话中强调指出:要大力支持民族地区发展文化事业和文化产业,支持少数民族优秀文化的传承、发展、创新,不断提高各族群众的思想道德素质和科学文化素质。

---

① 转引自宗文、刘红婴:《保护文化遗产,构建和谐社会——献给第二个文化遗产日》,《光明日报》2007 年 6 月 8 日。

为进一步加强文化遗产保护、传承,国务院在2005年下发的《关于加强文化遗产保护的通知》(国发〔2005〕42号,以下简称"《通知》")中决定设置我国的"文化遗产日"。按照《通知》的规定,自2006年始,我国的"文化遗产日为每年6月的第二个星期六"。在我国的第一个"文化遗产日"中,即2006年6月10日,一系列隆重的宣传和庆典活动在全国各地纷纷举行,活动中展示了从政府到民间所开展的大规模文化遗产抢救和保护的重要成果。庆祝活动的成功举行对进一步提高全社会的文化遗产保护意识,促进我国文化遗产保护工作的健康有序发展,具有十分重大的意义。

二、非物质文化遗产保护方式反思及
"生产性保护"方式兴起

需要注意的是,尽管非物质文化遗产的抢救、保护和传承工作得以轰轰烈烈、如火如荼地展开、施行,抢救、保护和传承的成效也可以用昭彰、斐然等词语来总结,然而,正如《国务院关于加强文化遗产保护的通知》(国发〔2005〕42号)《国务院办公厅关于加强我国非物质文化遗产保护工作的意见》(国办发〔2005〕18号)指出的那样,尽管"我国文化遗产保护取得了明显成效",但是,"也应清醒地看到,当前我国文化遗产保护面临着许多问题,形势严峻,不容乐观"。我们虽然为文化遗产的保护传承"做了大量工作并取得了显著成绩。但是……我国非物质文化遗产的生存、保护和发展遇到很多新的情况和问题,面临着严峻形势"[1]。

为什么我们在非物质文化遗产保护传承方面还"面临着许多问题"呢?为什么非物质文化遗产保护传承的"形势"还依然"严峻,不容乐观"呢?我们认为,尽管原因多种多样,但保护方式的不足应该是其中重要的影响因素之

---

① 文化部非物质文化遗产司:《非物质文化遗产保护法律法规资料汇编》,文化艺术出版社2013年版,第14、19页。

一。我们知道,非物质文化遗产涉及人类生活的各个方面,不仅内容丰富多样,而且还具有十分独特的民族性和地域性,这就决定了对它们的保护传承方式的多样性和复杂性。综观国内外相关资料与研究,非物质文化遗产抢救、保护和传承的基本方式、方法主要包括以下几种:(1)通过建立保护名录制度方式;(2)转变为具有外在表征形式的存在方式;(3)文化的"原生态"保护方式;(4)保护非物质文化遗产的传承人方式;(5)转化为经济效益和经济资源,以生产性方式保护。①

第一种保护方式,即建立保护名录制度。在《公约》中,联合国教科文组织认为,建立保护名录制度是抢救、保护和传承非物质文化遗产的较好方式。在联合国教科文组织的推介下,保护名录制度目前已经成为国际上通行的重要的传统文化保护传承方式。在国内,保护名录制度分为好几个级别,即世界级、国家级、省级、市级、县级。非物质文化遗产代表作名录保护制度,虽然可算是非物质文化遗产抢救、保护和传承的奠基工作,也是非物质文化遗产抢救与保护的前提和传承、弘扬的依据。但是,这种保护传承方式明显存在着十分严重的局限性,未必是传统文化最佳的、有效的保护传承方式。例如,假如我们局限于依"入选名录"而保护传承的话,那么,那些没有入选名录的文化传统,是不是就不需要保护传承了呢?或者就可以因此而确定它们就没有保护传承的价值了呢?显然,这种保护传承方式未能科学合理地回答这些问题。

人们在不同时代、不同时期、不同环境背景和条件下,对同一文化事象(项),往往会产生不同的甚至截然相反的价值评判。历史上的事实经验也往往证明了:"过去多少年来不少我们认为是愚昧落后的东西,今天来看,却蕴含了许多珍贵的价值。"②比如,苗族地区盛行的巫傩活动(傩戏),过去曾被认为是封建迷信活动而被决绝地破除,不仅法器、道具、经卷几乎全部被销毁,而且从事巫傩活动的人也受到了严酷的迫害、摧残。但现在,苗族的巫傩活动

---

① 参见王文章主编:《非物质文化遗产概论》,文化艺术出版社 2006 年版,第 29—30 页。
② 王文章主编:《非物质文化遗产概论》,文化艺术出版社 2006 年版,第 28—29 页。

不仅是一项著名的非物质文化遗产,而且还是文化旅游展演中的重头节目,深受旅游者的欢迎。然而令人痛心的是,很多很有艺术、美术和音乐价值的道具、唱词、诵腔却因被销毁而永远地丢失了。再如,苗族的长篇英雄史诗《亚鲁王》,因它是在人过世时唱诵的,因而也曾被认为是迷信活动而加以压制。但现在,它作为我国仅存的四大长篇史诗之一,已经成为国家级的非物质文化遗产项目。

按照"建立保护名录制度"非物质文化遗产抢救、保护、传承的逻辑方式,那些未入选名录的非物质文化遗产又将怎么办呢? 这些非物质文化遗产要不要抢救? 要不要保护? 要不要传承? 而且,即便是通过层层筛选而入选了名录的非物质文化遗产,也不一定都能够得到有效的传承和保护。比如,2009年9月入选世界"人类非物质文化遗产代表作名录"的侗族大歌。这项世界级的非物质文化遗产,近年来尽管不断地被推上舞台,不断地走出侗区,走进城市,走向全国,甚至走向世界,不少科研单位和大学设立的非物质文化遗产研究中心纷纷对它展开挖掘、整理、研究,而且传承人代表还得到了国家的专项补贴,甚至黎平、从江(贵州省)还建立了传承基地,当地教育部门还鼓励它进入到当地的中小学课堂中。但是,现实却很是让人无奈,这项世界级的非物质文化遗产仍然面临着严重的"后继乏人""人亡艺绝"等问题。[1] 可见,非物质文化遗产"建立保护名录制度"的保护传承方式,对抢救、保护和传承非物质文化遗产来说,是远远不够的。

第二种保护方式,即将非物质文化遗产物化为具有外在具体物质存在形式的保护方式。非物质文化遗产抢救、保护与传承的这种重要方式,是目前最为通行的传统文化保护方式,也是比较容易操作的方式。其采取的手段主要是通过搜集、记录、分类,建立档案,用文字、录音、录像、数字化媒体等,对非物质文化遗产和文化传统进行全面、真实、系统的记录、整理,并积极搜集、妥善

---

[1] 参见李寅:《侗族大歌传承路在何方?》,《中国民族报》2012年10月19日。

保存有关实物资料,以期实现对非物质文化遗产和文化传统的抢救、保护和传承的目标。这种非物质文化遗产的保护传承方式的历史相当悠久,在某种意义上可以说,其自人类创史以来就已经存在了,虽然当时并不是有意识地进行的。我们对古代社会的了解,绝大多数都是依赖于古代的遗留物(包括口头的和非口头的)。如果没有这些遗留物,我们几乎不可能了解到古代社会的任何情况,也不可能了解到现在我们所拥有的非物质文化遗产是怎么形成和怎么演变的。在时间维度上,这种非物质文化遗产的抢救、保护和传承方式的古代形态和现代形态并没有本质上的区别,只是在程度上存在差异而已。当然,现代形态比古代形态的保护意识更强一些,工作也更有计划性、系统性和组织性,同时保护手段也更加多样化、先进化。前面关于中国非物质文化遗产保护传承历史的叙述,就是这种非物质文化遗产保护方式在历史中的概略展现。在古代,我们主要凭借文字记录非物质文化遗产。文字资料《诗经》就记录了我国古代的民歌、民谣、民赋,《山海经》则记载了我国古代的神话与传说,《荆楚岁时记》则记载了荆楚大地的岁时、节令、习俗等。在现代,我们则采用多种科技手段来记录、保存非物质文化遗产,比如用录音保护民间二胡曲《二泉映月》,用录像、电影等手段记录各种传统手工艺等。但是,这种保护方式也存在着显著的难以克服的局限性。非物质文化遗产的最重要特点是它的非物质性,因而具有较高的主观性和流变性,一旦使它转变为有形的物质形式之后,就很容易使它僵化;另一方面,将非物质文化遗产转变成有形的物质形式,很多情况下是不得已而为之的权衡之举,而非最佳良策。比如,一些人亡艺绝的非物质文化遗产的保护传承,只能通过这种保护方式而别无他策。可见,将非物质文化遗产转变为有形物质形式的保护传承策略,也不是一种最佳的、有效的、令人满意的保护传承方式。

第三种保护方式,即非物质文化遗产的原始文化生态保护。非物质文化遗产离不开它所产生和生存的原始氛围。按照这种思路,要抢救、保护与传承非物质文化遗产和文化传统,就必须使它存在于其产生和生存的环境与氛围中,这样才能保持它的活力、生命力。否则,它就将像鱼脱离了水那样,再大的努力、再丰富的方法、再多的投入,最后都是"水中捞月",劳而无功。显然,这种非物质文化遗产的抢救、保护和传承方式的关键点就是"原始氛围"。"原始氛围"在字面上与"原汁原味"的意思相近。将"原汁原味"这个描绘食物保存其原有味道和汤汁的词汇,引申为事物本身的风格、特性没有受到外来事物的影响,进而引用到非物质文化遗产的保护传承上来,其实有些牵强,也有些不太妥当。制作食物,只要材料不变、火候适当,做出差异不大的味道是基本没有问题的。但是,对于文化而言,尤其是具有相当主观性和流变性的非物质文化遗产而言,"原汁原味"几乎是不可能的,是违背文化自身的发展规律的。我们所谓的非物质文化遗产本身并不是从一开始产生就具有了现代的形式,现代的形式只是非物质文化遗产产生之后经过长期演化变迁的结果。世界上事物的流变存在特性,很多著名哲学家都已经相当精辟地论述过了。例如,古希腊哲学家赫拉克利特(Heraclitus,约公元前540—前470年)就曾经说过"万物皆流,无物常驻""人不能两次踏进同一条河流"的话;弗里德里希·恩格斯在《路德维希费尔巴哈和德国古典哲学的终结》中也曾经指出:"一个伟大的基本思想,即认为世界不是既成事物的集合体,而是过程的集合体,其中各个似乎稳定的事物同它们在我们头脑中的思想映象即概念一样都处在生成和灭亡的不断变化中,在这种变化中,尽管有种种表面的偶然性,尽管有种种暂时的倒退,前进的发展终究会实现——这个伟大的基本思想,特别是从黑格尔以来,已经成了一般人的意识,以致它在这种一般形式中未必会遭到反对了。"[1]英国著名哲学家阿尔弗雷德·诺斯·怀特海(Alfred North Whitehead,1861—1947年)也曾经认为:"现实世界是一个过程,此过程就形成了实际存在物。因此,实际存在物都是一些创造物,也可叫作'实际场合'。"[2]在我们现在所

---

[1] 《马克思恩格斯选集》第4卷,人民出版社2012年版,第250页。

[2] [英]阿尔弗雷德·诺斯·怀特海:《过程与实在》,杨富斌译,中国城市出版社2003年版,"译者序言"第15页。

过的传统节日中,"几乎每一个节日都有回归家庭的主题,家庭内部关系的和谐在节日习俗中得到特别的强调,节日给家庭成员提供了周期性的聚集机会,家庭是社会组织的细胞,家庭的和谐与稳定给社会的和谐稳定提供了坚实的基础"①。但在历史过程中,我们现在所过的传统节日,在它形成之时或多或少都与"迷信"存在着直接或间接的联系。比如,中国的传统节日"春节"。在"春节",家家户户几乎都要贴对联、放爆竹。这些活动过去是为了驱鬼逐怪、祈福避害,而现在却演变成了"家庭团圆""合家欢乐""宾朋相聚",变成了构建社会和谐的重要方式。在此意义上,通过保护文化传统"产生、生存的原始氛围",进而实现非物质文化遗产的保护与传承的目的,只能是理想的、形而上的"乌托邦"。因为,绝对的"原始氛围"是不可能存在的。

第四种保护方式,即"传承人制度"方式。非物质文化遗产抢救、保护和传承的传承人制度方式,近年来在非物质文化遗产保护传承领域中讨论得比较热烈。联合国教科文组织强调,那些仍然活着的且具有生产、制作某种非物质文化遗产所必需的特定技艺且水准较高的人是人类的"活珍宝"②。显然,这里的人类"活珍宝"就是指非物质文化遗产传承人。从起源上看,非物质文化遗产传承人保护方式可以追溯到日本实施的"人间国宝"制度。在日本,"人间国宝"是指民间那些在传统艺术及传统工艺领域身怀绝技、才能突出、技艺精湛,并愿意用自己的才能为大众服务,以及将自己的技艺、技能传授给后人的杰出表演艺术家、手工艺者、匠人等。第二次世界大战以后,日本许多民间传统艺术和传统工艺技能,也像世界上许多国家的民间传统文化艺术那样,面临着严重的生存与发展危机,为了使这些"国宝"不致失传和消失,日本政府从1955年起就开始在全国范围内对"人间国宝"进行不定期的选拔和认定,经严格遴选和认定后的那些大师级的艺人和工匠,由国家保护起来。保护

---

① 萧放:《传统节日与非物质文化遗产》,学苑出版社2011年版,第47页。
② 参见祁庆富:《论非物质文化遗产保护中的传承及传承人》,《西北民族研究》2006年第3期。

方式主要是政府每年发给他们一定的特别扶助金,以鼓励他们继续磨炼技艺、传承技能、培养后人。"人间国宝"制度在日本经过半个多世纪的实施,在一定程度上确实缓解了日本传统艺术及传统工艺"后继乏人"的状况。[①] 显然,"人间国宝"制度就是"传承人制度"保护方式的雏形。

尽管传承人制度能够在一定程度上缓解传统艺术和传统技艺的"后继乏人"的窘境,但"缓解"一词的使用,只是表明了问题的严重程度有所减轻而已,并没有从病根上使问题得到最终的解决。在现实中,有些非物质文化遗产确实可以确定明确的传承人,比如"张小泉"剪刀、"泥人张"彩塑等,这些非物质文化遗产具有较为明确的家族性或师徒性传承特点,确定具体的传承人比较便利。但是,大多数非物质文化遗产属于群体成员共同所有,按照传承人制度,群体的所有成员都应该属于非物质文化遗产的传承人,直面这种情况时,传承人制度显然无法提供有效的解决办法。由此可见,当面对非物质文化遗产有众多传承人时,"传承人制度"保护方式可能会因没有具体而明确的传承人而流于形式。前面所提及的世界级非物质文化遗产"侗族大歌"就属于这种类型。

即使我们可以将某些非物质文化遗产的传承人确定为某些小群体,比如20世纪80年代日本探索并实施的"一町一品"运动(亦称"一村一品"运动),但这也不是一种普遍适用的措施。日本"一町一品"的实施,尽管不仅可为"社区"的总体发展营造声势,也可为旅游观光提供既有区域性的风俗又有传统手工艺术的人文文化资源[②],我国所实施的"某某艺术乡""某某工艺村",实质上就是日本"一町一品"运动的翻版。但这种"某某艺术乡""某某工艺村"建设方式,也没有解决某种非物质文化遗产属于多区域、多地区传承人共同拥有的问题。比如,蜚声海内外的苗族刺绣和苗族服饰,它们属于苗族所有

---

① 参见晓光:《从日本"人间国宝"说起》,《人民日报》2007 年 5 月 23 日。

② 参见秦永富:《"一町一品"运动——日本"社区文化"总体营造中对传统手工艺的保护和开发》,《上海工艺美术》1996 年第 2 期。

群体,而苗族的分布又相当分散,因而是不可能确定某村某乡民众作为它们的传承人的。再者,即使那些能够明确具体传承人的非物质文化遗产,传承人制度也不一定就能确保它一定就"后继有人"。比如,湖南湘西凤凰县山江镇的龙米谷、麻茂庭,他们被认定为湘西苗族银饰这类非物质文化遗产锻造的传承人,但他们的小孩都不愿意继承这门手艺,也没有人愿意向他们学习。个中缘由多样,但调查可知,工作辛苦、投入产出(包括精力投入)不成比例是其中最重要的原因。可见,非物质文化遗产保护的"传承人制度"方式,也具有其难以逾越的局限性。

第五种保护方式,即"生产性保护"方式。"生产性保护"是我国近年来独立提出并大力推行的非物质文化遗产保护传承方法[1],因而是一种具有中国特色的非物质文化遗产的保护与传承策略。非物质文化遗产的"生产性保护"方式,是文化部副部长王文章先生于2006年首先提出的。这一概念的文字表现形式最早可见于他所主编的《非物质文化遗产概论》一书中。在该书中,王文章先生在谈到非物质文化遗产的基本保护方式时,特别将"转化为经济效益和经济资源,以生产性方式保护"[2]列为非物质文化遗产保护的基本方式之一。但在书中,他并没有就"生产性保护"这一概念进行深一步分析和探讨。由于国外没有"生产性保护"的提法,因而,非物质文化遗产的"生产性保护"方式一经提出之后,就引起了我国社会各界的广泛响应。在国内学术界和理论界,专家学者纷纷对它展开分析、研究、探讨;在实践领域,政府也积极出台政策给予支持和推进,并大力敦促各地贯彻实施。比如,2010年11月,文化部办公厅下发了《文化部办公厅关于开展国家级非物质文化遗产"生产性保护"示范基地建设的通知》(文办非遗函〔2010〕499号),北京景泰蓝制作技艺、河北衡水内画、山西老陈醋酿制技艺等涉及41个项目企业或单位、39

---

[1]　参见刘阳:《聚焦"生产性保护"中的非遗:"中国式保护"进行时》,《人民日报》2013年7月4日。

[2]　王文章主编:《非物质文化遗产概论》,文化艺术出版社2006年版,第28—29页。

项国家级名录项目入选第一批国家级非物质文化遗产"生产性保护"示范基地。2012 年 2 月,文化部就非物质文化遗产的"生产性保护"方式问题,专门颁发了《关于加强非物质文化遗产生产性保护的指导意见》(文非遗发〔2012〕4 号,以下简称"《意见》")。《意见》要求:各领域必须要充分认识到、领会到开展非物质文化遗产"生产性保护"的重要价值和意义,必须要正确把握非物质文化遗产"生产性保护"的方针和原则,科学、有序、着力推进非物质文化遗产"生产性保护"工作的深入开展,建立、健全、完善非物质文化遗产"生产性保护"的工作机制,等等。从 2012 年 2 月 5 日举办的首届"中国非物质文化遗产'生产性保护'成果大展"中所参展的项目、代表性传承人及实物①,可以看出我国实施推广"生产性保护"确实取得了良好的实际成效。

三、非物质文化遗产"生产性保护"
哲学反思的意义及方式

目前,在理论界中,"生产性保护"不断得到深入探究和分析,并取得了大量很有价值的研究成果。在实践界中,"生产性保护"已初步得到全面铺开和普遍实施,而且还不断地得到完善和加强。

然而,正如苏格拉底所说的:"未经审视的生活是没有意义的生活。"②非物质文化遗产的"生产性保护"并没有得到深入的审视和反思。尽管人和动物都是"生命"活动,但人的生命活动与动物的生命活动不同,动物的生命活动是"生存",而人的生命活动却是"生活"。人的"生活"与动物的"生存"之

---

① 在 2012 年 2 月 5 日举办的首届"中国非物质文化遗产'生产性保护'成果大展"中,有 188 项在全国非物质文化遗产"生产性保护"方面取得显著成效的传统技艺、传统美术、传统医药类项目参加展览,170 名国家级非物质文化遗产项目代表性传承人和中国工艺美术大师现场展示精湛技艺,展出的珍贵实物近 2000 件。
② 转引自[美]斯坦利·霍尔等:《哲学的邀请:问题与选择》,顾肃、刘雪梅译,上海译文出版社 2014 年版,"导言"第 3 页。

间的区别,"在于动物的生存活动只是按照自己所属的物种的尺度去适应自然的活动,而人的生命活动则是物的尺度与人的尺度相统一的变革自然的活动"①。通过"生产性"方式保护传承非物质文化遗产,既是人的一种实践活动,也是人的一种按照物的尺度和人的尺度去变革自然的"生活"活动。如前所述,尽管我们对非物质文化遗产的"生产性保护",在理论上具有一定程度的认识,在实践上也取得了较为显著的成效。但是,对人的这种"生活"方式,我们还尚未进行过深入的审视、追问和反思。按照苏格拉底的说法,我们应该而且必须对非物质文化遗产的"生产性保护"这种"生活"方式进行哲学审视、哲学追问和哲学反思,才能明确这种"生活"方式的意义和价值。对于哲学审视、哲学追问和哲学反思的意义,黑格尔在其名著《逻辑学》(上卷)第一版序言中指出:"一个有文化的民族如果没有形而上学,就像一座庙,其他各方面都装饰得富丽堂皇,却没有至圣的神那样。"②同样,黑格尔的这段精彩论述也可用于评论现阶段中的非物质文化遗产的"生产性保护"方式。

目前,我国非物质文化遗产的抢救、保护和传承的形势依然"严峻""不容乐观",或许就与我们对非物质文化遗产"生产性保护"这种较为有效的保护方式缺乏哲学审视和哲学反思有一定程度的关系。由于缺乏哲学审视和哲学反思,我们对非物质文化遗产"生产性保护"的认识、理解仍然是模糊的、混乱的。思想、信念的模糊、混乱,必然导致行动、实践的误差、偏离。尽管我们通过非物质文化遗产的"生产性保护"取得了十分显著的成绩,但是乱象依然纷生,以至于有学者认为,"生产性保护"无非就是非物质文化遗产保护传承中备受非议的贬义词——"产业化""商业化"的另一表述而已。根据奥地利哲学家路德维希·维特根斯坦(Wittgenstein,L)"哲学就是思想澄清"的观点,非物质文化遗产"生产性保护"实践中依然问题频现、乱象纷生,或许就是源于

---

① 孙正聿:《人的精神家园》,江苏人民出版社2014年版,第13—14页。
② [德]黑格尔:《逻辑学》上卷,杨一之译,商务印书馆1996年版,第2页。

我们对非物质文化遗产"生产性保护"这个命题没有很好地进行哲学澄清。

那么,如何对非物质文化遗产的"生产性保护"这种"生活"活动进行哲学审视、哲学追问、哲学反思呢?我们认为,要对非物质文化遗产"生产性保护"进行哲学审视、哲学追问、哲学反思,首先必须了解哲学是什么。那么,哲学究竟是什么呢?显然,这是一个十分复杂、广阔而难以确切回答的问题。从哲学史中可以看到,对这个问题,不同的哲学家有着不同的,甚至是截然相反的、相互冲突的见解和看法。因此,有学者指出:"企图给'哲学是什么'这样宏阔问题一个人人公认的确切答案或明确定义是很不明智的,也是很危险的,因为这样的做法几乎是不可能的。"①尽管我们很难对"哲学是什么"给出一个确切的看法和定义,但我们还是可以从哲学是如何形成的,以及哲学是为何目的来了解哲学的基本含义。

那么,哲学是如何产生(形成)的呢?据柏拉图(Plato)的《泰阿泰德》篇记载,按照苏格拉底的看法,"'惊奇'这种经验确实是爱智者(哲学家)特有的。除了惊奇之外,哲学没有别的开端"②。既然哲学家与其他人的不同之处,就在于哲学家时时有惊异的情感,且根据苏格拉底的看法,惊讶、诧异之于哲学思考而言是非常重要的,那么,我们为什么会产生"惊诧"呢?我们之所以对某物(某种存在)感到"惊诧",主要源于我们对此物(存在)的性质、价值不甚了解,感觉莫名其妙。可见,"惊诧"不等于哲学思考,哲学思考也不能等同于"惊诧"。"惊诧"只不过是哲学思考和哲学活动得以发生的引线或动因而已。但正是这种惊异的引线或动因,才推动我们去探索、去研究我们生活于其中的世界和身边的事物,从而使我们从无知逐渐过渡到有知。亚里士多德(Aristotle)也曾说:"不论现在,还是最初,人都是由于好奇而开始哲学思考,开始是对身边所不懂的东西感到惊异,继而逐步前进,对更重大的事情发生疑问,例如关于月象的变化,关于太阳和星辰的变化,以及关

① 胡军:《哲学是什么》,北京大学出版社2002年版,第3页。
② [古希腊]柏拉图:《泰阿泰德》,詹文杰译,商务印书馆2015年版,第34页。

于万物的生成。"①

我们为什么要对那些我们不甚认识它的性质、价值的事物(存在)感到"惊诧",进而促使我们去进行哲学思考呢? 亚里士多德认为,是人因无知而想知使然。他说:"一个感到疑难和好奇的人,便觉得自己无知(所以,在某种意义上,一个爱智慧的人也就是爱奥秘的人,奥秘由惊奇构成)。如若人们为了摆脱无知而进行哲学思考,那么,很显然他们是为了知而追求知识,并不以某种实用为目的。当前的事情自身就可以做证,可以说,只有在生活必需品全部齐备之后,人们为了娱乐消遣才开始进行这样的思考。显然我们追求它并不是为了其他效用,正如我们把一个为自己、并不为他人而存在的人称为自由人一样,在各种科学中唯有这种科学才是自由的,只有它才仅是为了自身而存在。"②

然而,难道人无知就一定要想知吗? 我们知道,人的存在是一种"生活性"存在,"生活性"存在使人能够按照物的尺度和人的尺度去变革自然,从而创造出一个"人的世界",而"人的世界"则"是人类的全部活动历史性地创造的'有意义'的'生活世界'"③。因此,我们之所以对那些我们不甚认识它的性质、价值的事物(存在)感到"惊诧",进而去进行哲学思考,主要目的是为了追寻人类的"生活世界"的意义,而不仅限于亚里士多德所说的"因无知而想知"。在此意义上,"意义"则成为了人类"生活世界"的"普照之光"。正因为"意义"是人类"生活世界"的"普照之光",因而"意义"本身就成了"渗透于人的全部生活并贯穿于人类生活始终的最大'问题'",进而也就成了"困扰人类理性并激发人类理性不倦求索的永恒主题"。④ 从这个角度上说,哲学的主题

---

① [古希腊]亚里士多德:《形而上学》,苗力田译,中国人民大学出版社 2003 年版,第5页。

② [古希腊]亚里士多德:《形而上学》,苗力田译,中国人民大学出版社 2003 年版,第5页。

③ 孙正聿:《崇高的位置》,吉林人民出版社 2007 年版,第4页。

④ 孙正聿:《崇高的位置》,吉林人民出版社 2007 年版,第6页。

必然是人及人的意义追求,哲学思考也就是对使人之所以成为人的意义的思考。在此意义上,人就成为"哲学的真实主题和核心内容"。因此,"探索人之为人的奥妙"①,也就成为了人进行哲学活动的根本宗旨。按照中国现代著名哲学家冯友兰先生的观点,所谓的哲学,就是对人生的有系统的反思的思想,哲学的功用就在于使人成其为人。他指出:"将来的世界里,哲学将取代宗教的地位。这是合乎中国哲学传统的。人不需要宗教化,但是人必须哲学化。当人哲学化了,他也就得到了宗教提供的最高福分。"②法国著名哲学家让-雅克·卢梭(Jean-Jacques Rousseau)在其《论人类不平等的起源和基础》一书中也开宗明义地写道:"我觉得人类的各种知识中最有用而又最不完备的,就是关于'人'的知识。我敢说,德尔菲城神庙里唯一的碑铭上的那句箴言(即,认识你自己——笔者注)的意义,比伦理学家们的一切巨著都更为重要、更为深奥。"③因而,人是哲学的,哲学也是人的,哲学的实质就是人学或者仁学。

人通过哲学思考去追寻和获得意义,意义之于人类犹如食物之于动物。没有食物动物就无法生存,人的生活如果失去了意义,实际上也就是否定了人的生活本身。④ 那么,人为什么要不断地去追寻和获取意义呢? 其动因来源于人类具有想超越现实而去过更为美好生活的强烈愿望。因而,所谓的意义追寻和意义获得,就是不断地设想、实现理想中的生活,而"要有美好的生活就必须寻找一个关照生活的超越的和无限的视点"⑤,哲学思考的结果就是这样的视点。在此意义上,哲学审视、哲学追问、哲学反思就是人们生活的指导艺术或指导智慧。正是基于这样的深刻认识,古罗马著名哲学家马库斯·图留斯·西塞罗(Marcus Tullius Cicero)才说:"哲学! 人生的导师,至善的良友,

---

① 高清海:《哲学的奥妙》,吉林人民出版社 1997 年版,第 15 页。
② 冯友兰:《中国哲学简史》,新世界出版社 2004 年版,第 6 页。
③ [法]卢梭:《论人类不平等的起源和基础》,李常山译,商务印书馆 1962 年版,"序"第 62 页。
④ 孙正聿:《属人的世界》,吉林人民出版社 2007 年版,第 123 页。
⑤ 胡军:《哲学是什么》,北京大学出版社 2002 年版,第 5 页。

罪恶的劲敌,假使没有你,人生又值得什么!"①

　　作为指导人们生活艺术和智慧的哲学,虽以知识形态而存在,然而它的实质,既是一种以知识为存在依据的对生命、对生活、对世界的态度和关怀,也是一种对人在世界上、在宇宙中的地位的寻求和解释,同时也是一种人确定社会目标和道德标准的手段和途径。马克思在《〈科隆日报〉第 179 号社论》中指出:"哲学并不要求人们信仰它的结论,而只要求检验疑团。"②通过哲学思考,人们可以提出一定的社会理想和社会价值体系,并使人们认识到自己的使命和责任。哲学可以告诉人们人的世界应该是什么样的,哲学还可以引导人们去克服生活中的局限性和困惑,并批判现实,以及用未来超越现实存在。因此,人一旦有了哲学意识,就会获得主体意识(包括自主意识、使命意识、进取意识和自审意识),也就会以高于现实存在的参考系来批判现实存在,从而不断地超越现实存在。反之,如果没有哲学的指引,人就会失去自我,失去生活的目标和意义,退化到动物式的盲目性存在层面上去。然而,尽管哲学具有如此多的功能,但在根本上,哲学的主要功能就是提供一种思维方法和价值观念,让人们在认识世界和改造世界、认识自己和改造自己的过程中,能够将理想和现实结合起来,进而使人能够实现对现实的超越,从而达至所追求的理想境界。

　　那么,哲学是如何为人提供思维方法和价值观念的呢? 它又是如何提供使理想和现实结合起来、统一起来的方法的呢? 哲学为人提供的只是思想、理论和知识,人在哲学提供的思想、理论和知识的指引下,以实践为中介不断地超越现实存在。正是基于对哲学作用的深刻认识,马克思才在《给父亲的信》中明确地指出:"没有哲学我就不能前进。"③阿尔及利亚哲学家路易·皮埃尔·阿尔都塞(Louis Pierre Althusser)也认为:"理论对于实践,对于它帮助产

---

①　转引自胡军:《哲学是什么》,北京大学出版社 2002 年版,第 63 页。
②　《马克思恩格斯全集》第 1 卷,人民出版社 1995 年版,第 222 页。
③　《马克思恩格斯全集》第 40 卷,人民出版社 1982 年版,第 13 页。

生或发展起来的实践,对于由它作为理论而加以总结的实践,是至关重要的"①,因为"一切策略必定建立在战略的基础上,而一切战略必定建立在理论的基础上"②。人之所以比动物高级、伟大,正是因为人的"思想",而不是因为人的"肉体"。法国科学家和思想家布莱士·帕斯卡尔(Blaise Pascal)对这个思想进行了深刻而精辟的阐述。他说:"能思想的苇草——我应该追求自己的尊严,绝不是求之于空间,而是求之于自己的思想的规定。我占有多少土地都不会有用;由于空间,宇宙便囊括了我并吞没了我,有如一个质点;由于思想,我却囊括了宇宙。"③

人有了思想(包括理论、知识),也就具有了根据自己的思想进行创造或将自己思想对象化的要求。思想对象化或凝结在事物中便形成了文化。④ 因此,文化只是人的文化,因为它是在有了人之后才有的。冯友兰对此也有过很形象的阐述。他说:"宇宙间若没有鸟或蜂蚁,不过是没有鸟或蜂蚁。但宇宙间若没有人,则宇宙间即没有解,没有觉,至少是没有较高程度的觉解。……宇宙间若没有人,则宇宙只是一个混沌。朱子引某人诗云,'天不生仲尼,万古长如夜。'此以孔子为人的代表,即所谓'人之至者'。我们可以说,天若不生人,万古常如夜。所以我们说,有人底宇宙与无人底宇宙是有重大底不同。……宇宙间底事物,本是无意义底,但有了觉解,则即有意义了。"⑤可见,没有了人,宇宙间就不可能有文化。我国哲学先贤王阳明先生也是这样认为的。他指出:"我的灵明,便是天地鬼神的主宰。天没有我的灵明,谁去仰他高? 地没有我的灵明,谁去俯他深?"⑥阳明先生此处所说的"灵明",即是指

---

① [法]路易·皮埃尔·阿尔都塞:《保卫马克思》,顾良译,商务印书馆 2010 年版,第157 页。

② 刘森林:《实践的逻辑》,社会科学出版社 2009 年版,第 6 页。

③ [法]帕斯卡尔:《思想录:论宗教和其他主题的思想》,何兆武译,商务印书馆 1985 年版,第 158 页。

④ 胡军:《哲学是什么》,北京大学出版社 2002 年版,第 32 页。

⑤ 冯友兰:《觉解人生》,浙江人民出版社 1996 年版,第 24 页。

⑥ 王阳明:《王阳明全集》,吴光、钱明等校,上海古籍出版社 2012 年版,第 109 页。

思想所具有的感知和认识能力。人有思想,思想具有认识能力以形成各种不同的概念,我们才能感觉到天的崇高伟大,山谷的幽深曲折。人有思想,因此他也就具有了形成知识的能力。可见,思想是人的存在方式和本质。

　　哲学思想的焦点是人的生活本身。因此,现实存在是与人有联系的现实存在,而不是与人没有任何关联的现实存在。人的现实存在有两个向度:纵向向度和横向向度。纵向向度即历史向度,现实的人的生活必然与人类过去的历史经历和未来的目的、期望相关联。可见,人是一种历史性存在。正如马克思所说:"历史什么事情也没有做……并不是'历史'把人当做手段来达到自己——仿佛历史是一个独具魅力的人——的目的。历史不过是追求着自己目的的人的活动而已。"①因而,对人与历史之间联系的认识的反思和审视,是哲学知识的重要来源。从横向向度来看,人的现实存在包括了四个领域或方面,即人作为类或种与自然之间的关系、人作为个体与社会群体之间的关系、社会群体中个体与个体之间的关系,以及个体与自我之间的关系。人类离不开自然界,人类要依赖自然界才能存在,如果人类与自然界长期处于对立和冲突中,人类将无法继续生存下去。因而,人类与自然之间的联系要求必须正确认识人类与自然之间的物质变换,正确解决人类与自然之间的对立冲突,解决生态危机,实现人类与自然的和解与和谐,进而实现人的类的长期存在。人又是一种群体性的存在,人的群体性存在主要讲的是人作为个体与社会之间、社会群体中的个体与个体之间,以及人类存在中不同社会群体之间的联系。因而,个体与社会群体之间的关联,将涉及个体与群体、个体与个体、群体与群体之间的关系,这就要求我们必须正确认识和处理个体与群体、个体与个体、群体与群体之间的关系,进而正确地解决人类存在的人文危机,实现社会和人际的和谐。此外,人不仅是群体性存在,也是个体性存在,人的个体性存在主要讲个体与自我的关联。个体与自我的关联,要求人应该要知己,知己的最终目标

---

　　① 《马克思恩格斯文集》第1卷,人民出版社2009年版,第295页。

就是实现个体自己的身心和谐,以解决人的个体存在的精神危机。① 因而,人类哲学知识也来源于对人与自然、个体与社会、个体与自我的认识的反思和审视。

人类具有总是想超越现实存在而达到理想境界的特性,从而使"时间"成为人的生存和发展的"空间"。② 在此意义上,人类是"时间性的存在"。人类的"时间性"存在是通过哲学知识反思而得以实现的。其实现方式可以化约为一个基本公式(图1):

图 1　哲学反思与现实存在的关系

人类生存和发展的"空间"就是通过这样的无限循环往复而得以展开的。这个无限循环在形式上是由现实存在到哲学反思,再由哲学反思到现实存在。虽然形式上似乎是回到了起点,但在内容上,哲学反思后的现实存在是新的现实存在,已经不同于起点时的现实存在,它抛弃了原有现实存在的不足与局限,并增加了哲学思想知识对象化以后而形成的新的内容。因而,人类的存在就是一种无限的展开过程,而不是不断的循环重复。

人类对现实存在不断地进行哲学审视和哲学批判,"唯一目的是寻求生活的真谛"③。人将这个"真谛"作为审视、批判现实存在的参照系。"生活的真谛",用通俗的话来说就是幸福美好的生活。幸福美好的生活"是需要有智慧之光的指引才能得到"的,而哲学知识和智慧"能够为我们提供一条理解人

---

①　参见冯之浚:《文化与人生》,《科学学研究》2007 年第 3 期。
②　参见孙正聿:《人的精神家园》,江苏人民出版社 2014 年版,第 65 页。
③　参见胡军:《哲学是什么》,北京大学出版社 2002 年版,第 94 页。

生的新的思路或新的视角"，因而可以说，"倘若没有哲学的智慧，也就没有人能够有幸福的生活"①。人人都想使自己的生活美好幸福，人人也都想领略到生活中的无穷妙趣。但每个人对幸福生活都有着不同的，甚至是相互对立冲突的理解，这样，人对现实存在的批判和审视就不可避免地存在着多个参照系，甚至是相互对立的参照系。尽管对"幸福生活""生活真谛"存在着不同的认识和理解，但是，人与自然、人与历史、群体与群体、个体与社会、个体与自我之间的和谐与协同，既是"幸福生活""生活真谛"的基本前提、基本要求，也是幸福生活的基本保证和基本表现。

既然哲学是以追求"幸福生活""生活真谛"去审视、反思、批判现实存在，那么，什么是"现实存在"呢？我们确实很难给"现实存在"这个概念下一个确切的定义。德国哲学家恩斯特·卡西尔（Cassirer，E）的论述或许有助于我们对"现实存在"的认识和理解。他论述道："我们必须分析符号的空间。一探讨这个问题，我们就处在了人类世界与动物世界之间的分界线上。就有机体空间而言，就行动空间而言，人似乎在许多方面都远远低于动物。动物天生就具有的技能，一个儿童必须靠学习才能掌握。但是，人的这种缺陷被另一种天赋所补偿，这种天赋是只有人才发展了的并且与有机界中的一切事物没有任何相似之处。人并非直接地，而是靠一个非常复杂和艰难的思维过程，才获得了抽象空间的观念——正是这种观念，不仅为人开辟了通向一个全新的知识领域的道路，而且开辟了人的文化生活的一个全新方向。"②这里，卡西尔认为，人不是像动物那样直接地生活于物理世界之中，而是生活在符号的空间里面，因而人是"符号性动物"。根据卡西尔的说法，人的"现实存在"与人的"符号存在"类似。因此，可以把"现实存在"理解为"符号存在"。

那么，"符号存在"是一个什么样的存在呢？既然卡西尔提出了"人是符号性存在"这样的命题，我们还是从卡西尔的相关论述中理解什么是"符号性

---

① 胡军：《哲学是什么》，北京大学出版社 2002 年版，第 108 页。
② ［德］恩斯特·卡西尔：《人论》，甘阳译，上海译文出版社 2004 年版，第 60 页。

存在"。卡西尔在《人论》中对"符号性存在"做如下论述:"人不再生活在一个单纯的物理世界宇宙之中,而是生活在一个符号宇宙之中。语言、神话、艺术和宗教则是这个符号宇宙的各部分,它们是组成符号之网的不同丝线,是人类经验的交织之网。人类在思想和经验之中取得的一切进步都使这符号之网更精巧和牢固。人不再能直接地面对实在,他不可能仿佛是面对面地直观实在了。人的符号活动能力进展多少,物理实在似乎也就相应地退却多少。在某种意义上说,人是在不断地使自己被包围在语言的形式、艺术的想象、神话的符号以及宗教的仪式之中,以致除非凭借这些人为媒介物中介,他就不可能看见或认识任何东西。"①他还说:"我们应当把人定义为符号的动物(animal symbolicum)来取代把人定义为理性的动物。只有这样,我们才能指明人的独特之处,也才能理解对人开放的新路——通向文化之路。"②由此可知,语言、神话、艺术、宗教、历史、科学等,既是卡西尔所谓的"符号性存在",也正是我们所理解的非物质文化。

而且,在一定意义上,我们所谓的物质文化,也正是因其蕴含的"非物质性"意义才有价值,也即通过人"赋予它们公认的意义"③才有文化意义。美国人类学家莱斯利·怀特(Leslie A.White)指出:"人与狗以及其他一切动物的不同之处在于:人在确定这种口头(声音)刺激具有何种价值方面,能够而且确实起着能动的作用,而狗却不能。"④德国历史学家德罗伊森(Droysen,Johann Gustav)也指出:"每个精神(Geist)的特质都表现于某种相称的外形之上。我们可以说,外形之于精神,就好比躯壳之于生命。形式及躯壳都是内容的外观;生命及精神向外展现具形时,精神及生命才自觉到自己的存在。借着

---

① [德]恩斯特·卡西尔:《人论》,甘阳译,上海译文出版社2004年版,第35—36页。
② [德]恩斯特·卡西尔:《人论》,甘阳译,上海译文出版社2004年版,第37页。
③ [英]齐格蒙特·鲍曼:《作为实践的文化》,郑莉译,北京大学出版社2009年版,第135页。
④ [美]L.A.怀特:《文化的科学——人类与文明研究》,沈原等译,山东人民出版社1988年版,第29页。

形式、外形方面的展现,精神进行它思维、感受、创造、占有等工作。形式是手段,它帮助精神自我发展,成其完整(Totalitat),完成自我的人格;同时形式、外形也是思想之所以可以彼此相互沟通了解的外在原因,使人能共同生活的原因。"①这些论述恰当地说明了文化的"非物质性"对于"物质性"的意义。

尽管人的生活离不开物质世界,但人也并不是在一个确定不移、恒定不变的事实世界中生存、生活。当然,人也并不是以他的需要、他的意愿直接作为他生存和生活的基本依据,人的生活不能像动物那样缺乏想象与激情。人之所以为人,很大程度上正是因为人是在希望与恐惧、幻觉与醒悟、空想与梦境下进行生活的。因而埃皮克蒂塔说:"使人扰乱和惊骇的,不是物,而是人对物的意见和幻想。"②卡西尔也着重指出:"所有那些从外部降临到人身上的东西都是空虚的和不真实的,人的本质不依赖于外部的环境,而只依赖于人给予他自身的价值。财富、地位、社会差别,甚至健康和智慧的天资——所有这些都成了无关紧要的。唯一要紧的就是灵魂、灵魂的内在态度;这种内在本性是不容扰乱的。"③

人的符号性存在,实质上就是文化性存在,但主要是为"非物质性文化"存在,而不是"物质性文化"存在。在历史中,人所创造的非物质文化,有些属于遗产而有些则不属于遗产。正如费孝通先生所指出的:"传统文化不一定都是好的,里面有很多糟粕,这就要看我们如何去认识和理解它。"④那么,在人类创制的非物质文化中,哪些属于"遗产",哪些属于"非遗产"呢? 它们之间有何差异呢? 判定的标准又是什么呢? 我们认为尽管文化的价值是相对的,但人创造文化都是为了使人更好地生活、更幸福地生活,不管是对群体来说还是对个体来说,这一基本点都是一样的。在此意义上,是否有利于人作为

① [德]德罗伊森:《历史知识理论》,胡昌智译,北京大学出版社 2006 年版,"序言"第4页。
② 转引自[德]恩斯特·卡西尔:《人论》,甘阳译,上海译文出版社 2004 年版,第36页。
③ [德]恩斯特·卡西尔:《人论》,甘阳译,上海译文出版社 2004 年版,第36页。
④ 费孝通:《文化与文化自觉》,群言出版社 2010 年版,第351页。

类或种存在,是否有利于人与自然之间、人作为个体与社会群体之间、社会群体中个体与自我之间、社会群体之间以及个体与历史之间的和谐与协调,就成了判断非物质文化是否是遗产的基本依据和参照标准。历史上那些摧残人性的传统文化事象(项),尽管曾经起过作用,甚至风靡一时,但无论如何都不能算作传统文化的精髓。例如,古代社会中的"人祭"习俗、"食人"习俗、"缠足"习俗、"溺(杀)婴"习俗等,尽管有其存在的根据,但无论如何都不应该将它们归属于非物质文化遗产之列。

"遗产"一词在经济学上是作为"财富"而使用的。在经济学层面上,财富会随着人对它的消费和使用而逐渐失去价值和作用。但就非物质文化遗产而言,非物质文化作为一种特殊的"遗产",不但不会因"使用"和"消费"而失去价值和作用,反而会在不断地被重复性"使用"和"消费"的过程中实现价值愈增、意义愈重。

但是,属于精神性质的非物质文化遗产自始至终都离不开物质载体。正如马克思和恩格斯指出的那样:"'精神'从一开始就很倒霉,受到物质的'纠缠',物质在这里表现为振动着的气层、声音,简言之,即语言。"①虽然非物质文化遗产的精神性价值和意义不断地随着被"使用"、被"消费"而日益厚重和丰富,但其物质性载体则将随着被"使用"、被"消费"而逐渐销蚀。在此意义上,非物质文化遗产只有通过其物质性载体的不断"再生产"才能得到保护和传承。如果没有非物质文化遗产的物质性载体的"再生产",非物质文化遗产的保护传承就是一句口号、一种奢谈、一种妄论、一种空想。例如,如果没有发掘出"古剑",我们也就无从知道我国曾经有过如此高超的冶炼技术;如果没有《诗经》《山海经》等书籍性物质载体,我们也就不可能了解到我国古代曾经出现如此高水平的诗歌、词赋等文化艺术。茅台酒酿酒技艺是国家级非物质文化遗产,但是,如果没有茅台酒的不断"再生产",即使我们凭借现代技术

---

① 《马克思恩格斯选集》第 1 卷,人民出版社 2009 年版,第 533 页。

(如录像)将茅台酒酿酒技艺详细地记录下来,茅台酒酿酒技艺也不会得到丰富、发展,最终也将会丧失。从这个角度上说,非物质文化遗产只有通过"再生产"才能够得到真正的保护和传承。我们所谓的"非物质文化遗产'生产性'保护"正是从在这个意义上说的。

四、非物质文化遗产"生产性保护" 哲学反思的基本内容

思想的反思也叫作精神的反思。思想的反思或精神的反思就是思想的自觉或精神的自觉。能够进行思想的反思或精神的反思的人就能达到一种新的境界——获得思想的自由与幸福。马克斯·韦伯(Max Weber)在《经济与社会》一书中说:"行动,尤其是社会行动,更不用说还有社会关系,可能受到存在于正当秩序中的信仰的引导。行动在事实上将会这样发生的概率,就可以称为该秩序的效力。"①因此,正当性的信仰就构成了某种社会行动(社会秩序)的基点。非物质文化遗产"生产性保护"的哲学反思和哲学审视,就是要为非物质文化遗产"生产性保护"这种实践活动提供正当性与合理性。非物质文化遗产"生产性保护"的哲学反思和哲学审视,目的在于使非物质文化遗产的"生产性保护"活动,更加有利于人的幸福美好生活。如前所说:人与自然、人与历史、群体与群体、个体与社会(个体与个体)、个体与自我之间的和谐与协同,既是"幸福生活""美好生活"的基本前提、基本要求,也是"幸福生活""美好生活"的基本保证、基本表现。因此,非物质文化遗产"生产性保护"的哲学审视和哲学反思,要从非物质文化遗产"生产性保护"这种实践活动是否有助于人与自然、人与历史、群体与群体、个体与社会(个体与个体)、个体与自我之间的和谐与协调来进行。据此理解,非物质文化遗产"生产性保护"

---

① ［德］马克斯·韦伯:《经济与社会》第1卷,阎克文译,上海世纪出版集团2010年版,第121页。

的哲学研究,必然要讨论、分析非物质文化遗产"生产性保护"活动中人与自然、人与历史、群体与群体、个体与社会(个体与个体)、个体与自我之间的和谐与协同关系,因此,这些内容将构成我们研究的主要部分。但是,要分析非物质文化遗产"生产性保护"实践活动中人与自然、人与历史、群体与群体、个体与社会(个体与个体)、个体与自我之间的和谐与协同关系,首要的前提是正确认识"非物质文化遗产'生产性保护'"的概念内涵,澄清其基本含义及适用范围;其次,任何实践活动都是主体性活动,因此要了解非物质文化遗产"生产性保护"实践主体系统的结构及其要素之间的关系,把握其中的主要矛盾和层次关系,明了各主体的使命、任务和责任;最后,还要了解非物质文化遗产"生产性保护"这种活动的整体价值与功能。此外,还应具体分析非物质文化遗产"生产性保护"实践中人与自然、人与历史、群体与群体、个体与社会、个体与个体、个体与自我的动态关系。据此,非物质文化遗产"生产性保护"的哲学研究,主要包括以下几个方面:

第一,重新认识和理解非物质文化遗产"生产性保护"概念的含义。非物质文化遗产"生产性保护"自提出以来就得到了广泛分析、研究和探讨。但是,社会各界对这一概念的基本含义还众说纷纭,远未达成一致的认识,研究者大多都从自己的视角提出自己的界定与理解。从现有的研究来看,大多数界定未能清楚地区别"生产性保护"与"产业化""商业化"之间的异同,从而模糊了非物质文化遗产的"生产性保护"与非物质文化遗产的"产业化""商业化"之间的界限,致使他们的研究与分析常常有意或无意地将非物质文化遗产的"生产性保护"等同于"产业化""商业化"。理论界认识的偏误致使非物质文化遗产"生产性保护"的具体实践往往变成了对经济效益的追逐,从而严重偏离了我们保护、传承非物质文化遗产的初衷。那么,为什么会出现认识上的偏误呢? 我们认为,这是由于现有的认识未能把握历史唯物主义关于"生产"含义的理解。恩格斯指出:"根据唯物主义观点,历史中的决定性因素,归根结底是直接生活的生产和再生产",而"生产本身又有两种。一方面是生活资料即食物、衣服、住房以及为此所必需的工具的生产;另一方面是人自身的生产,即种的繁衍"。① 本书是根据恩格斯关于社会生产的"两种再生产"理论,来对非物质文化遗产"生产性保护"的含义进行再认识和再理解。由于人自身的生产和再生产不仅仅是人的肉体的再生产,更重要的是人的社会性再生产——人的社会化和再社会化。因此,非物质文化遗产的"生产性保护",在本质上是生活资料的生产和再生产与人的自身的生产和再生产的统一。

第二,关于非物质文化遗产"生产性保护"实施主体的再认识问题。任何实践活动都离不开实践主体,不同主体应该承担不同的任务和责任。因此,主体问题是个事关非物质文化遗产"生产性保护"传承能否得到彻底贯彻实施、落到实处的问题。对非物质文化遗产"生产性保护"实施主体的认识,是要认识其系统的构成、结构,及构成要素之间的相互联系,用矛盾理论分析系统构成中的主要矛盾和次要矛盾、矛盾的主要方面和次要方面等。虽然已有研究认为,在非物质文化遗产"生产性保护"主体系统构成中,政府主体应当起主导作用,专家主体应当起帮助作用,民众才是非物质文化遗产"生产性保护"的实践主体,但在现实中,非物质文化遗产的"生产性保护"却往往是政府主导、商家操纵。这种现象导致了民众的实践主体性难以体现,文化自觉、文化自信难以树立,专家帮助作用难以发挥等问题。再者,非物质文化遗产的"生产性保护",其关键词是"生产"。没有消费就没有生产,因而非物质文化遗产的"生产性保护"研究必然会涉及生产、交换、消费、使用等环节,对于这些环节中所关涉的主体或者主体群之间的关系又是怎样的等问题,现有研究几乎没有涉及。

费孝通先生指出,文化自觉是保护、传承、创新文化传统很好的方式。但是我们知道,文化自觉不可能无缘无故、自然而然就能够产生,问题的解答宜

---

① 《马克思恩格斯文集》第4卷,人民出版社2009年版,第15—16页。

从检讨"文化自觉"可实现的前提条件入手。① 我们认为,非物质文化遗产"生产性保护"实践主体包括生产者、消费者、政府、学术界和理论界、媒体、商业界等,它们之间只存在任务责任的不同,而不存在层次的差别,保护活动只有依赖于主体各方面的相互配合、相互协同、通力合作才能有所成效。因此,应该把各相关主体的任务责任进行明确,使各主体目标一致,各司其职,协同配合。

第三,澄清非物质文化遗产"生产性保护"的价值问题。美国哲学家普特南(Hilary Putnam)说:"根据实用主义的看法,规范的讨论,如正确和错误,善与恶,更好和更坏,对于科学、社会生活和个人生活都是不可缺少的。甚至相对主义者和主观主义者也经常承认这一点。我们在各种活动中都作出相应的价值判断,这是不可避免的。"②可见,澄清非物质文化遗产"生产性保护"的价值问题,必然是非物质文化遗产"生产性保护"哲学研究的重要构成部分。目前,人们对非物质文化遗产的价值有多种看法,有的人认为具有教育价值,有的认为有道德价值,有的认为有社会价值,有的认为有艺术美学价值,还有的认为有经济价值、发展价值等等,不一而足。尽管这些认识本身都很有价值,颇有启发性,但如果按照这种罗列式的分析策略,我们将可以罗列出更多的价值类型。此外,对于什么是非物质文化遗产的基本、根本或深层的价值,这些研究也基本寥寥了,我们从中无从了解。更值得注意的是,这些探讨和研究还只是关注非物质文化遗产本身的价值,而没有涉及非物质文化遗产"生产性保护"的价值问题。如果将非物质文化遗产本身的价值分析,等同于非物质文化遗产"生产性保护"的价值审思,实际上就类似于将"事物"的价值等同于"活动"的价值,而我们知道"事物"和"活动"是根本不同的两回事。我

---

① 参见耿波:《文化自觉与正当性确认:当代中国非遗保护的权益公正问题》,《思想战线》2014年第1期。

② 转引自幸强国:《语意、辨明与实用主义——普特南哲学研究》,西南财经大学出版社1998年版,第140页。

们认为,非物质文化遗产"生产性保护"这种实践活动的根本的及深层次的价值意义,就是通过非物质文化遗产的生产和再生产,以促进人类与自然、人类与历史、群体与群体、个体与社会、个体与自我之间的和谐与协调。

第四,具体探讨非物质文化遗产"生产性保护"与人类存在之间的动态协同关系。人离不开自然界,人的生存与生活是通过变革自然界而得以实现的,但这种变革活动必须与自然界协调,否则人的存在、生活都将终结。学习或研究哲学不会使人成为化学家、物理学家或其他学科的科学家这样的专门人才,但会使人懂得人之所以为人的道理,能使人获得人生的意义和价值。所谓做人的道理、意义和价值的具体含义又是指什么呢? 冯友兰先生指出,就是要使人达到一种"人与宇宙不是分离的,而是与宇宙及其中的万事万物合一的"①境界。实际上,人类与自然界不仅存在精神上的协调,更存在物质能量上的协调,非物质文化遗产的生产和再生产将是使人作为类存在、种存在与自然界之间达到物质能量和精神境界的动态协调、实现人与世界合一的重要途径。

第五,具体探讨非物质文化遗产"生产性保护"与人的现实存在之间的动态关系。人在现实存在中,既是社会性存在,也是个体性存在。社会是个体与个体之间发生某种联系才形成的,但社会一旦形成,它反过来就对个体产生约束、控制作用。个体与个体、个体与社会之间的协同发展很大程度上需要通过非物质文化遗产的生产和再生产来实现和保证。个体与自我的和谐也是幸福生活的重要方面。个体与自我的和谐取决于个体对自己的认识,但个体对自身的认识通常不能直接由个体对自己进行直接审视和反思,而是需要以他人为中介环节才能回到他自身。我国著名哲学先辈高清海先生说得好:"就人去认识人是绝对行不通的。"②美国社会学家查尔斯·霍顿·库利(Charles Horton Cooley)也曾经指出:人(个体)只有通过他人这面镜子才能认识自己。

① 转引自胡军:《哲学是什么》,北京大学出版社 2002 年版,第 286 页。
② 高清海:《人与哲学》,《求是学刊》1995 年第 6 期。

"人们彼此都是一面镜子,映照着对方。"①在非物质文化遗产的生产和再生产中,如果个体与个体、个体与社会、社会与社会能够实现和谐,也就意味着个体与自我实现了和谐。因此,非物质文化遗产的"生产性保护"的本质和目的之一,就是要实现个体与个体、个体与社会、社会与社会、个体与自我的和谐。

马克思和恩格斯说:"我们仅仅知道一门唯一的科学,即历史科学。"②费孝通先生也说:"要重视历史,懂得文化是有积累的,有积累才会有今天人们的生活方式。"③因此,非物质文化遗产"生产性保护"的哲学研究不能缺少历史视角和历史维度,但历史视角、历史维度主要体现在人与自然、人与社会、人与自我的时间性演变过程中。

---

① [美]查尔斯·霍顿·库利:《人类本性与社会秩序》,包凡一、王湲译,华夏出版社1999年版,第131页。

② [德]马克思、恩格斯:《德意志意识形态》(节选本),人民出版社2003年版,第10页。

③ 费孝通:《文化与文化自觉》,群言出版社2010年版,第287页。

第一章　非物质文化遗产"生产性保护"内涵的再理解

　　恩格斯曾经说过："在科学上,一切定义都只有微小的价值。"[①]然而就学术和科学研究而言,定义和概念仍然相当重要。在某种意义上可以说,我们实际上只有凭借定义和概念才能进行思维。非物质文化遗产"生产性保护"中凸显出的理论问题和实践问题,很大程度上可能就与我们对这一概念的认识、理解的模糊混乱有关。我国著名哲学家韩树英先生指出:认识"左右着人们对各种事物的看法和行动"[②]。认识影响行动,行动影响结果。要使非物质文化遗产"生产性保护"在学术、理论、实践上得到进一步深入、发展,则应当对非物质文化遗产"生产性保护"这一概念进行再认识和再理解,澄清这一概念的含义及其涵盖范围。

一、非物质文化遗产"生产性保护"概念的产生

　　在瞬息万变的世界中,文化遗产的重要作用之一,就在于让人们了解到自身的历史由来以及生活的意义。文物古迹、历史建筑、工艺美术,以及语言、风

---

①　《马克思恩格斯选集》第 3 卷,人民出版社 2012 年版,第 459 页。
②　韩树英:《通俗哲学》,中国青年出版社 2011 年版,第 1 页。

俗习惯、传统技能等文化事象（项），已日益成为不同人群在社会交往中表达身份、展示自我的文化手段，甚至不同地域、不同国家的形象展现，靠的也主要是文化传统。

对遗产保护宪章、公约、建议等国际性文件产生的背景，以及文件颁发历史过程进行简单梳理就可以发现，文化遗产保护的理念和方法，是随着保护对象和保护范围的不断拓展，而不断地得到创新、进步和完善的。

19世纪，被称为建筑遗产保护巨人的英国思想家约翰·罗斯金（John Ruskin）在1849年出版的《建筑的七盏明灯》一书中，对古建筑保护和盲目修复所带来的问题进行了极为深刻而精辟的论述。他明确指出："建筑应当成为历史，并且作为历史加以保护"，应"小心呵护看管一座建筑，尽可能守卫着它，不惜一切代价，保护着它不受破坏"，而"所谓的修复其实是最糟糕的毁灭方式"。[①] 1877年，在威廉·莫里斯（William Morris）的极力倡导多方呼吁下，古建筑保护协会（The Society for the Protection of Ancient Buildings，SPAB）得以顺利成立。迄今为止，该协会应是历史最为悠久的、规模最大的并拥有技术人员最多的国家层面（国家级别）的古建筑保护组织。古建筑保护协会之所以成立，盖因当时的大量中世纪古建筑遭到按维多利亚时代建筑风格进行修复所造成的破坏。古建筑保护协会认为，一味完美无缺地恢复到维多利亚时代的风格，而无视后来各时代所进行的改建、扩建的修复潮流，本质上就是一种盲目的古建筑保护行为。为把古建筑从衰败、摧毁、损灭以及盲目的修复之风中解救出来，古建筑保护协会在成立之时，威廉·莫里斯就和其他创始人共同起草了《SPAB宣言》（*SPAB Manifesto*，1877），以回应当时保护修复中存在的问题。《SPAB宣言》将保护对象延伸至"所有时期的和所有形式的"遗留物。同时，《SPAB宣言》还强烈抨击了按维多利亚时代建筑风格而进行的修复行为，认为这种修复实际上是一种破坏性的修复，修复的结果就只能是使古

---

① 转引自张松：《历史城市保护学导论》，同济大学出版社2008年版，第229页，另参见张松编：《城市文化遗产保护国际宪章与国内法规选编》，同济大学出版社2007年版，第7页。

建筑成为"没有活力和生命力的伪造品",因此,对古建筑的保护必须采取防护(protection)的方式,而不是修复方式。此外,《SPAB宣言》还进一步指出,应通过日常维护(daily care),如通过结构性支撑或修补漏顶等方式,以使建筑免于衰败和毁灭;防护应拒绝所有对建筑结构或是建筑装饰部件的干预,如果古建筑已经不适应当代的使用需要,应该修建新的建筑来满足,而不是对古建筑进行随意改变或者增建。① 总而言之,《SPAB宣言》的基本主张就是,古建筑是历史上艺术的纪念物,应按过去的方式对待它们,而不能用当代艺术的思想来处理它们。

1904年,第六届国际建筑师大会(The Sixth International Congress of Architects)在西班牙马德里召开,会议通过了《马德里大会建议》(简称《建议》)。《建议》中对于"建筑纪念物的保护与修复"(The Preservation and Restoration of Architectural Monuments)工作提出了六条建议,主要内容涉及:建筑纪念物可分为两种类型,即死的纪念物和活的纪念物,对死的建筑纪念物应冻结保存,对活的历史纪念物,为继续使用应对其进行修复;为保持建筑纪念物的统一性,修复应按当初的样式进行,等等。此外,《建议》还提出,从事"保护与修复"工作应有国家资格或特别的认定制度;每个国家应成立保护建筑和艺术纪念物的组织,共同协作完成国家和地方的建筑文化财产名录的编制,等等。② 对资料梳理可知,这个《建议》应该是世界文化遗产保护的最早的宣言和公约。

1931年,"第一届历史纪念物建筑师及技师国际会议"(The First International Congress of Architects and Technicians of Historic Monuments)在雅典召开,会议通过了《关于历史性纪念物修复的雅典宪章(1931年)》,又称为《修

---

　　① 参见张松编:《城市文化遗产保护国际宪章与国内法规选编》,同济大学出版社2007年版,第8页。

　　② 参见张松编:《城市文化遗产保护国际宪章与国内法规选编》,同济大学出版社2007年版,第8页。

复宪章》。《修复宪章》共有七项决议,主要精神包括:通过创立一个定期、持久的维护体系,有计划地保护古建筑,摒弃整体重建的做法,以避免可能出现的危险;尊重过去的历史和艺术作品,(在对历史纪念物进行维护、修缮和保护时)不排斥任何一个特定时期所遗留的风格(体现不同的审美、信仰等);对建筑物进行使用,有利于延续该建筑的寿命,但使用功能必须以尊重建筑物的历史和艺术特征为前提;谨慎地运用所有已掌握的现代技术资源对纪念建筑物进行修复、加固,但这样的修复、加固工作应尽可能地隐藏起来,以保证修复、加固后的纪念建筑物的原有外观和特征得以保留;新材料应在能够避免建筑物解体时才使用,等等。①

在《修复宪章》颁发30多年以后,1964年,第二届历史纪念物建筑师及技师国际会议在意大利威尼斯举行,大会通过了《国际古迹保护与修复宪章(1964年)》即《威尼斯宪章》。会议的目的是为了进一步加强世界对历史纪念物的维护、保护和修缮工作,进一步增强和提高世界对历史纪念物的重视。《威尼斯宪章》开篇即明确申明:"世世代代人民的历史古迹,将饱含着过去岁月的信息留存至今,成为人们古老的活的见证。人们越来越意识到人类价值的统一性,并把古代遗迹看作共同的遗产,认识到为后代保护这些古迹的共同责任。传递其原真性的全部信息是我们的责任","古建筑的保护与修复指导原则应在国际上得到公认并作出规定,这一点至关重要。"②尽管《威尼斯宪章》的重点依然放在纪念物的保护方面,但已经将"历史纪念物"(historic monument)的概念,从单体建筑物,扩展到了一个城市或一个乡村,只要该城市或乡村能够代表"一种独特的文明",或能够代表"一种有意义的发展",或"见证一个历史事件",等等。可见,历史纪念物这一拓展了的含义,不仅适用

---

① 《关于历史性纪念物修复的雅典宪章(1931年)》,参见张松编:《城市文化遗产保护国际宪章与国内法规选编》,同济大学出版社2007年版,第35—36页。

② 《国际古迹保护与修复宪章(1964年)》,参见张松编:《城市文化遗产保护国际宪章与国内法规选编》,同济大学出版社2007年版,第42页。

于见证重大历史事件或表现伟大时代的艺术作品,也适用于随着时代不断变迁而逐渐获得一定文化意义的一些较为朴实的作品。

发起一场国际运动以保护各国境内文物古迹的构想产生于第一次世界大战之后。世界遗产保护公约的一些概念的起源,特别是与文化遗产有关的内容,可以追溯到 20 世纪二三十年代国际联盟开展的有关工作。国际联盟倡导一种思想,认为应该通过国际合作来保护人类的共同遗产。在一些国际联盟的公约中,意义深远的当属 1972 年联合国教科文组织在巴黎通过的《保护世界文化和自然遗产公约》。

1972 年,联合国教科文组织在巴黎召开全体会议,会议通过了《保护世界文化和自然遗产公约(1972)》(*Convention Concerning the Protection of the World Cultural and Natural Heritage*,简称《世界遗产公约》),从而为文化遗产的保护工作掀开了新的一页。事实上,联合国教科文组织早在 1948 年前后就对文化遗产的保护予以了密切关注。当时,联合国教科文组织进行了有关设立一项遗产保护国际基金的讨论,基金主要是用来保护和恢复"在世界范围内具有重要性"的文物古迹。埃及修建阿斯旺大坝的决定就是一个国际遗产保护的里程碑事件。1959 年,埃及和苏丹向联合国教科文组织请求帮助,拯救因决定修建阿斯旺大坝而受到威胁的努比亚的遗迹和遗址,联合国教科文组织对请求予以了积极回应,并给予了巨大支持。这是联合国教科文组织首次积极参与保存和保护人类文化遗产的规模较大的国际行动。设立遗产保护国际基金的想法,也因这次国际行动而得到了进一步发展、加强。《世界遗产公约》是在第二次世界大战结束以后,现代化的迅猛进程给人居环境和文化遗产带来巨大压力和破坏的背景下形成的,其宗旨在于"为集体保护具有突出的普遍价值的文化和自然遗产建立一个依据现代科学方法制定的永久性有效的制度"①。《世界遗产公约》强调:"缔约国本国领土内的文化和自然遗产的

---

① 《保护世界文化和自然遗产公约(1972 年)》,参见张松编:《城市文化遗产保护国际宪章与国内法规选编》,同济大学出版社 2007 年版,第 49 页。

确认、保护、保存、展出和移交给后代,是该国主要的责任。"①在联合国教科文组织的大力支持和鼓励下,各缔约国都积极根据本国情况采取相应的保护措施,并着手推行落实一些保护行动,比如制定法律法规、拨付资金、技术支持、给予行政便利等。《世界遗产公约》的发布、推行,在一定意义上使人类文化遗产和自然遗产的保护问题日益受到各国政府和公众的重视。

《世界遗产公约》以一种崭新的概念为基础,开辟了遗产保护领域的新天地。"世界遗产公约以一个条约为基础,在文化与自然两方面同时进行保护,这一理论是它的主要特征。在文化与自然的不可分割和密切相连的关系中,将两方面同时进行保护所具有的重要性及新方针在公约里又作了重新强调。"②在一定意义上可以认为,正是自《世界遗产公约》始,人们长期以来所形成的刻板认识,即认为文化与自然是相互对立的观点才被打破。《世界遗产公约》为确立人们关于文化与自然是相互融合统一的思想观念奠定了坚实的基础。其颁布具有里程碑式的意义,不仅肯定了属于全人类的世界文化和自然遗产的存在意义,而且还指出了人类只是世界自然和文化史上的一切伟大里程碑的托管者。根据《世界遗产公约》的规定,联合国设立了世界遗产委员会,并规定由该委员会公布《世界遗产名录》和《濒危世界遗产名录》。截至2006 年,全球共有 182 个国家和地区加入了该公约,成为缔约国的成员之一。

更令《世界遗产公约》在各种国际公约中独树一帜的是,它同时还关注文化遗产和自然遗产的保护事务。正因为如此,《世界遗产公约》提出之后,世界遗产保护事业得到了迅猛发展。

尽管《世界遗产公约》中没有出现非物质文化遗产这一概念,但却将物质文化遗产的"非物质性"纳入到了鉴别物质文化遗产的评价标准之中,"非物质性"自此开始成为评价物质文化遗产的一项重要指标。比如,在评价物质

---

① 转引自朱祖希:《中国的"申遗"和业已取得的成就》,《北京观察》2007 年第 10 期。
② 彭岚嘉:《物质文化遗产与非物质文化遗产的关系》,《西北师范大学学报》(社会科学版)2006 年第 33 卷第 6 期。

文化遗产时所使用的术语表达,"独特的艺术成就""创造性的天才杰作""建筑艺术""文明与文化传统的特殊见证""与思想信仰或文化艺术有联系"等等,这些评价术语所评价的不就是物质文化遗产中的"非物质性"内容吗? 从这个意义上说,《世界遗产公约》为非物质文化遗产概念的确立奠定了最早且坚实的基础。① 然而,该公约却仍然不太适用于非物质性遗产。

随着世界各国保护人类遗产理论探讨的日益深入,以及保护实践的推进,人们发现,即使在世界遗产的分类体系中增加了"世界文化与自然遗产",但仍然存在着重大的缺憾,还不能令人十分满意。因为,在《世界遗产公约》中,"世界文化遗产"这一概念仍然主要是指那些有外在表征形式的物质性存在,比如文物、建筑物、遗址等。然而,人类的存在不仅是一种生物性存在,更是一种精神性存在,因此,文化作为人类认识自然和改造自然的存在物,除了以物态化的形式存在之外,更是以大量的活态性的非物质形式存在,如存在于民族民间中的史诗、故事、谣谚、格语、神话、传说等,这些文化事象(项)虽然要以人为载体,但并不以物质形式存在和传承,它们的生生不息靠的主要是代际之间的言传身教。由此可见,与那些物性化的物质文化遗产,如文物、古迹、遗址、建筑物等静态或固态的存在形式相比,非物质性文化不仅是"活态的""非物质的""口耳相传的"动态性存在,而且还往往更能体现出人类的存在价值,也更容易消逝。因此,"人类口头与非物质文化遗产"的概念,逐渐进入到了人们的视野之中,从而使这一类非物质形态的文化遗产的保护问题,逐渐地被提上了世界文化遗产保护工作的日程之中。

20 世纪 80 年代,联合国教科文组织开始重视非物质文化遗产的保护问题。1989 年,联合国教科文组织在巴黎召开第 25 届会议,会议通过了《保护传统文化和民俗的建议》(又称为《保护民间创作建议案》)。《保护传统文化和民俗的建议》将民俗和传统文化定义如下:"民俗(或传统的大众文化)是文

---

① 参见乌丙安:《非物质文化遗产的概念界定与分类认定》,王文章主编:《中国非物质文化遗产保护论坛论文集》,文化艺术出版社 2006 年版,第 145—160 页。

化团体基于传统创造的全部,通过群体或个人表达出来,被认为是就文化和社会特性反映团体期望的方式;其标准和价值是通过模仿或其他方式口头流传的。其形式包括语言、文学作品、音乐、舞蹈、游戏、神话、仪式、习俗、手工艺品、建筑及其他艺术。"①根据这一定义,《保护传统文化和民俗的建议》虽然没有直接使用"非物质文化遗产"一词,但其所描述的文化内容或文化事象(项),几乎都是非物质文化遗产。在一定意义上可以说,《保护传统文化和民俗的建议》应是联合国教科文组织首次对非物质文化遗产给予关注的标志。

《保护传统文化和民俗的建议案》通过 10 年的实施,成效不彰。② 在此形势下,1998 年,联合国教科文组织在第 29 次全体会议上通过了《宣布人类口头和非物质遗产代表作条例》(简称《代表作条例》)。《代表作条例》中的人类口头和非物质遗产是指"来自某一文化社区的全部创作,这些创作以传统为依据、由某一群体或一些个体所表达并被认为是符合社区期望的,作为其文化和社会特性的表达形式;其准则和价值,通过模仿或其他方式口头相传。它的形式包括:语言、文学、音乐、舞蹈、游戏、神话、礼仪、习惯、手工艺、建筑艺术及其他艺术。除此之外,还包括传统形式的传播和信息。"③《代表作条例》的颁布实施,标志着文化的非物质属性进一步得到了国际社会的高度关注和重视。随后,2003 年 9 月 29 日至 10 月 17 日,联合国教科文组织在巴黎举行了第 32 次全体会议,会议通过了《保护非物质文化遗产公约》,正式提出了"非物质文化遗产"(*The Nonphysical Cultural Heritage*)这一概念。根据《保护非物质文化遗产公约》的理解,"'非物质文化遗产',指各社区、群体,有时是个人,

---

① 《保护传统文化和民俗的建议(1989)》,中国艺术研究院主办:中国非物质文化遗产网//法规文件//联合国教科文组织文件,http://www.ihchina.cn/3/10356.html,2017 年 5 月 30 日。

② 参见乌丙安:《非物质文化遗产的概念界定与分类认定》,王文章:《中国非物质文化遗产保护论坛论文集》,文化艺术出版社 2006 年版,第 145—160 页。

③ 《宣布人类口头和非物质遗产代表作条例(1998)》,中国艺术研究院主办:中国非物质文化遗产网//法规文件//联合国教科文组织文件,http://www.ihchina.cn/3/10356.html,2017 年 5 月 30 日。

视为其文化遗产组成部分的各种社会实践、观念表述、表现形式、知识、技能及相关的工具、实物、手工艺品和文化场所"①。非物质文化遗产具体包含哪些内容和哪些类型呢？联合国教科文组织在《保护非物质文化遗产公约》第二条第二款中指出："'非物质文化遗产'包括以下方面：1.口头传统和表现形式，包括作为非物质文化遗产媒介的语言；2.表演艺术；3.社会实践、仪式、节庆活动；4.有关自然界和宇宙的知识和实践；5.传统手工艺。"②对比《代表作条例》中的"口头和非物质遗产"就可以发现，《保护非物质文化遗产公约》中非物质文化遗产的含义，是对"口头和非物质遗产"概念的修正。

简要回顾历史，从中可以看出国际社会保护世界遗产演进的若干脉络。1960年以前，以保护纪念物、遗址、单体建筑物和制定文物古迹保护的基本原则为主线，如《关于历史性纪念物修复的雅典宪章（1931年）》《关于适用于考古发掘的国际原则的建议（1956年）》等。但这一阶段关注的焦点，主要是避免武装冲突、战争给文化遗产带来的破坏。1960年至1990年间，焦点主要是历史地区、历史园林、历史城市等历史环境的保护问题。这主要是战后经济的快速增长，工业化、城市化以及旧城的改造，给文化遗产带来了"建筑性破坏"的影响。1990年之后，焦点开始转向乡土建筑遗产、历史性木结构、文化旅游等特定问题和保护利用中出现的相关课题。全球范围的大尺度、大规模的人居环境、文化景观、地域特征的保护工作自此也开始进入了保护的视域。这意味着，在1990年，世界遗产保护范围有了进一步扩展，保护内容、领域涵盖了产业遗产、历史性城市景观、非物质文化遗产、文化多样性等方面。

《保护非物质文化遗产公约》可说是迄今为止联合国教科文组织在国际非物质文化遗产保护领域最权威、影响最大的规范性文件。《保护非物质文

---

① 文化部非物质文化遗产司主编：《非物质文化遗产保护法律法规资料汇编》，文化艺术出版社2013年版，第576页。

② 文化部非物质文化遗产司主编：《非物质文化遗产保护法律法规资料汇编》，文化艺术出版社2013年版，第576页。

化遗产公约》对"保护"的含义做如下解释:"'保护'指确保非物质文化遗产生命力的各种措施,包括这种遗产各个方面的确认、立档、研究、保护、保存、宣传、弘扬、承传(特别是通过正规和非正规教育)和振兴。"①从《保护非物质文化遗产公约》关于"保护"含义的解释来看,非物质文化遗产"保护"的着力点聚焦于"非物质文化遗产"的"生命力"。

何为"生命力"呢? 仁者见仁,智者见智,不同的人对这个词有不同的认识和理解。正是由于人们对何为"非物质文化遗产"的"生命力"存在着不同的认识和理解,从而在"如何确保"它的"生命力"这个问题上,从一开始就形成了两种典型的、截然不同的,甚至是针锋相对的保护原则:一是坚持保护非物质文化遗产的"本真性"和"原生态性"原则。这种观点认为,非物质文化遗产是在特定地区、特定社会、特定时代下产生的,因而必然与特定的地区、社会、时代相适应,特定的地区、社会、时代就构成了非物质文化遗产存在和发展的基本生态环境。就此而言,非物质文化遗产的保护就必须要保护它的基本的生态环境,只有这样才能达到保护它的"本真性"和"原生态性"的目的。这种观点坚持"继承、传承大于发展、创新"的原则,认为任何保护都应该坚持文化遗产的本位性,在文化遗产保护中应坚决杜绝"文化遗产的商业化、产业化",尤其要杜绝那些借保护之名而进行文化遗产商业化、产业化开发的现象。因此,"抢救""保存""保护""传承""原生态"是坚持非物质文化遗产保护的"本真性"和"原生态性"原则的关键词。② 另一原则则反其道而行之,其基本主张是坚持保护非物质文化遗产的"变化性"和"活态性"。这个观点认为,保护非物质文化遗产的"本真性""原生态性",实际上违背了非物质文化遗产本身所具有的"变化性"和"活态性"性质,从而违背了非物质文化遗产自身形成、演变发展的规律,因而可以说是一种"知其不可而为之"的劳民伤财

---

① 文化部非物质文化遗产司主编:《非物质文化遗产保护法律法规资料汇编》,文化艺术出版社 2013 年版,第 576 页。

② 参见宋俊华:《文化生产与非物质文化遗产生产性保护》,《文化遗产》2012 年第 1 期。

的行为。针对"本真性""原生态性"原则的死结,"变化性""活态性"原则强调,应该遵循非物质文化遗产本身所具有的基本属性——活态流变性的特点,根据时代、社会、环境的改变而不断地变化、发展,保护、传承的最适宜方式就是实行文化发展和文化创新。"变化性""活态性"原则强调,现代社会的最大变化就是市场经济地位的确立,在市场经济的条件下,非物质文化遗产的保护传承如要与时俱进,从而得到实质上的保护和传承,最佳的方式就是商业化、产业化。① 这种观点的最主要的依据来自于第三意大利的实践。第三意大利通过产业化、市场化,不仅使其传统产业(如制鞋、服装、皮包、家具、瓷砖、乐器、食品加工等)得以创新发展,而且还引领了世界潮流。②

　　问题是,无论是坚持非物质文化遗产保护的"本真性"和"原生态性"原则,还是坚持非物质文化遗产保护的"变化性"和"活态性"原则,在实践中都遭遇到了难以克服的困局。从坚持非物质文化遗产保护的"变化性"和"活态性"原则来看,在市场经济条件下,非物质文化遗产的保护和传承除了与经济发展相结合之外,没有其他的更为恰当的方法。然而,这种观点因过于强调非物质文化遗产"产业化"和"商业化"的价值性原则,就其与人们保护和传承非物质文化遗产的本真意义追求而言,已完全是一种颠覆和翻转,在本质上已完全背离了联合国教科文组织所倡议的保护传承非物质文化遗产的原有初衷与基本宗旨。而坚持非物质文化遗产"本真性"和"原生态性"保护原则的主张,所面临的困难和问题则更为棘手,它牵涉的事情更多,比如资金问题、与社会发展的平衡协调问题、保护理念和保护初衷的问题、非物质文化遗产自身特性的问题,等等。从目前的研究来看,坚持非物质文化遗产保护的"本真性"和"原生态性"原则,往往强调两种保护传承路径:其一,强调非物质文化遗产的"物化"。简而言之,就是充分运用现代科技手段,把那些在现实中已缺乏存

---

① 参见宋俊华:《文化生产与非物质文化遗产生产性保护》,《文化遗产》2012 年第 1 期。

② 参见秦岩、杨爱民、代志鹏:《第三意大利的兴起及其对中国西部大开发的启示》,《云南社会科学》2007 年第 6 期。

在合理性和正当性的非物质文化遗产物化为具有外在物质性的形式,通过转换它们"生命力"的存在形式而使它们得到保护和传承。比如将神话、故事变成文本,将歌谣、古诗、古歌变成录音录像,将技艺技能变成影像、物质存在等。其二,突出非物质文化遗产的原有"生态环境"的路径。如前面的分析,这条路径强调非物质文化遗产与它所产生、形成、生存的环境相结合,在现实中就是建设"生态博物馆"或"生态保护区"的方式。这种观点认为,除非非物质文化遗产原有的生态环境得到保护,否则非物质文化遗产的保护传承说到底只是一句空话而已。因为任何非物质文化遗产的生命力都与其环境构成了一个系统整体,环境一旦变化就必然会危及它的生命力。很明显,非物质文化遗产"本真性"和"原生态性"保护原则的两条路径,都面临着两个难以逾越的障碍:其一就是资金问题。相对而言,第一条路径需要的资金少一些,而第二条路径需要的资金可以说是个无底洞。第一条路径尽管需要资金相对少一些,但只是相对而言,当非物质文化遗产数量十分庞大的时候,这也将是一笔巨额开支。据国务院新闻办公室在 2010 年 6 月 2 日举行的新闻发布会上透露:"初步查明,全国非物质文化遗产资源总量共 87 万项。……2006 年和 2008 年国务院公布了两批共 1028 项国家级非物质文化遗产名录。2007 至 2009 年评定并公布了三批共 1488 名国家级非物质文化遗产项目代表性传承人。……中央和省级财政已累计投入 17.89 亿元用于非物质文化遗产保护。"[1]2000 多项非物质文化遗产的保护传承就投入了 18 亿人民币,而我国的非物质文化遗产初步调查就有 87 万项,详细调查肯定不止这一数目,如都进行保护和传承的话,那需要多少资金呢?再者,现有的 2000 多项进入国家名录的非物质文化遗产的保护传承就已经投入了 18 亿人民币,那后续是不是就不要再投入了呢?对这些问题,有专家已然指出:"资金投入的多少不能完全决定保护工作的成败。"[2]因此,即使有资金保证,也不一定就能够使非物质文

---

① 转引自宋俊华:《文化生产与非物质文化遗产生产性保护》,《文化遗产》2012 年第 1 期。

② 王文章主编:《非物质文化遗产概论》,文化艺术出版社 2006 年版,第 341 页。

化遗产的保护传承工作必然取得好的成效。其二就是人的选择性问题。"物化"路径一般不涉及人的选择性问题。就理论上而言,只要是非物质文化遗产都可以把它物化,如果说涉及人的选择性问题的话,无非就是文化拥有者或文化传承者愿不愿意、可不可以展示、展演的问题。因此,非物质文化遗产的"物化"路径除个别情况外,只要通过动员一般都能解决①。但对于非物质文化遗产的"生态环境"而言,它所涉及的人的选择性问题则复杂得多。比如,生活在生态博物馆和生态保护区内的居民,他们要不要接受现代教育? 要不要使用现代科技? 可不可离开当地到城市求发展? ……显然,非物质文化遗产保护传承的"生态环境"路径是很难对这些问题给出确定性回答的。著名艺术人类学者方李莉先生在贵州梭戛生态博物馆考察时就深为这样的问题所困扰。② 潘年英先生在考察贵州梭嘎生态博物馆时也产生了与方李莉先生同样的疑虑。③

宋俊华认为,正是在这样的背景下,非物质文化遗产"生产性保护"方式,作为一个折中了两条原则的新原则便出现了。④

二、非物质文化遗产"生产性保护" 概念的相关认识

非物质文化遗产"生产性保护"方式是由时任文化部副部长、中国艺术研

---

① 一些与宗教信仰有关的非物质文化遗产是很难深入调查的。如果连调查都无法深入,那么就更谈不上"物化"了。比如,苗族神辞到目前为止还没有人能够全部搞清楚。因为,根据苗族的信仰,神辞只能在做法事的时候才能诵唱,更为突出的是,许多神辞是轻声细言,除了法师自己知道之外,其他人根本无法听清。除非拜师,否则对于与苗族神辞类似的非物质文化遗产,是不可能实现物化的。

② 参见方李莉:《全球化背景中的非物质文化遗产保护——贵州梭嘎生态博物馆考察所引发的思考》,《非物质文化遗产保护》2006 年第 3 期。

③ 参见潘年英:《矛盾的"文本"——梭戛生态博物馆的人类学观察》,《文艺研究》2002 年第 1 期。

④ 参见宋俊华:《文化生产与非物质文化遗产生产性保护》,《文化遗产》2012 年第 1 期。

究院院长、中国非物质文化遗产保护中心主任王文章先生正式提出的一种非物质文化遗产保护的基本方式。王文章先生在《非物质文化遗产概论》（2006）中指出："转化为经济效益和经济资源，以生产性方式保护"①是非物质文化遗产保护的一种基本方式。王文章先生在该书中两次提及非物质文化遗产的"生产性保护"问题。其一为"剪纸、年画以及其他很多手工艺制作项目，都可以作为艺人生产、生活方式延续传承。甚至可以通过资源重组，以产业运作扩大生产规模，扩展销售市场，从而使这些项目得到弘扬和传播。很多民间手工艺制作项目的繁荣，是与文化生态的生产紧密关联的"。② 其二为"在既不改变其（非物质文化遗产）按内在规律自然衍变的生长过程，又不影响其未来发展方向的前提下，尽可能寻找生产性保护的方式及与旅游开发等的良性互动结合"。③ 王文章先生的这两处关于非物质文化遗产"生产性保护"的论述，虽然没有对非物质文化遗产"生产性保护"这个概念做出明确界定，但从他的"生产性保护是非物质文化遗产保护的基本原则"的观点中可知，他实际上认为"生产性保护"是由非物质文化遗产的特点所决定的。正是基于这样的认识，他进一步强调："非物质文化遗产活态流变的特点，决定了我们要尽可能避免以静止、凝固的方式去保护。"④

确切地说，王文章先生早在 2006 年 3 月 2 日就提出了通过生产性方式保护非物质文化遗产的思路和设想。2006 年 2 月 12 日，由文化部、发展改革委、教育部等九部门共同主办，由中国艺术研究院主要承办的中国非物质文化遗产保护成果展在国家博物馆正式开展。中国非物质文化遗产保护成果展开展后，观众参观相当踊跃，社会反响十分热烈。据估计，参观观众平均每天高达万人以上，周末人潮更是汹涌，甚至达到三万人以上。王文章正是基于这样

①　王文章主编：《非物质文化遗产概论》，文化艺术出版社 2006 年版，第 30 页。
②　王文章主编：《非物质文化遗产概论》，文化艺术出版社 2006 年版，第 30 页。
③　王文章主编：《非物质文化遗产概论》，文化艺术出版社 2006 年版，第 30—31 页。
④　王文章主编：《非物质文化遗产概论》，文化艺术出版社 2006 年版，第 30 页。

的事实,才在回答文化报记者提问时,提出以生产性方式保护非物质文化遗产的构想。①

一般而言,任何一个事物从其产生之时,到为人们所广泛接受都有一个过程。非物质文化遗产"生产性保护"这个概念也不例外。非物质文化遗产"生产性保护"这个概念从被提出之时,直到 2009 年初之后,才日渐为人们所广泛接受并认可。之所以出现这样的情况,是因为当时人们的关注焦点主要集中于非物质文化遗产的"产业化"及"商业化"问题,在一定程度上还不能认识到"生产性保护"这个概念与"产业化""商业化"之间的差别。随着非物质文化遗产"产业化""商业化"所导致问题的层出不穷,人们才开始逐渐将视野转到"生产性保护"上来。至 2011 年,非物质文化遗产"生产性保护"已经成为政府、学界都认可的一种保护传承非物质文化遗产的基本方式。②

然而,时至今日,尽管学术界、理论界对非物质文化遗产"生产性保护"予以高度重视和极大关注,但对何为非物质文化遗产"生产性保护",学术界和理论界仍然是众说纷纭、莫衷一是,尚未形成一致的认识和理解。按照汪欣的理解,使非物质文化遗产融入到民众的现实生活中,在现实生活中找到传承与发展的活水源,就是非物质文化遗产"生产性保护"的主要目的。他提出,在当前着力推进市场经济的条件下,如果避而不谈经济价值,那么非物质文化遗产的保护传承,就只能是一种不切合实际的"乌托邦"式的幻觉。但如果采用"生产性"方式来进行保护和传承,就可以充分发挥非物质文化遗产的文化资源作用,对于非物质文化遗产拥有者或拥有地区(无法确定传承人)来说,它可以带来可观的经济效益;对于非物质文化遗产的保护传承本身来说,也可以提供一定的资金,缓解保护资金的压力,从而为非物质文化遗产本身的可持续

---

① 参见李晓林:《共同参与保护,构建和谐精神家园》,《中国文化报》2006 年 3 月 2 日。

② 在 2011 年文化遗产日中,中国文化部非物质文化遗产司副司长马盛德在接受记者采访时说:"中国实施非物质文化遗产保护中,主要采取抢救性保护、生产性保护、整体性保护、立法保护四种重要方式。"参见杜再江:《非遗的"生产性保护"是个有歧义的概念?》,《贵州民族报》2011 年 10 月 19 日。

存在提供动力。①刘爱华则认为,非物质文化遗产的保护只有从现实服务功能出发才具有可行性。因而,他认为,所谓的"生产性保护",就是将非物质文化遗产作为文化资源及文化项目,通过产业化操作,推动其生成和转换为文化产品,挖掘其经济价值,让非物质文化遗产的保护和传承,切实地与经济社会的发展协调起来,实现双方的良性互动和共赢。②王建祥则坚持着"'生产性保护'是以非物质文化遗产的真实性、整体性、传承性为核心,将非物质文化遗产及其资源转化为物质形态的保护方式"③的主张。李志丹则提出,非物质文化遗产具有经济资源的性质,因而,以生产性方式保护非物质文化遗产,就是在做好抢救和保护的条件下,科学地探讨、合理地规划非物质文化遗产的开发利用方式,充分发挥非物质文化遗产在市场经济条件下的资源价值和经济功能,使非物质文化遗产的抢救、保护和传承与社会经济发展之间实现共赢。因此,非物质文化遗产"生产性保护"的实质就是"以保护带动发展,以发展促进保护。"④田艳则认为,所谓的非物质文化遗产"生产性保护","就是指通过生产、流通、销售等方式,将非物质文化遗产及其资源转化为生产力和产品,产生经济效益,并促进相关产业发展,实现非物质文化遗产保护与经济社会协调发展的良性互动,从而使非物质文化遗产在生产实践中得到积极保护"。此外,她还认为,"生产性保护"既是"我国近些年来非物质文化遗产保护工作的经验总结",也是"实现非物质文化遗产可持续发展的有效途径"。⑤

与此同时,还有不少专家学者也纷纷探讨了非物质文化遗产"生产性保护"的含义。如吕田品立足于手工技艺保护,来诠释非物质文化遗产"生产性

---

① 参见汪欣:《对非物质文化遗产生产性保护理念的认识》,《艺苑》2011年第2期。

② 刘爱华:《非遗视域下江西体育民俗生产性保护简论》,《江西师范大学学报》(哲学社会科学版)2013年第3期。

③ 王建祥、金剑:《非物质文化遗产生产性保护研究——以刘伶醉酿酒工艺为例》,《河北经贸大学学报》(综合版)2012年第4期。

④ 李志丹:《河南省非物质文化遗产生产性保护——基于旅游开发视角》,《北方经贸》2012年第5期。

⑤ 田艳:《加强非物质文化遗产的生产性保护》,《人民日报》2012年1月12日。

保护"的含义。他认为,所谓的"生产性方式保护,便是切合手工技艺存在形态和传承特点,可以不断'生产'文化差异性的一种生态保护方式,或者说,这其实就是努力遵循非物质文化遗产自身规律的社会文化实践"。① 冯俊英则提出:"生产性保护的运作过程是一种实在的合理利用,是实现有效传承和实质性保护的发展过程","非物质文化遗产生产性保护,是使非物质文化遗产项目运作起来,将它作为有条件的文化资源进行开发,转化为文化生产力,产生经济效益,从而为非物质文化遗产带来持久传承的深厚基础。"②王泽鹏、陈建国则主张:"非物质文化遗产生产性保护是指在具有生产性质的实践过程中,以保持非物质文化遗产的真实性、整体性和传承性为核心,以有效传承非物质文化遗产技艺为前提,借助生产、流通、销售等手段,将非物质文化遗产及其资源转化为文化产品的保护方式。"③彭卫国认为,"生产性保护"这个重要的文化遗产保护理念,是我国在保护和传承传统技艺类非物质文化遗产的工作实践过程中逐渐探索、总结而获得的。非物质文化遗产"生产性保护"的宗旨和愿景就是,通过文化遗产的保护传承以带动社会经济发展,同时以社会经济的发展来促进文化遗产的保护传承。④ 陈文增认为,"生产性保护"这个命题的提出是我们对非物质文化遗产保护传承认识不断深入的结果。这个命题表明我们基本认识到了非物质文化遗产与生产活动的密切联系。非物质文化是生产产品的技能技艺,因而就必然与生产相互依赖,离开了生产过程,非物质文化就不可能存在。他说:"所谓非物质文化遗产是指产品的生产过程、生产技艺,它的绝妙处、要点、难点,每一种非物质文化遗产都存在这个关系。"⑤

---

① 吕田品:《重振手工与非物质文化遗产生产性方式保护》,《中南民族大学学报》2009 年第 4 期。

② 冯俊英:《浅谈非物质文化遗产的生产性保护》,《大众文艺》2012 年第 6 期。

③ 王泽鹏、陈建国:《浅谈非物质文化遗产的生产性保护——以五莲割花为例》,《新乡学院学报》(社会科学版)2013 年第 3 期。

④ 参见刘萍:《生产性保护能否推进传统手工艺之传承》,《河北日报》2009 年 6 月 19 日。

⑤ 刘萍:《生产性保护能否推进传统手工艺之传承》,《河北日报》2009 年 6 月 19 日。

在所有的非物质文化遗产"生产性保护"定义中,被公认为最具权威性的定义当属文化部所做出的界定。文化部在《关于加强非物质文化遗产生产性保护的指导意见》中指出:"非物质文化遗产生产性保护是指在具有生产性质的实践过程中,以保持非物质文化遗产的真实性、整体性和传承性为核心,以有效传承非物质文化遗产技艺为前提,借助生产、流通、销售等手段,将非物质文化遗产及其资源转化为文化产品的保护方式。"①同时,文化部还对非物质文化遗产"生产性保护"的适用对象、适用领域进行了括定:"目前,这一保护方式主要是在传统技艺、传统美术和传统医药药物炮制类非物质文化遗产领域实施。"②

虽然每个人对何为非物质文化遗产的"生产性保护"皆有着不同的理解和认识,但对这些定义稍加分析就可以发现,尽管这些定义在表述上皆有所不同,甚或差异很大,但都具有一个共同的、基本的思想逻辑,即,这些定义的主要内容都仅仅局限于物质性、产品性的生产,着眼于非物质文化遗产的文化资源性质和经济效益的开发,定义表述的不同实质上只是对这种基本思想逻辑的强调程度有所不同而已。即便最早提出这一概念的王文章先生也不例外。他虽然没有对"生产性保护"进行明确界定,但在《非物质文化遗产概论》(2006)中却提到,"在立足保护的基础上,对非物质文化遗产的合理而适度的开发,从某种意义上说是更有效的保护"③。陈信宁、李锋把王文章先生的非物质文化遗产"生产性保护"的"保护"理念解读为"开发性保护"④,某种意义上应比较符合王先生的设想和本意。

在论述非物质文化遗产"生产性保护"的功能与作用时,突出物质性产品

---

① 文化部非物质文化遗产司主编:《非物质文化遗产保护法律法规资料汇编》,文化艺术出版社 2013 年版,第 61 页。

② 文化部非物质文化遗产司主编:《非物质文化遗产保护法律法规资料汇编》,文化艺术出版社 2013 年版,第 61 页。

③ 王文章主编:《非物质文化遗产概论》,文化艺术出版社 2006 年版,第 335 页。

④ 陈信宁、李锋:《非物质文化遗产生产性保护新解》,《知识经济》2013 年第 19 期。

转换作为保护传承非物质文化遗产的基本方式,强调经济效益、经济价值,是贯穿现有研究、分析、探讨的主线。我们知道,许多非物质文化遗产是人们历经数千年在历史中反反复复历练而逐步积淀下来的东西,这些东西不但是人们在历史中进行辉煌创造的证明,而且更为重要的是,它满足了人们的生存、生活需要。因而,它们在历史的每一个阶段中都具有其价值。同样,许多非物质文化遗产往往是就地取材,因而也就很具有经济实惠的特点。人们也往往据此认为,非物质文化遗产的保护,如果只是仅仅停留在项目、名录的确定上,而不对其加以利用,那么,它的价值就无法展现出来,从而也就无法与时俱进。这样,即使耗费巨大的精力、劳力、财力,结果仍然只能留下一种历史记忆而已。久而久之,这些非物质文化遗产终究还是会慢慢地被遗忘掉的。而如果把非物质文化遗产置于生产运作过程中去,那么它的实际功用就更能得到体现。福建相城麻饼的制作技艺就是被用于生产运作过程中,从未与生产运作和经济市场运作分开过,才得以不断地传承和发展的。① 有人甚至认为,对非物质文化遗产采取生产性方式保护,不仅要"充分发挥非物质文化遗产作为文化资源的经济价值"②,而且还应"通过龙头企业的带动和示范作用,努力构建文化产业集群"③,这样做不仅"为其参与者和所在地带来文化享受和经济效益"④,并"为非物质文化遗产带来可持续并有深厚基础的传承与保护"。⑤还有学者指出:"非物质文化遗产的生产性保护的最终产品,就是由非物质文化遗产及其资源转化而成的文化商品,因而由这些文化商品换来的经济效益在很大程度上就成为了衡量生产性保护的重要因素。"⑥另有学者认为,"生产性保护"的实质、目的及宗旨在于"保护",但近年来在"生产性保护"实践中却

---

① 参见冯俊英:《浅谈非物质文化遗产的生产性保护》,《大众文艺》2013年第6期。
② 汪欣:《对非物质文化遗产生产性保护理念的认识》,《艺苑》2011年第2期。
③ 汪欣:《对非物质文化遗产生产性保护理念的认识》,《艺苑》2011年第2期。
④ 汪欣:《对非物质文化遗产生产性保护理念的认识》,《艺苑》2011年第2期。
⑤ 汪欣:《对非物质文化遗产生产性保护理念的认识》,《艺苑》2011年第2期。
⑥ 张兆林、孙元国:《浅析非物质文化遗产的生产性保护》,《学理论》2012年第19期。

违背了这一实质、目的及宗旨,仅仅关注"生产"本身,严重地扭曲了"生产性保护"的含义,从而对非物质文化遗产自身造成了过度产业化、商业化、机械化等倾向,但不能否认产业化、商业化、机械化是"生产性保护"方式的构成事实,而且产业化、商业化、机械化还是在"生产性保护"实践中运用得相对成熟的主要方式①。

从目前关于非物质文化遗产"生产性保护"含义的理解和认识中可以看出,我们目前实际上是将"生产性保护"与经济学中的"产业化""商业化"混同了。因此,不管是哪种理解、哪种定义、哪种认识,虽然有所差异,但其中都或明或隐地将"生产性保护"与"经济效益""文化资源"等用于分析经济活动的字词联系起来。因此,根据目前的理解,如果非物质文化遗产的"生产性保护"不能为相关涉及主体带来相应的经济效益,那么,"生产性保护"也就没有任何存在意义了。之所以导致这样的理解,我们认为,主要是因为目前人们将"生产性保护"中的"生产"等同于"产业""经营""商品"等经济活动。比如,谭宏在分析文学艺术创作类非物质文化遗产的"生产性保护"时就认为:"既然是生产,就可以变成商品,可能进入市场,参与市场交换。"②谭宏的认识和理解并不是特例,而是一种相当普遍的认识误区。因而,只要一提到"生产"一词,人们就会有意识或无意识地将它与市场、经营、商品联系起来,所以不管如何分析、怎样研究,都始终跳不出从经济效益的角度来思考非物质文化遗产的"生产性保护"问题。即便是最具权威性的文化部所发布的《关于加强非物质文化遗产生产性保护的指导意见》,也存在着不自觉地陷入这个认识误区的倾向。这可以从其对非物质文化遗产"生产性保护"的界定中看出来。文化部界定中的"具有生产性质""借助生产、流通、销售""将非物质文化遗产及其资源转化为文化产品的保护方式"等词语,就是这种思想理念的实际体现。正是由于将非物质文化遗产"生产性保护"理解为产品经营,将之等同于市场

---

① 参见张兆林、孙元国:《浅析非物质文化遗产的生产性保护》,《学理论》2012年第19期。
② 谭宏:《"非遗"生产性保护方式与文学艺术创作》,《文艺研究》2010年第9期。

运行、商品生产,文化部才将这一保护方式的适用领域限定于"传统技艺、传统美术和传统医药药物炮制类非物质文化遗产"。文化部的非物质文化遗产"生产性保护"定义中的"生产性保护"与"产业化""商业化"的不同之处,仅在于生产的技术与技艺的区别。不少资深专家对这一概念的理解也基本与文化部类似。如刘锡诚研究员指出,保护"非遗"的核心技艺是"生产性保护"的目的和核心。"非遗"的核心技艺实质就是传统技能、技巧,如果采取一般企业的产业化、商业化方法,如"资产重组""采用现代技术""建立大规模生产线""用现代材料代替原始材料""产品规格化"等产业化方式,实际上就等于抛弃了传统技能、技巧,这也就等于抛弃了非物质文化遗产。[1] 中国艺术研究院研究员苑利和北京联合大学副教授顾军也强调:"产业化开发则是指将某种非物质文化遗产作为开发项目,而对其实施的大规模的机械化生产和产业化经营。"[2]

从以上分析可知,目前的非物质文化遗产"生产性保护"几乎都强调要凭借传统技艺生产出产品,它与非物质文化遗产的"产业化""商业化"的不同,仅在于产品生产的方式不同,非物质文化遗产的"产业化""商业化"主要依赖现代技术进行生产,"生产性保护"主要凭借传统技艺、技能进行生产。然而,不管是用现代技术生产还是用传统技能、技艺生产,实质上都是将非物质文化遗产进行"产品化""商品化"。教育部重点研究基地中山大学"中国非物质文化遗产研究中心"副主任高小康教授的认识颇具典型性和代表性:"实际上,'生产性保护'背后真正为非遗保护研究所关注的问题是非遗的商业化。所谓'生产性'并非一般意义上的生产,而是通过产业化经营进入市场的商品生产。远在非遗保护公约出现前十多年,就出现了对传统文化进行商业化改造

---

[1] 参见刘锡诚:《"非遗"产业化:一个备受争议的问题》,《河南教育学院学报》(哲学社会科学版)2010 年第 4 期。

[2] 苑利、顾军:《非物质文化遗产开发应遵循传承规律》,《中国知识产权报》2009 年 7 月 3 日。

和利用的活动。这种利用常常被称为'文化搭台、经济唱戏'。"①高小康教授还继续指出:"由于这些年来,我们对传统文化遗产进行过度商业化开发而造成的不良影响,使得'商业化'这个概念本身就具有了贬义,并可能产生误导性。"②我们之所以提出"生产性保护"这样一个模棱两可的概念,很大程度上就是为了避免使用"产业化""商业化"这两个带有贬义的词语。实际上,一旦"我们进入到关于'生产性保护'的实质性研究时,面对的问题其实就是非遗的商业化。所谓'生产性'指的就是形成合理的生产和再生产循环发展机制,当然也就是构建良性的产业形态和市场环境,使传统文化在今天的社会生活环境中能够形成内在的生存、发展机制"。③ 当谈到"生产性保护"时,像南京艺术学院研究员、国家非物质文化遗产保护工作专家委员会委员徐艺乙先生这样的著名专家,也常常将之与能够生产出有形产品的传统手工技艺联系起来。④

从文化形成与存在的状态来看,技艺类或民间美术类非物质文化遗产的关键点、核心点是传统技艺、技能、技巧。传统技艺、技能、技巧的获得需要通过大量的反复实践,因此,技艺类或民间美术类非物质文化遗产在历史发展过程中就天然地与市场互为依存,它们与市场形成了十分密切的联系,比如年画、剪纸、玩具、泥塑、绣花鞋帽、篾编、冥币制造、银饰制造等。这些类型的非物质文化遗产,一方面是民众日常生活需要的东西,另一方面与民众的信仰和心理诉求密切相连,加上这些类型的非物质文化遗产的形成、传承、传播、发展,在很大程度上就是靠售卖才得以实现的(因为只有通过售卖才能重复生产,只有重复生产才能提高技艺、锻炼技能、增进技巧,只有高超的技艺、熟练的技能、灵活的技巧才能成为文化遗产),因此,在现代市场经济条件下,如果

---

① 高小康:《如何为非遗的"生产性保护"划出红线》,《人文杂志》2013 年第 9 期。
② 高小康:《如何为非遗的"生产性保护"划出红线》,《人文杂志》2013 年第 9 期。
③ 高小康:《如何为非遗的"生产性保护"划出红线》,《人文杂志》2013 年第 9 期。
④ 参见李哲、姜天娇:《传统技艺生产性保护大有可为》,《经济日报》2009 年 2 月 15 日。

能够通过"生产性保护"而顺利进入市场,不仅可以为继承者提供增进技巧、提高技艺、锻炼技能的机会,也可为非物质文化遗产本身提供生存和发展的机会。据中国贸促会家纺分会副会长杨兆华提供的数据,曾有甘肃农妇手工绣了一双龙凤图案绣花鞋及一对杯垫,绣花鞋在英国网络上的售价高达 300 美元,杯垫的售价也在 100 美元以上。①

　　但是,我们知道,在非物质文化遗产中,能够转换为有形产品的仅仅是少数,绝大多数的非物质文化遗产是不能转化为有形产品的②。比如,民族语言、民间歌谣、神话故事、格言警句、史诗鬼辞、宗教礼仪、饮食文化、人生礼俗、岁时节令等等非物质文化遗产是不可能"产品化"为有形物质存在的(写在书上的除外)。如果按照目前关于非物质文化遗产"生产性保护"的认识和理解,那么,绝大多数的非物质文化遗产要通过"生产性保护"来实现保护和传承,则无异于"水中捞月""镜中摘花"。但是,这些类型的非物质文化遗产与民众日常生活之间的联系,甚至比那些能够直接与市场相联系的非物质文化遗产更为密切。比如,做工十分精细、图案相当丰富的苗族童帽,其功能不仅仅是保暖,更为重要的是体现了苗族民众期盼孩子能够得到先祖和诸神的保佑,能够自由自在、先知先觉、意志坚强地与人生的各种凶险奋战,能够逢凶化吉,拥有前程似锦、富贵双全的生活。③ 这些类型的非物质文化遗产如果得不到很好的保护,即便那些能够直接与市场相联系的非物质文化遗产通过生产得到了保护,这种保护也只能是暂时的,这些非物质文化遗产也终将消失。因为无论是能够直接与市场相联系的非物质文化遗产,还是不能与市场直接联

---

　　①　刘锡诚:《"非遗"产业化:一个备受争议的问题》,《河南教育学院学报》(哲学社会科学版)2010 年第 4 期。

　　②　《非物质文化遗产概论》关于非物质文化遗产分类章节可知,绝大多数非物质文化遗产不能转换成有形产品。王文章主编:《非物质文化遗产概论》,文化艺术出版社 2006 年版,第 305—321 页。

　　③　参见赵玉燕、吴曙光:《象征生命的原始符号》,《中南民族大学学报》(哲学社会科学版)2006 年第 3 期。

系的非物质文化遗产,在某种意义上都属于文化传统,而文化传统是人类文化中"既有的解决各种人类问题的文化途径"①的社会集体记忆,"更明确地说,它(指文化传统,笔者注)是指在历史过程中形成的一种特定的精神信仰与价值观念,以及行事的习惯模式。"②"精神信仰""价值观念""行事习惯"都是不能与市场相联系的文化事象(项),如果这些文化事象(项)都遗失了,那些与市场有联系的文化事象(项)还会长久吗? 显而易见,它们最终也会逐渐被抛弃。

那么,如何才能保护那些不能与市场发生直接联系的非物质文化遗产呢? 由于我们目前对"生产性保护"的理解和认识,只限于与市场发生直接联系类的非物质文化遗产,因此,根据现有的保护方式,对不能直接与市场发生联系的非物质文化遗产只能采取确认、立档、研究、保存、保护等记录性的保护策略,而这些保护策略最终只能使非物质文化遗产进入图书馆和博物馆,这显然有违非物质文化遗产保护的初衷、想法和追求。萧放先生对保护民间信仰类非物质文化遗产的看法,表达了我们保护与市场联系较少或没有联系的非物质文化遗产的思想。他指出:"民间信仰遗产化不是为了放进博物馆做陈列讲解的对象,而是要通过文化遗产的认定与保护活动,唤起人们对民间信仰的高度重视,让人们主动积极地将良善的民间信仰融入当下与未来的生活之中,让我们寻找到属于自己时代的精神温度。"③在此意义上,现有的不能直接与市场发生联系的非物质文化遗产的保护方式,就不是好的保护方式,实际上这些保护方式只是不得已而为之的"消极性"的保护方式而已。

那么,应该如何才能使不能直接与市场发生联系的非物质文化遗产得到有效保护,进而促进与市场直接联系类的非物质文化遗产的保护呢? 我们知

---

① [美]爱德华·希尔斯:《论传统》,傅铿、吕乐译,上海世纪出版集团 2009 年版,"译序"第 5 页。

② 萧放:《传统节日与非物质文化遗产》,学苑出版社 2011 年版,第 42 页。

③ 萧放:《传统节日与非物质文化遗产》,学苑出版社 2011 年版,第 236 页。

道,文化既是人类实践的产物,也是人类实践的前提。在人类的实践中,生产劳动是最基本的、最普遍的实践活动。在此意义上,非物质文化遗产与人类的生产劳动存在着十分密切的联系。诚如汪欣所言,非物质文化遗产"属于人类行为活动的范畴。其表现和传承都依赖传承主体(社群民众)的实际参与,是一种能动活动。一切现存的非物质文化事项,都需要在与自然、现实和历史的互动中,不断生发、变异和创新,处在永不停息的运变之中。……决定了非物质文化遗产的保护不可以采取静止、凝固的方式。"①由此可见,非物质文化遗产不管是否与市场存在联系,都可以通过生产劳动这种实践活动,即通过"生产性"方式而得到"积极"的、"有效"的保护和传承。根据这样的认识,我们必须对非物质文化遗产"生产性保护"这一理念进行再认识和再理解。事实上,已经有学者开始了这方面的探索,如谭宏在《"非遗"生产性保护方式与文学艺术创作》中就认为:"文学和艺术类非物质文化遗产是可以进行生产的,也是可以通过生产性方式来进行保护的。"②

三、非物质文化遗产"生产性保护"
概念的再认识

目前,学术界、理论界对非物质文化遗产"生产性保护"这一概念的含义,不仅在认识与理解上尚未达成一致,而且还将其适用范围局限于与市场具有直接联系的非物质文化遗产类型上。毫无疑问,这显然限制了"生产性保护"的潜在能力和应用范围。因此,我们需要对非物质文化遗产的"生产性保护"进行再认识和再理解。而再认识和再理解的前提是认识和理解"生产""再生产""社会生产"等相关概念。

在古代汉语中,"生"和"产"是两个独立的词,但"产"从属于"生"。《说

---

① 汪欣:《对非物质文化遗产生产性保护理念的认识》,《艺苑》2011 年第 2 期。
② 谭宏:《"非遗"生产性保护方式与文学艺术创作》,《文艺研究》2010 年第 9 期。

文解字》说:生,"进也。像林木生出土上";产,"生也。从生,彦省声"①。"生""产"什么时候开始连用还无从可考。在历史与现实中,"生产"一词有多种含义。在《古代汉语词典》中,"生产"有两种含义:其一为"生计""谋生之业"。如《史记·高祖本纪》中说:"常有大度,不事家人生产作业。"《汉书·陆贾传》说:"有五男,乃出所使越橐中装,卖千金,分其子,子二百金,令为生产。"②其二为生育。《三国志·吴书·骆统传》中说:"生产儿子,多不起养。"③《现代汉语词典》把"生产"理解为"人们使用工具来创造各种生产资料和生活资料"和"生孩子"两种含义。④《辞海》则认为,"生产"有三种含义:其一为"谋生之业";其二为"生育";其三为"以一定生产关系联系起来的人们利用生产工具改变劳动对象以适合自己需要的过程"。⑤ 英语世界中没有单独的"生"和"产"的表述,"生产"就是一个单词,但有动词和名词之分。"生产"的动词形式是"produce",名词形式为"production"。英语中的"生产"有 5 种基本含义,分别为"制造/促成某物(make/grow sth)""使某物发生(cause sth to happen)""出示/提供某物(show/offer sth)""组织制造电影等(organize making film etc.)""生育(have baby/young animal)"。⑥

尽管对"生产"一词的含义存在着不同的理解和认识,但是这些理解、认识中都暗含着共同的基本的逻辑前提。这个逻辑前提就是新事物的出现。不管是"生计""出产""生育""诞生",还是"物质精神财富"的创造,以及生产、生活资料的创造活动,都意味着要有"新的事物"出现。比如"生计",要维持生计、谋求生活,就必须要有新的事物来弥补已经被消耗掉的事物。再如财

---

① 许慎:《说文解字新订》,臧克和、王平校订,中华书局 2002 年版,第 403—404 页。
② 商务印书馆辞书研究中心:《古代汉语词典》,商务印书馆 2014 年版,第 1314 页。
③ 商务印书馆辞书研究中心:《古代汉语词典》,商务印书馆 2014 年版,第 1314 页。
④ 中国社会科学院语言研究所词典编辑室:《现代汉语词典》,商务印书馆 2012 年版,第 1160 页。
⑤ 辞海编辑委员会:《辞海》,上海辞书出版社 1999 年版,第 4900 页。
⑥ 麦克米伦出版有限公司:《麦克米伦高阶英语词典》(英语版),外语教学与研究出版社 2003 年版,第 1124 页。

产、产业,它们本身就是人类创造出来的满足人类需要的事物的总和,相对于自然事物来说,财产和产业就是新出现的事物。据此认识,我们可以将"生产"一词的核心,理解为"新事物的出现"。由于"生产"是属于人类的实践活动,而不是动物、植物、自然界本身的行为和运动,而且,人类的这种实践活动是为了满足人类的生存与生活的需要,因而,人类为满足其需要而通过实践活动促使新事物的出现和产生的活动,应该就是对"生产"一词的较为完整和深入的理解和认识。根据对"生产"一词所做的新的理解与认识,我们就可以这样来认识和理解"再生产"活动。"再生产"就是人类为补充已被消耗掉的事物,或为满足新生的需要,通过实践活动促使新事物不断出现和产生的活动。

实践活动是人类社会所独有的活动,因此,任何"生产"都是社会性的生产;而社会是历史中的社会,因此,社会的生产就不可能一次性完成。从这个角度上说,社会的生产必然包括了"生产"和"再生产"两种活动。但是,目前当人们一谈到社会生产时,通常就很自然地认为,社会生产包括两个方面:物质的生产与再生产,以及精神的生产与再生产。实际上,我们对社会生产的这种划分,很大程度上是对马克思主义的生产理论产生错误认识和理解的结果。事实上,马克思主义经典作家马克思、恩格斯根本就没有将社会生产划分为物质生产和精神生产的有关著述。将社会生产划分为物质生产和精神生产这两个方面,是人们根据"生产力决定生产关系、经济基础决定上层建筑"这一基本原理,对马克思和恩格斯的社会生产理论所做出的错误的认识、理解、概括的结果。

关于社会生产,恩格斯指出:"根据唯物主义观点,历史中的决定性因素,归根结底是直接生活的生产和再生产",直接生活的"生产本身又有两种。一方面是生活资料即食物、衣服、住房以及为此所必需的工具的生产;另一方面是人自身的生产,即种的蕃衍"[1]。马克思和恩格斯还在《德意志意识形态》

---

[1]　[德]恩格斯:《家庭、私有制和国家的起源》(1884 年第一版序言),人民出版社 1999 年版,第 3 页。

中着重强调,人类的"第一个历史活动就是生产满足这些需要的资料,即生产物质生活本身,而且,这是人们从几千年前直到今天单是为了维持生活就必须每日每时从事的历史活动,是一切历史的基本条件"①;"每日都在重新生产自己生命的人们开始生产另外一些人,即繁殖";"生命的生产,无论是通过劳动而生产自己的生命,还是通过生育而生产他人的生命,就立即表现为双重关系⋯⋯"②可见,在马克思主义创始人马克思、恩格斯看来,社会的基本生产和再生产主要包括两类:其一为维持自身生命机体生存的生产,这主要是衣、食、住、生产工具、生活用具等物质生活资料的生产;其二为人类作为"种"的自身延续和繁衍的生产,也就是生儿育女、传宗接代的生产。

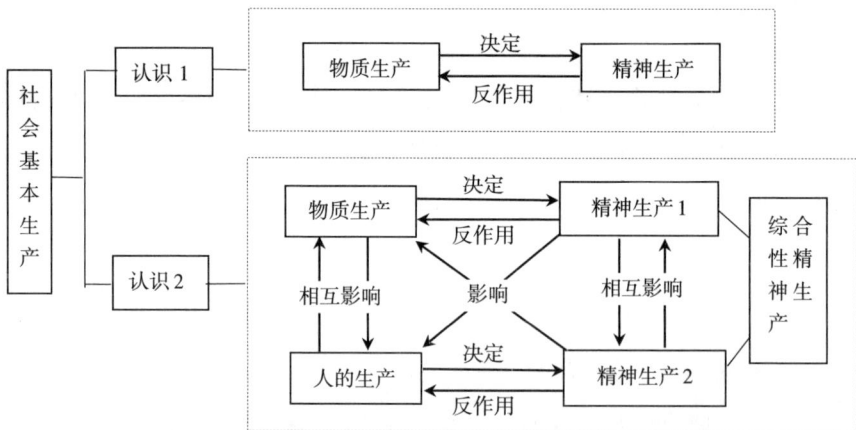

图2 社会基本生产的两种不同认识

我们可以将社会基本生产的不同认识区别为认识1和认识2(见图2)。认识1就是当前大多数人对社会基本生产的认识和理解,即社会基本生产由物质生产和精神生产两个方面构成。认识2是马克思主义对社会基本生产的认识和理解,即物质生产和人的生产构成了社会基本生产的基本组成部分。认识和理解不同,行动也就各不相同,从而结果也就会有所差异。认识1实际

① 《马克思恩格斯选集》第1卷,人民出版社2012年版,第158页。
② 《马克思恩格斯选集》第1卷,人民出版社2012年版,第159—160页。

上是将人类社会的"生产"活动简化为"物质生产"的结果。按照认识1中"物质生产决定精神生产"和"精神生产反作用于物质生产"的观点和逻辑,那么,有什么样的物质生产活动就会形成相应的精神生产活动,已然形成的精神意识反过来或制约或促进与其相应的物质生产活动。在社会生活实际中,我们确实可以看到,农业型的生产活动形成了农业型的精神意识,游牧型的生产活动形成了游牧型的精神意识;狩猎型的生产活动形成了狩猎型的精神意识;业已形成的农业型的意识形式促进或制约了农业型的生产活动,游牧型的意识形式促进或制约了游牧型的生产活动,狩猎型的意识形式促进或制约了狩猎型的生产活动。尽管这样的认识和理解没有错误,然而却暗含着将"物质生产"活动既当作人类实践活动的出发点,又当作人类实践活动的目标和落脚点的先验性假设。这实质上就是一种对人类社会生产活动"见物不见人"的认识与理解。目前,大多数人对非物质文化遗产"生产性保护"的理解和认识,本质上就是这样的一种理解和认识。在对非物质文化遗产传承保护的认识、理解中,尽管人们都强调了核心技艺的保护、传承,但其基本主旨还是突出通过"经济利益"手段而实现保护传承的目的。正是因为人们一贯遵循着上述认识、理解的逻辑、推论,从而必然会得出"生产性"只能适用于保护传承那些与市场存在着密切联系的非物质文化遗产的结论。

人类社会的存在不仅需要改变自然世界,以满足人作为类的存在的需要,同时还需要人自身的繁衍。缺少了任何一个方面,人类社会都无法存在。因此,人类社会的最基本的生产活动就是马克思和恩格斯所指出的"物质生产"和"人的生产",也即认识2。在认识1中,物质生产是最根本的,而在认识2中,物质生产和人的生产两者都是最基本的,没有哪一个优先于哪一个。如果一定要在两者之间指出哪一方面更为基本的话,在某种意义上,人的生产则更为基本。因为物质生产的目的,最终还是为了人的生产。人的生产不仅仅是指种的繁衍、新人代替旧人,而且还意味着生产社会性的人(即人的社会化)。比如,古代某些社会就不承认没有经过成人礼的人是人。现代社会中也存在物质丰裕,却因精神空虚而自杀的人。人的精神之所以空虚,在很大程度上就是不能完全社会化或者不能完全再社会化而引起的。因此,人的种的繁衍这种生命的再生产"不仅仅是生产人类的生命的个体,更重要的是使人作为一个现实的、在一定社会关系中的人再生产出来,也就是说再生产出人的全面的社会关系,从而使人类社会得以延续"①。

与认识2中两种不同的基本生产相对应的精神生产,也可以分为精神生产1和精神生产2。精神生产1是与物质生产相对应的精神意识,这个组合实际上就是认识1。精神生产2对应的是人的生产,是人类为了种的繁衍和人的社会化而创造出的精神意识。精神生产1生产的结果是精神意识1,相应地,精神生产2生产的结果就是精神意识2。精神意识1与精神意识2尽管相互影响,甚至交叉重叠,但不能将它们等同。某些类型的精神意识1和精神意识2存在着十分鲜明的界限。比如,很多农业民族中都有求雨、训雷的习俗,这种习俗仅与农业生产相关联,而与人的生产没有多大的瓜葛。同样地,许多民族中的丧葬礼仪、修冢扫墓习俗也与物质生产没有多少相关性。但有些精神意识则属于精神意识1和精神意识2的综合体。比如苗族的敬鱼、祭鱼习俗,既与鱼这种食物生产有关,也与人的繁衍有关,因为在苗族社会中,鱼既是蛋白质的重要来源,同时也象征着子孙后代像鱼一样地繁殖和自由自在地生活。②

认识2中的精神意识(包括精神意识1、精神意识2,以及综合精神意识)就是我们所说的非物质文化遗产。由此可知,非物质文化遗产实际上就是通过人类的这两种生产而创造出来,并为人类的这两种生产服务的。人类作为自然界中的一种"类"生存,就必须根据需求生产吃、穿、住等生存必需品。因此,无论是庄稼种植,还是放牧、打猎,这些生产手段的目的都是为了先把人养

① 郭艳君:《历史与人的生成》,社会科学文献出版社2005年版,第127页。
② 参见龙叶先:《贵州蚩尤文化资源的特色分析》,《黔南民族师范学院学报》(哲学社会科学版)2015年第35卷第3期。

活。但人类通过"生产"而获得物质生活资料与动物的"捕食"不同,人类需要将单纯的物质生活资料的"生产"上升到"生活"本身。如果人类的物质生活资料的"生产"脱离了"生活"本身,那么人类与动物就没有多少区别。马克思指出:"人(工人)只有在运用自己的动物机能——吃、喝、生殖,至多还有居住、修饰等等——的时候,才觉得自己在自由活动,而在运用人的机能时,觉得自己只不过是动物。动物的东西成为人的东西,而人的东西成为动物的东西","吃、喝、生殖等等,固然也是真正的人的机能。但是,如果加以抽象,使这些机能脱离人的其他活动领域并成为最后的和唯一的终极目的,那它们就是动物的机能"。① 尽管马克思这里是论述劳动异化导致人的本质的丧失,但也说明了人的"生产"如果脱离人的"生活",人也就退化成动物了。动物的"生产"仅仅是生产,因此动物无论在何处,其生产活动都是一样的;而人的"生产"不仅是生产,还是生活,因此人的群体不同,他们的生产活动就不太可能相同。老虎不管是在非洲、欧洲,还是亚洲,它们吃掉猎物的形式都是一样的;但同样是饮食,非洲人不同于欧洲人,欧洲人不同于亚洲人。

人类维持自己生命存在而生产食物的习惯与习俗,就是"产食文化"。就中国而言,中国是农业古国,也是农业大国。因而,我们的产食文明相当发达,"食在中国"真可谓"实至名归"。在饮食文化、饮食习俗上,中国人积累了相当丰富的知识和技艺。制造食物这种生产活动,尽管每个国家都有水煮、火烤等饮食的知识和技艺,但中国饮食制造的技艺是其他国家所无法比拟的。比如,中国饮食制造中的煎、熘、炒、爆、糟、腌、酱、煸、汆、涮、烀、焖、发酵等各种各样的烹饪方法,在国外,除中国人经营的餐馆以外是几乎看不到的。从饮食生产到饮食生活的过程,就是饮食文化的诞生过程。其他文化类型,如建筑文化、服饰文化、工艺美术文化等,也都是从生产上升到生活而得以形成的。

一些非物质文化遗产是人们在生产与生活中为规避灾祸而创造的,一些

---

① 《马克思恩格斯文集》第1卷,人民出版社2009年版,第160页。

则是体现了人们对美好幸福生活的追求。这些非物质文化遗产通常是通过口头语言而代代相传下来。古代那么多的神话、传说、故事,大多由此而来。"民以食为天",中国在长期的农业生产中积累了自己的关于粮食的口头传统和神话故事。在中国粮食神话中,为人类带来粮种的或是民族的开基始祖,或是与动物有关。如,在汉族中,有关粮食种植的神话是黄帝教民稼穑和尧舜亲耕。而西南少数民族则认为是动物为人们带来了粮种,如苗族就认为是猫、狗、鼠给人类带来了粮食种子。这种粮食神话的传承形成了中国人的粮食崇拜(如浪费粮食要被雷劈的传说),也养成了中国农民"庄稼为王"的观念(如祭田地、祭庄稼、祭粮神、祭粮仓等习俗),同时还形成了农民遵从祖制古训耕种土地和管理粮食的习惯。延续到现代的祭祀习俗也是这样形成的。用粮食(包括牲畜)祀神,这种粮食不是给人吃的,而是给神履行职能用的,或被用来进行人神之间的利益交换。这时的粮食被认为可以避灾祛邪,保佑人们生活安全和生产安全。[1] 农业生产离不开水,中国关于水的习俗和信仰也相当丰富。在中国节日文化中,不少节日都与水有关。如,二月二,龙抬头,乘龙祈雨、防止干旱;花朝节,办花市,以花观水;三月上巳节,临水禊祓;清明节,开闸分沟,祈求风调雨顺;五月端午节,划龙舟,祭奠诸神;六月六,晒龙皮,祈求风调雨顺,等等。这些节日都把水(雨)当作崇拜对象,并都伴有严肃的信仰仪式、美丽的神话传说、多彩的民间歌舞和特定的文化空间。[2] 不仅口头语言在代代相传中得到了不断的丰富和发展,人们同时也创造了大量的娱神娱人、神人同娱的歌舞、音乐、戏曲。比如"洪水故事""兄妹成婚""灶王爷"等神话传说,就是这样几千年、上万年地通过口耳相传一点点地流传到今天的。[3]

　　物质资料的生产是为了确保人能够生存下来,人自身的生产则是让人能

---

① 参见董晓萍:《现代民俗学讲演录》,广西师范大学出版社2007年版,第123—124页。
② 参见董晓萍:《现代民俗学讲演录》,广西师范大学出版社2007年版,第158页。
③ 参见乌丙安:《非物质文化遗产保护理论与方法》,文化艺术出版社2010年版,第268—269页。

够繁衍下去。物质资料的生产保证了个体作为物理生命而存活,人自身的生产则保证了人作为类而得以延续。为了繁殖繁衍、发展自己,人类创制了许多与人的自身的生产相适应的文化,以维护、培育和壮大生养后代的能力和技巧。人类自身的生产集中贯穿于人的整个生育过程之中,从求育、怀孕、产子、取名、贺生、养子、教子到成年,以至结婚等一系列的人生阶段,一代接一代,一轮续一轮地循环往复。中国民间传承着许多求子、求育的文化习俗,诸如求祷送子娘娘、膜拜观音、供奉神山圣水等,以祈求人口的繁衍和增长。虎头鞋、虎头帽、护身符等用来保佑婴孩的性命,还有孩子取名的种种讲究,生日时的烦琐礼节无不饱含着对个体生命的关注和人类自身生产的重视。缔结婚姻需要经过纳采、问名、纳吉、纳征、请期、亲迎等程序,每个程序中都要举行一系列礼仪活动,不仅为婚礼营造出喜庆吉祥的欢乐气氛,而且还贯穿着祝愿新人称心如意、家道兴旺发达等主题。葬礼是对人生终结的祭奠,一般包括判定死亡、招魂、清洗尸体、停灵、守灵、哭丧、报丧、吊唁、选择和营造墓地、送葬、安葬、祭祀、守丧、送食、告别等一系列活动。尽管不同的人类群体对待死者的不同行为方式体现了各自不同的宗教观念、社会形态和地理环境,但共同的核心都是为了保证死者和生者双方的幸福。[1]

　　人类文化事项与物质生产的联系,大多不如与人的生产的联系紧密,比如人类文化体系中的重要构成——民间游艺。它是一种以娱乐身心、促进健康为主旨,功能主要是促进人的自身生产的文化习俗。从起源上来说,民间游艺来源于物质生产和人的生产。来源于物质生产的民间游艺早期通常以祭祀活动出现,主要是为了促进生产、减少灾害,后来才逐渐演变成为人们调节身心健康的文化活动,成为影响人的生产的文化事象(项)。舞龙这种游艺就是古人祭祀龙神、娱乐龙神的重要仪式。在中国人心目中,龙能呼风唤雨,古人非常希望得到龙的护佑,由此形成在祭祀时舞龙的习俗,后来演变为调节人身心

---

① 　参见林继富、王丹:《解释民俗学》,华中师范大学出版社2006年版,第132—133页。

的娱人为主的娱乐节目。湖南湘西土家族的毛古斯舞(土家族语称"谷斯拔帕舞""帕帕格次"或"拨步卡",汉语多称为"毛古斯"或"毛猎舞")早期是一种农猎时代人们预祝和庆祝农业丰收和狩猎成功的祭祀活动,这些模拟劳动场景和模拟所祭动物的活动,后来逐渐演变成了娱乐活动。傩仪活动本来是用来祭祀傩神的,现代已经演变成为一种娱乐身心的游艺娱乐戏。

来源于人的生产的民间游艺,有些早期通常也采取祭祀形式,比如"抓石头子儿"游戏。抓石头子儿游戏来源于古代"抓子儿(抓儿子)"仪式。据记载,新年后的正月,妇女们玩一种用橡木银砾做的小圆丸,向上抛掷再以手接住,即"抓子儿"。在当今新加坡华人社会中,还有许多婚后不育或希望早日得子的妇女到庙里求神许愿后,把一些石子装在袋子里,悬挂在寺庙周围的树上,期盼心愿实现。有些来源于人的生产的民间游艺,一开始就是作为人们调节生活、促进身心健康的活动而出现的。比如斗鸡、斗蟋蟀、踩高跷、花鼓、捉迷藏、荡秋千、丢手绢、踢毽子、老鹰抓小鸡等等。

上述的分析表明,根据马克思、恩格斯关于社会生产的两个基本理论——物质资料的生产和人本身(人的繁衍)的生产,我们都可以找到非物质文化遗产的"生产性"来源及其与"生产性"结合的可能性。在此意义上,所有的非物质文化遗产,不是与物质生产存在着结合点,就是与人的自身的生产存在着结合点,不存在不与"生产"相关联的非物质文化遗产。可以说,任何非物质文化遗产在理论上都具有可以通过"生产性"方式而得到保护和传承的可能性。

非物质文化遗产在性质上就是文化传统。爱德华·希尔斯(Edward Shils)指出:"所谓传统,就是代代相传的事物,包括物质实体,包括人们对各种食物的信仰,关于人和事件的形象,也包括惯例和制度。"①以物质实体形式存在的传统,是人类在与自然互动过程中所创造的一切具有外在形式的物质,如建筑物、纪念碑、景物、雕塑、绘画、书籍、工具、机器等,只要不被破坏,就可

———————

① [美]爱德华·希尔斯:《论传统》,傅铿、吕乐译,上海世纪出版集团 2009 年版,"译序"第 12 页。

以代代相传下去。但就信仰、形象、惯例、制度等这些以行动存在而不以实体存在的文化传统而言,特定的、具体的行动是不可能代代相传的。行动是一个不可逆的过程,因此,人的任何具体行动,只要产生就不可能不产生,只要完成就不可能不完成,只要一经产生并完成,它也就变成了过去式而不再存在了。行动作为活动,与行动结果不同,行动作为活动是过程性的,过程经历完了就不存在了,因此行动本身存在的时间,不可能超过它实际表现的时间。而行动结果却可以存在很长时间,比如建筑物、工具等。那么,以行动而存在的文化传统又是怎样实现代代相传的呢? 爱德华·希尔斯指出,对于这些传统,"可以世代相传的部分是行动所隐含或外显的范型和关于行动的形象,以及要求、建议、控制、允许或者禁止重新确立这些行动范型的信仰"①。他还指出,即便这些世代相传的形象、信仰也不是一成不变的,实际上,传统在时间维度上是一种前后相继、绵延不绝的变体链(chain of transmitted variants of a tradition),这意味着,静止性、固定性并不是传统本身的属性,传统不可能是一个永恒不变的、固定的、静止的东西。"一连串象征符号和形象被人们继承之后都发生了变化。人们对所接受的传统进行解释,因此,这些符号和形象在承传过程中就起了变化;同样,它们在被人们接受之后也会改变其原貌。"②时间是连续的,是不能切割的,因此,某一事物在时间中的存在,只要不发生质变而成为另外的事物,它就是一种连续性存在(即量变)。就此而言,传统之所以被称为传统,实际上就是它在时间连续性中的量变而已,如果发生了质变它就不会被认为是传统了,但完全静止不动的传统也是不存在的。爱德华·希尔斯指出的"被接受和承传的主题的一系列变体"③,就是我们所理解和认识的传统的

① [美]爱德华·希尔斯:《论传统》,傅铿、吕乐译,上海世纪出版集团2009年版,"译序"第13页。
② [美]爱德华·希尔斯:《论传统》,傅铿、吕乐译,上海世纪出版集团2009年版,"译序"第14页。
③ [美]爱德华·希尔斯:《论传统》,傅铿、吕乐译,上海世纪出版集团2009年版,"译序"第14页。

基本内涵。那么,为什么这些变体又能够依次串在一起而构成传统呢?希尔斯继续指出:理由就"在于它们的共同主题,在于其表现出什么和偏离什么的相近性,在于它们同出一源"。① 由此可知,保存下来的基本因素与变化了的或新的因素相结合形成了传统在某个阶段的存在。实质上,传统在每个阶段中都是原有因素和新因素的杂合体。原有因素并不意味着它是传统一开始形成时就具有的因素,而只是指传统在上一阶段中保存到下一阶段的因素。在此意义上,我们所继承的文化遗产和文化传统,可能从来就不是起源时的东西,而是经过了很多代人持续筛选后的东西。

传统作为一系列变体的延续链延传至今,在历史中并不是人的刻意而为的追求,而是自动延续的,尽管其中存在人类主体的选择性,但这种选择性是自由自觉的。现今,我们极力提倡文化遗产和文化传统的保护、传承,主要原因就是文化的延传链出现了裂缝或断裂,尤其是非物质文化遗产,它的延传链中的裂缝、断裂情况更为严重,保护传承的目的就是使这个链能够接续下去。至于传统文化的延传链为什么会断裂以及为什么要将这个链延续下去,则不是这里要探讨的问题。

文化遗产和文化传统的"不断的运作,一代代相传,一拨拨的相承,只能在运作中才能实现"。② 现今,我们提出"生产性保护"方式,就是要使文化传统和文化遗产处于不断的运作之中,从而实现其延传性。正如皮埃尔·马歇雷说的,文化传统"是一个过程而非一个客观的对象,因为它们不可能被一劳永逸地生产出来,而是倾向于被不断地'再生产',实际上,在这个连续不断的变化过程,它们获得的只是一种身份和一个内容"。③ 人的最基本的现实性就是物质生产和人自身的生产,因而,文化遗产和文化传统必须在人类的现实

---

① [美]爱德华·希尔斯:《论传统》,傅铿、吕乐译,上海世纪出版集团 2009 年版,"译序"第 14 页。

② 冯俊英:《浅谈非物质文化遗产的生产性保护》,《大众文艺》2012 年第 6 期。

③ 转引自[英]丹尼·卡瓦拉罗:《文化理论关键词》,江苏人民出版社 2006 年版,第 84 页。

的物质生产和人自身的生产中"运作"才能够得以延续下去。

由于文化传统和文化遗产的延续并不是整体性延续,而是基本因素的延续,因此,非物质文化遗产的"生产性保护"的基本前提,就是明确其基本因素是什么,然后将之融入到现实的两种社会生产活动之中,使之与新的因素结合,从而使传统在新的历史阶段中形成新的表现形态;尽管传统是以新的形态表达出来,但它还是保留了基本因素和基本精髓。正是在这个意义上,我们才说,传统在实践过程中众多的前后相继的新的表达形态,基本上还是保持着同一性的。由此来看,传统的任何新的表达形态实际上都是传统延续体在历史阶段中表达的一个环节。

在过去,几乎每个家庭都掌握着不少的民间传统技艺。他们凭借自己掌握的传统技艺制造出产品,但这些产品只供自己家庭使用,而不用于交换。这些传统技艺是人们日常所必须掌握的知识和技能。例如,大部分妇女要负责一家人的冷暖,因此她们需要掌握剪裁、缝衣、制鞋、刺绣、剪纸、贴花等技能。但随着时代的不断变化,科学技术向生活领域的渗透不断深入,商品经济日益在世界扩散,全球的每一个角落几乎都被纳入到了商品经济的体系之中,人们可以很便宜地、很便利地获得日常所需的生活必需品。这样,传统技能、技艺,如刺绣、缝衣、制鞋等,就会因这些物品被商品所代替而消失。很显然,这些类型的非物质文化遗产正面临着或已出现了延续链条断裂的状况。如果要用"生产性"方式来使这些非物质文化遗产得到保护和传承,第一个步骤就是离析出它们的基本因素和基本精髓。比如,服饰文化的基本因素不是遮身保暖的功能,而是装饰、仪式、审美、认同功能等。装饰、仪式、审美、认同的"生产性保护",一方面通过生产融入到新的物质资料中实现,另一方面通过再生产原来的载体实现。只要人们还认同原来的基本因素,那么,再生产出来的融合了传统的基本因素以及新的因素的东西就会得到人们的认同,从而进入到人们的生活中来,尽管他们自己已不再亲自进行生产了。2003年,中国民族博物馆民族服饰研究设计中心设计师韦荣慧女士将苗族背儿带上的精美刺绣与中国传统旗袍融合而设计出的新款时装,在巴黎这座具有 2000 多年时装史的时装之都展示时,就有人出价 3000 美元一套。① 苗族传统服饰制作相当烦琐复杂,制作一套有时需费时好几个月,甚至几年。因此,在现代社会中苗族已经很少有人自己制作了,但居住在城市的人大多会有那么一两套。许多居住在农村里的人,他们的穿戴仍然以传统服饰为主(主要是成人)。但是,无论是城市还是农村,这些传统服饰几乎都是从少数的制作者那里买来的。苗族传统服饰现在的成人还在穿戴,新成长起来的人则很难说了,但如果把传统服饰中的基本因素融入到现代服饰中去,估计还是有人会认同并接受的。由此可见,非物质文化遗产的保护传承,主要是保护传承其基本因素,而不是其整体。正如刘魁立先生所指出的那样,"幻想仅仅以原来的方式使它存续,那是不现实的,也是不可能的,它必将会日渐衰落,最终走向消亡。"②

中央民族大学祁庆富教授指出:"根据非物质文化遗产的不同类型,保护其活态传承的方式也应不一样。"③非物质文化遗产的类型不同,"生产性保护"的方式也应该有所差异。比如,传统技艺类非物质文化遗产就可以通过产品化与售卖而得到延续,但民间信仰类非物质文化遗产就无法采取类似的"生产性保护"方式。祁庆富教授还认为:"属于认知类的关于自然界和宇宙的知识和实践,如农历二十四节气就不可能人为地生产出来;属于礼仪类的祭典,也只能在特定时间、场合,以特定的规则进行,绝不能随意搬上舞台进行表演。不是所有的非物质文化遗产都可以生产、表演。"④我们认为,实际上他是将非物质文化遗产的生产等同于产品的出现,而没有理解非物质文化遗产的生产性实质。非物质文化遗产的生产性实质,实际上就是使非物质文化遗产的基本因素在新的历史条件下继续发挥它的功能作用。妈祖海祭大典的举

① 参见龙叶先:《论苗族服饰的活态保护》,《黔南民族师范学院学报》2007 年第 1 期。
② 刘魁立:《民间传统技艺的人性光辉》,《中南民族大学学报》(人文社会科学版)2009 年第 4 期。
③ 刘茜、金娟:《专家眼中的"非遗"生产性保护》,《中国文化报》2009 年 2 月 25 日。
④ 刘茜、金娟:《专家眼中的"非遗"生产性保护》,《中国文化报》2009 年 2 月 25 日。

行,很大程度上就是妈祖信仰文化的再生产。同样,我国许多节日得到了恢复和重视,这也使很多非物质文化遗产得到了"生产性保护"。

苗族长篇英雄史诗《亚鲁王》"生产性保护"尝试

《亚鲁王》是我国文学、史学界近期挖掘出来的苗族长篇英雄史诗。《亚鲁王》史诗的出世,结束了中国曾经的老大哥——苗族没有长篇史诗的历史。《亚鲁王》与藏族史诗《格萨尔王传》、蒙古族史诗《江格尔》、柯尔克孜族史诗《玛纳斯》,共同构成了中国的四大长篇史诗。

苗族英雄长篇史诗《亚鲁王》所传唱的是贵州西部方言区苗族人的创世与迁徙历史。据专家推测,《亚鲁王》创作的年代相当久远,应与《诗经》处于同一个时代。

与其他史诗、《诗经》不同,《亚鲁王》的存在方式比较独特,其传承方式也颇为神秘,这恰恰昭示着我国民族民间文化的博大精深。就传唱来说,其他史诗、《诗经》在民族民间民众中任何时候都可以传唱,《亚鲁王》多数时候则只用于丧葬仪式中对亡灵唱诵,而且只有东郎(歌师①、鬼师、巫师)才有唱诵资格,绝大多数民众仅仅是听众而已,不能随意唱诵。苗族东郎(歌师、鬼师、巫师)传承制度的特殊性②,使《亚鲁王》的传承人相当稀少。尽管《亚鲁王》数千年来一直在民间流传,也一直为苗族民众所信仰,但却既没有为广大民众所熟悉,也没有被系统整理过。直到2009年,贵州省安顺市紫云苗族布依族自治县对《亚鲁王》进行了非物质文化遗产申报之后,中国民

---

① 歌师是研究者对史诗《亚鲁王》唱诵者的称呼。在麻山他们被称为"东郎"(苗语音译)。苗族"信鬼好巫",歌师即巫师、鬼师。

② 苗族歌师、鬼师、巫师传承制度相当复杂,而且还与宗教信仰掺杂在一起。具体传承的要求、制度、过程等,参见龙叶先:《从"迷信"到娱乐:巫傩活动的功能变迁——湘西凤凰苗族村寨巫傩活动考察》,《三峡论坛》2014年第1期。

协专门立项并派出专家调查组深入贵州进行田野调查、采集信息，《亚鲁王》才得以横空出世。它不仅被文化部列为 2009 年中国文化重大发现之一，而且还被纳入了中国非物质文化遗产名录。

苗族英雄史诗《亚鲁王》有 26000 余行，涉及古代人物 10000 余人，400 余个古苗语地名，30 余个古战场的细腻描述，至今口头传承于麻山苗族地区的多名东郎中。史诗开篇宏大，具有创世意味，结构流畅大气，程式规范庄重，节奏张弛分明，远古气息浓烈，历史信息密集，大量有待破解的文化信号更显示出它的神秘和价值。

《亚鲁王》的流传基本不借助文字，而是靠口口相传，而且大多是在送灵仪式上唱诵，并与仪式的步骤紧密结合；唱诵贯穿仪式活动的始终，其主要功能不是为了娱乐，因而非常小众；在其传习过程中显示出诸多特有规则和禁忌，例如学唱只能在正月和七月才能进行，颇有神秘色彩。《亚鲁王》是通过歌师口传心授，代代相传。拜师学习，短则数月，长则数年，甚至十几二十年。《亚鲁王》不能随意在家里唱，无数个劳作后的夜晚，学习者只能在屋后、田间练习。

《亚鲁王》的唱诵是极其庄重的。唱诵之前，死者家族、一个村落，甚至一个地域内的歌师都会前来举行仪式。歌师要着传统的长衫，头戴饰有红色"狮子毛"的"冬帽"。一位歌师的唱诵，就是在接受众歌师检审，唱诵内容如有重大失误，此歌师的资格会当场被取消。这种神圣严格的唱诵古规，使得《亚鲁王》的传承历经数代而主干完整，同时也让《亚鲁王》的传承大受限制。《亚鲁王》的唱诵，过去能持续几天几夜，但随着现代丧葬仪式的简化，如今大多只唱一夜了。

《亚鲁王》主要流传于紫云县，分散流传于邻近的罗甸县、望谟县、平塘县，另外贵阳花溪、清镇、镇宁、关岭等西部苗族地区也有少量流传。紫云县麻山地区有 25 个乡镇 18 万人口。据当地估算，能够较为熟练地唱诵《亚鲁王》的歌师总数为2000人左右。随着苗族传统社会的开放,大量苗族成员外出务工、向城市迁徙,《亚鲁王》的传承保护面临着严峻的挑战。紫云县高度重视《亚鲁王》的保护传承工作,除了积极收集、记录、录音、录像、整理之外,还尝试从"生产性保护"角度进行积极探索。2013年,紫云县委、政府把亚鲁王工作室提升为"亚鲁王文化研究中心",副科级事业单位,配备发展传承保护工作人员12人。通过地毯式普查,全县统计在册的东郎共有1778人,并给他们颁发了东郎传承证书;在全县建立了17个传习基地和1个传习联络工作站;除了继续深入收集、整理、翻译《亚鲁王》第二部、第三部之外,还计划建立亚鲁王文化生态保护区,进行亚鲁王城旅游开发并构建"民族历史博物馆"等。

第二章　非物质文化遗产"生产性保护"实践主体的再认识

　　奥地利哲学家路德维希·维特根斯坦(Wittgenstein, L)指出:"哲学的目的是从逻辑上澄清思想。哲学不是一门学说,而是一项活动。哲学著作从本质上来看是由一些解释构成的。哲学的成果不是一些'哲学命题',而是命题的澄清,可以说,没有哲学,思想就会模糊不清:哲学应该使思想清晰,并且为思想划定明确界限。"①非物质文化遗产"生产性保护"作为一种实践行动,能否取得预期的效果,先决前提、先决条件就是与其有关的思想、意识是否得到了清晰地明辨、澄清。非物质文化遗产"生产性保护"的关键性方面,是非物质文化遗产的本性特征、保护实践的主体及其作用,以及保护实践主体之间的关系。本部分的内容就是对这些关键性方面进行深入考察,以期澄清、明辨、深化我们对这些关键性方面的认识。

一、非物质文化遗产的"生产性"本性

　　非物质文化遗产的基本属性是什么? 它具有什么样的特征? 这个问题是

---

　　①　[奥]路德维希·维特根斯坦:《逻辑哲学论》,贺绍甲译,商务印书馆 1996 年版,第48 页。

进行非物质文化遗产传承保护首先需要弄清楚的问题。这个问题弄不清楚，认识和理解就会存在偏差，认识和理解上如果存在偏差，必然就会导致实践上出现失误，实践上如果出现失误，非物质文化遗产的保护传承就可能变成一句空话。我们在非物质文化遗产保护实践行动中出现的失误和不良后果，如保枝丢根、得形失魂、驻孤脱园等，尽管原因多样，但不了解非物质文化遗产的本质属性及其特征，可能是其中的重要原因之一。

在非物质文化遗产"生产性保护"实践中，人们往往很难辨别"生产性保护"和"产业化""商业化"之间的区别与联系。很多人将非物质文化遗产的"生产性保护"误认为是"'以经济建设为中心'的一种过度追求经济利益的行为"①，从而认为非物质文化遗产的生产性保护"不仅使非物质文化遗产变味、变质，同时使其其他价值有所下降"②。我们认为，这种误解很大程度上是由于不理解非物质文化遗产的本质属性及特征而导致的必然结果。

那么，非物质文化遗产的基本属性是什么呢？我们认为，"生产性"就是非物质文化遗产的基本属性，但这个基本属性必须通过一定的表征形式才能表述出来。

联合国教科文组织在《公约》中指出，"'非物质文化遗产'，指被各社区、群体，有时是个人，视为其文化遗产组成部分的各种社会实践、观念表述、表现形式、知识、技能以及相关的工具、实物、手工艺品和文化场所"③。从联合国教科文组织关于非物质文化遗产的定义中可以看出，非物质文化遗产尽管是非物质性的，但需通过一定的工具、实物、制成品、行为、活动等物质形态才能得以展示和表现。如果没有一定的工具、实物、制成品、行为、活动等物质形态，作为非物质性的非物质文化遗产，就不可能为人所认识、理解和把握。由

---

①　陈信宁、李锋：《非物质文化遗产生产性保护概念新解》，《知识经济》2013 年第 19 期。
②　陈信宁、李锋：《非物质文化遗产生产性保护概念新解》，《知识经济》2013 年第 19 期。
③　文化部非物质文化遗产司：《非物质文化遗产保护法律法规资料汇编》，文化艺术出版社 2013 年版，第 576 页。

此可见,尽管非物质文化遗产不以物质形态而存在,但却离不开物质形态。从非物质文化遗产展示和表现的物质形态来看,正是因为有了这些物质形态的存在,才会有与之相对应的非物质文化遗产的存在;反过来,也可以说,正是因为有了相应的非物质文化遗产的存在,这些作为非物质文化遗产表现和展示的物质形态才会存在。因此,非物质文化遗产与表现和展示非物质文化遗产的物质形态是辩证统一的,它们是不可分离的两个方面。但是,我们都知道,这些物质形态是人的生产实践的结果。如果没有人的生产实践,那么,这些物质形态就不可能出现,从这个意义上说,非物质文化遗产在作为人类实践活动产物这个宽泛的含义上是具有"生产属性"的。

近几年来,非物质文化遗产"生产性保护"的实践也表明了非物质文化遗产的"生产属性"。从最广泛的意义上说,某种事物具不具有"生产属性",是指该事物是不是具有能够被生产出来的可能性。换言之就是,"只有一种东西具有了生产的可能性,它才可以被用来生产"①。所有的非物质文化遗产是不是都可以通过生产的方式而得到传承和保护暂且不论,但从实践中可以看到,确实有不少非物质文化遗产是凭借一定的生产性方式而得以传承和保护的。比如中国佛山的剪纸艺术这一非物质文化遗产,已经通过生产性方式而得到了较好的传承和保护。② 在这个意义上,我们可以说,剪纸艺术这类非物质文化遗产具有"生产属性"。中国非物质文化遗产"生产性保护"成果大展已说明,非物质文化遗产是具有"生产属性"的,是可以通过生产性方式而得到传承和保护的。这在一定意义上也说明了,非物质文化遗产只要具有可生产性,就可以被生产出来。从这个角度上说,非物质文化遗产必然是具有"生产属性"的。

从文化产生、发展原理的角度看,任何非物质文化遗产,都具有"生产属

---

① 陈信宁、李锋:《非物质文化遗产生产性保护概念新解》,《知识经济》2013 年第 19 期。
② 参见谢中元:《"生产性保护"视野下佛山剪纸的现代传承研究》,《原生态民族文化学刊》2012 年第 4 期。

性"。我们知道,人类的任何文化都是人类通过变革自然界而形成的。就此而言,所有的文化事象(项)都是人类通过生产实践而生产出来的,非物质文化遗产也不例外。但是,我们说非物质文化遗产本质上具有"生产属性",不仅指它是一种伴随人类生产实践活动而进行的文化生产的结果,更在于与其他文化遗产相比,尤其是相对于物质文化遗产而言,它所凸显出的不同的"生产属性"。物质文化遗产,比如说建筑物——长城、故宫、岳阳楼等,这些都是著名的、大家耳熟能详的,它们虽然也属于人类生产实践的产物,但是,它们本身是不能再生产的。为什么?因为,这些物质文化遗产是一个固定在那个地方的建筑物,如果在另一个地方再建造同样的建筑物,或者把原有建筑物推倒重建,新建或重建的建筑物尽管与原有的一模一样,但它们都是赝品,也就不属于文化遗产了。但从非物质文化遗产角度来说,用建筑此类建筑物的知识、技术、技巧、技能,再建造此类建筑物,或建造新的建筑物,则属于建筑此类建筑物的非物质文化遗产(即建筑此类建筑物的知识、技术、技巧、技能等)的生产和再生产,本质上是此类非物质文化遗产的"生产性保护"。而反过来看,如果不用建筑此类建筑物的知识、技术、技能、技巧来建造新的此类建筑物或新的别的类型的建筑物,那么,建筑此类建筑物的知识、技术、技能、技巧,很有可能就将不存在了,此种类型的非物质文化遗产也就消失了。金字塔建造知识、技术、技能的遗失就是一个很有说服力的实例。因此,从文化生产的角度来看,非物质文化遗产的本质属性实质上就是"生产性"。这样,对非物质文化遗产"生产性保护"的理解,就应该以此为理论依据。可以说,目前所存在的那种将非物质文化遗产的"生产性保护"与"经济活动"或"经济效益"联系起来的认识和理解,实际上就是不了解非物质文化遗产的基本属性导致的必然结果。

此外,文化事象之所以成为文化遗产,不仅仅与使用功能有关,与艺术性之间的关系甚至更为紧密。这可以从现实中看出,许多非物质文化遗产在日常生活中是不具有使用价值的,它们之所以成为非物质文化遗产,很大程度上是因其所具有的艺术价值(尽管不是唯一的)。我们也可以从现实中看到,即便在日常生活中仍然具有使用价值的非物质文化遗产,也不是因为其使用价值而成为非物质文化遗产的,而是因其具有艺术价值使然,使用价值反倒仅仅是其附带价值而已,比如编织这种传统工艺。许多精美的编织品是用来盛装东西的,它的使用价值是盛装功能,但如果仅从盛装功能来确定其价值的话,具有类似功能的塑料制品、铝制品、不锈钢制品则更为结实、实用。由此可见,非物质文化遗产同时也是一种"艺术性"存在。马克思指出:"关于艺术,大家知道,它的一定的繁盛时期决不是同社会的一般发展成比例的,因而也决不是同仿佛是社会组织的骨骼的物质基础的一般发展成比例的。例如,拿希腊人或莎士比亚同现代人相比。就某些艺术形式,例如史诗来说,甚至谁都承认:当艺术生产一旦作为艺术生产出现,它们就再不能以那种在世界史上划时代的、古典的形式创造出来;因此,在艺术本身的领域内,某些有重大意义的艺术形式只有在艺术发展的不发达阶段上才是可能的。"①这段话说明,艺术创作不仅是一种生产活动,与物质生产一样受到同一规律的支配,而且,艺术创作本身作为一种精神劳动,也是一种感性的物质活动,也如同物质生产那样通过自然物质的对象化来获得自身的存在形式。这表明,作为艺术性存在的非物质文化遗产,在本质上就具有生产力,从而也就说明了非物质文化遗产的"生产属性"。

非物质文化遗产除了本身具有"生产属性"之外,也与物质生产存在这样或那样的、直接的或间接的联系。从这个角度上看,任何类型的非物质文化遗产都具有生产性特点。② 不同之处在于,手工技艺类及某些民间艺术类(如雕塑、剪纸等)非物质文化遗产本身就只能通过物质性生产才能得到体现。其他类型的非物质文化遗产,比如价值观念、宗教禁忌、民间信仰、游戏娱乐、节日庆典等,尽管表面上看起来与物质性生产没有任何联系,但实际上它们也都

---

① 《马克思恩格斯选集》第 2 卷,人民出版社 2012 年版,第 710 页。
② 参见赵农:《非物质文化遗产与生产性保护》,《文艺研究》2009 年第 5 期。

与具体的物质生产活动存在着直接或间接的联系。① 譬如苗族春节的放鬼活动，初看起来似乎和物质性生产没有任何联系，也想象不出它与物质生产活动有什么联系，但细细考察就可以发现，放鬼活动就这种民间信仰而言实际上与物质生产活动存在着十分密切的联系。任何宗教活动、民间信仰的表现都要借助一定的物质载体，比如献祭的牺牲就是物质性存在，道具也必然是物质性的。苗族放鬼活动是法师或鬼师在春节期间把他的神将鬼兵给放出来，分为放鬼和关鬼两个环节，即把神鬼放出去和把神鬼收回来再关着。无论是放鬼还是关鬼都要用到祭品、牺牲，除祭品、牺牲必然是物质性存在之外，还有与日常生产活动密切相关的物件，如棕树枝、竹枝、桃树枝等，这些东西都是人们在物质生产活动中认识到的物质，离开了这些东西，这个信仰活动就无法举行了。法师或鬼师把鬼放出来之后，普通人家要防止鬼进入自己的家里，因为鬼进入家里不是好事，必须采取一定的防鬼方法。防鬼的方法很简单，但也必须借助一定的物质性的东西。这种物质就是挂在门窗上（所有的门窗都要挂）的捆扎在一起的三种不同植物。这三种植物是人们在物质生产活动中认识到的对人本身有可能产生直接伤害的植物，如带刺的、带锯齿的。但不是所有具有这类特征的植物都可用，只有可入药的植物才可用。更与生产活动直接相关的是放鬼的目的，放鬼不是将鬼放出来危害人，它们带有一定的任务，就是上天入地、巡视四野去打探来年的雨水情况、蚊虫肆虐情况、人和牲畜的病灾情况等。在苗族传统社会中，人们的很多生产活动在某种程度上就是以这些信息为参考依据。如某年放出去的鬼回来报告说今年的雨水不太好（通过卜筶），人们安排农业生产时通常会增加耐旱作物的比例；如回来报告说今年灾病较多，大家就会小心谨慎，不到危险地方去，把屋前房后打扫干净，经常晒晒棉絮被褥，等等。可见，非物质文化遗产都会与生产活动存在着这样或那样、直接或间

---

① 参见陈华文：《论非物质文化遗产生产性保护的几个问题》，《广西民族大学学报》（哲学社会科学版）2010 年第 5 期。

接的联系。因而可以说,非物质文化遗产是包含着生产性因素或生产性内容的。

有些非物质文化遗产是与人的自身的生产相联系的。用乌丙安先生的话来说,这些非物质文化遗产可以用"民间俗信"来统一称谓。这些非物质文化遗产对人的自身的生产具有十分重要的积极意义。"俗信直接或间接被用于生活目的,……有的俗信减轻人们的病痛,有的俗信抚慰人们的心灵,有的鼓舞人们的斗志,有的增添人们的喜庆,有的缓解人们的劳累和紧张,有的预祝人们的幸福和安康,还有的俗信警诫人们远离危险,有的俗信敦促人们为人善良。"①比如民间故事。故事中人物人格形象的对比,比如善恶、正邪、美丑、勇懦、忠奸、勤懒等,有助于形成人的正确的价值判断标准,使人自觉地培养正确的道德品格,同时对人的行为也具有规范或警诫的作用。再如充满鬼神信仰的丧葬礼仪。人们在丧葬礼仪中感念先人养育的恩惠,祈求逝去的祖先保佑和庇护子孙后代一生平安。而且,对于参加葬礼的人来说也是一次情感的沟通、交流。可见,充满鬼神信仰的丧葬礼仪对人的社会化具有十分显著的意义。孔子的话"慎终追远,民德归厚矣",说的就是这个道理。一些包含着企盼家庭兴旺、生儿育女良好愿望的习俗,比如在民间庙会活动中的求签、占卜、许愿、还愿等,显然会对人的自身的生产产生一定的影响。这些非物质文化遗产"作为一种千百年来传袭下来的习俗惯制和生活经验,总是以它一定的'合理性'作为传承依据的"②。这种合理性就是人们对人生命运思考的体现。因此,这些非物质文化遗产本质上就是人们趋吉避凶、祈福消灾、除恶向善等有关人生命运的价值取向和追求。从这个意义上说,非物质文化遗产也是具有生产属性的。只不过这些非物质文化遗产的生产属性主要是对人自身的生产属性(譬如人的社会化),而不是物质的生产属性。

非物质文化遗产本身具有"生产属性",那么,我们还要对其进行"生产性保护"吗? 答案是肯定的。非物质文化遗产虽然本质上具有"生产属性",但

---

① 乌丙安:《非物质文化遗产保护理论与方法》,文化艺术出版社 2010 年版,第 220 页。
② 乌丙安:《非物质文化遗产保护理论与方法》,文化艺术出版社 2010 年版,第 221 页。

这种"生产属性"在历史进程中有可能会丧失。非物质文化遗产一旦丧失了"生产属性",就不能再进行生产了,而当不能进行再生产时,它也就不再属于非物质文化遗产了。在这样的情况下,它将或是沦为物质文化遗产,或是消声匿迹,比如古琴艺术这种非物质文化遗产。古琴制作技能技巧如果没有人掌握了,或者没有人能够弹奏古琴了,那么,灭亡就是这一艺术的必然归宿。一旦已经灭亡,它就不能作为非物质文化遗产了,之前制作出的古琴就变成了文物或者物质遗产。再者,非物质文化遗产的其他属性必然以其生产特性为前提和基础。如此,如果都不能再制作古琴了,那么,还有可能弹奏古琴吗?即便退一步来讲,一件古琴乐器能够保持到供几代人连续使用,但物质性的东西总会有毁坏的一天,古琴毁坏之后,如果不能再生产、再制作了,那这种非物质文化遗产的传承保护又从何谈起呢?那些以古琴来展示民族特性的民族还能保持其民族特性吗?再如民间故事、神话、歌谣、舞蹈等非物质文化遗产,如果没有人再向大家继续讲述了,没有人给大家表演了,那么,再好的非物质文化遗产也会失去生命力,最终只能僵死在博物馆里或者书本(录音带、录像带)上。由此可见,非物质文化遗产一旦丧失了"生产属性",它就不可能再继续存在了。因此,非物质文化遗产的"生产性保护",重点应该是保护它的生产特性。也只有保护非物质文化遗产的生产特性,才是真正的"生产性保护"。

二、非物质文化遗产"生产性保护"
保护主体系统的构成

根据唯物辩证法基本原理,世界中的事物不但与它周围的事物相互联系、相互作用,而且事物内部的各个部分之间也总是处于相互联系、相互作用之中。①这个原理从系统哲学的角度说,就是一切事物都可以看成是以系统方式而存

---

① 参见袁贵仁:《马克思主义哲学原理》,北京出版社1999年版,第88页。

在的。美国著名人类学家 R.M.基辛(Keesing,R.M.)在批判目前已有的文化研究模型之后深刻地指出:"我们需要一个比目前已有的模型更为有力、更为完备的社会变迁模型。……借自系统理论的观点指出了一个正确的方向:系统理论和控制论为讨论复杂网络和相互联系提供了必要的语言和数学","从马克思主义和系统理论所阐明的文化唯物主义立场扩展开来,却可以建立起一个理论框架"。① 基于基辛的启示,我们可以将"非物质文化遗产的'生产性保护'"这种实践活动当作一个系统来认识。

既然可以把"非物质文化遗产'生产性保护'"当作一个系统来研究,那么,什么是系统呢? 钱学森先生指出:"系统是由许多部分所组成的整体,所以系统的概念就是强调整体,强调整体是由相互关联、相互制约的各个部分所组成的。系统工程就是从系统的认识出发,设计和实施一个整体,以求达到我们所希望得到的效果。"②可见,系统"都是以作为整体性的东西而存在"③的。系统之所以"都是以作为整体性的东西而存在",是因为系统的构成要素之间的相互影响、相互作用。这意味着,系统是因其构成要素之间的相互作用而成为一个具有某种功能与意义的整体的。因而,要分析系统不仅须从系统整体来看待,还必须分析系统的内部构成要素。而之所以不能仅从整体层次来研究整体,除了因为系统整体的性质和功能取决于系统构成要素之间的相互作用之外,还因为"它(整体观点)使知识的获得变成不可能的事情"④,更是因为"整体是不确定的。它的不确定是因为人们很难划定它的边界,不可能真正把它从与它有联系的系统中分离出来,……它在这些系统中既是整体又是别的整体的一个部分。"⑤

① [美]R.M.基辛:《文化·社会·个人》,甘华鸣、陈芳译,辽宁人民出版社1988年版,第177—178页。
② 钱学森:《论系统工程》,湖南科学技术出版社1982年版,第204页。
③ 魏宏森、曾国屏:《系统论——系统科学哲学》,清华大学出版社1995年版,第203页。
④ [美]D.C.菲立普:《社会科学中的整体论思想》,吴忠等译,宁夏人民出版社1988年版,第7页。
⑤ [法]埃德加·莫兰:《方法:天然之天性》,吴泓缈、冯学俊译,北京大学出版社2002年版,第124页。

088

英国著名哲学家罗素在批评黑格尔时也指出:"假使一切知识都是关于整体宇宙的知识,那么就不会有任何知识了。"①在此意义上,要认识系统整体,就必然应当认识系统内部的构成要素,以及构成要素之间的相互作用。

系统不仅以作为整体性的东西而存在,并且还以层次性的东西而存在。这是"由于组成系统的诸要素的种种差异,包括结合方式上的差异,从而使系统组织在地位与作用、结构与功能上表现出等级秩序性,形成了具有质的差异的系统等级"。② 关于世界系统的层次性,弗里德里希·恩格斯在《自然辩证法》中做了较为详细的阐述。他指出:"物质是按质量的相对的大小分成一系列较大的、容易分清的组,使每一组的各个组成部分相互间在质量方面都具有确定的、有限的比值,⋯⋯可见的恒星系、太阳系、地球上的物体、分子和原子,最后是以太粒子,都各自形成这样的一组。"③根据系统的层次性存在原理可知,系统的划分是相对的。一个系统之所以成为系统,实际上只是相对于它的子系统,即要素而言的,而它自身则是上级系统的子系统,也即上级系统的要素。在此意义上,一个系统实际上包含了多种构成部分或多个子系统。因而,对系统整体的认识就不仅仅需要认识系统的构成要素,更要认识系统中的子系统,以及子系统之间的相互联系、相互作用。

马克思在《关于费尔巴哈的提纲》中指出:"哲学家们只是用不同的方式解释世界,而问题在于改变世界。"④但我们都知道,能否正确地"改变世界",却取决于对世界是否有正确的认识和理解。人改变世界的目的是为了满足人生存生活的需要,如果没有对世界的正确认识和正确理解,即使我们改变了世界,这种改变可能不仅不利于人的生存和生活,而且还有可能会危及人类的生存和发展。目前地球所面临的全球性问题,很大程度上正是我们在尚未正确

---

① 　[英]伯特兰·罗素:《西方哲学史》(下),冯德元译,商务印书馆1976年版,第320页。

② 　魏宏森、曾国屏:《系统论——系统科学哲学》,清华大学出版社1995年版,第213页。

③ 　[德]恩格斯:《自然辩证法》,人民出版社1971年版,第248页。

④ 　《马克思恩格斯选集》第1卷,人民出版社2012年版,第140页。

认识世界的前提下而对世界进行盲目的或短视的改变的结果。因此,当我们把非物质文化遗产"生产性保护"作为一种实践活动系统来认识时,首先需要正确地划分出构成它的子系统或要素。

那么,应如何认识和区别非物质文化遗产"生产性保护"系统的构成要素(子系统)? 我们知道,非物质文化是人类在其物质资料生产和自身生产(种的繁衍)过程中的创造物和产品(行为方式也是一种产品)。非物质文化之所以能够成为遗产,主要是因为人类的这种创造物和产品还将会对人类的下一阶段的物质资料的生产和人自身的生产(种的繁衍)具有使用价值和价值(意义),而那些不能对人类的下一阶段的物质资料的生产和人自身的生产具有使用价值和价值(意义)的创造物及产品,将被人类放弃而成为废弃物。在这个意义上,凭借或通过"生产性保护"来使非物质文化遗产得到保护和传承所蕴含的本来意义,就是使非物质文化遗产在人类持续不断的物质资料的生产与再生产,以及人自身的生产与再生产中,继续发挥价值和作用。由于非物质文化遗产的外在表征形式(载体)具有易逝特性,如舞蹈、仪式、工艺美术作品等,因此,非物质文化遗产的"生产性保护"很大程度上只能保护传承非物质文化遗产的内在属性——保护传承它的使用价值和价值(意义),即它的使用价值和价值(意义)的生产和再生产,而不能保护其具体的、特定的外在表征形式。非物质文化遗产的具体的、特定的外在表征形式,比如舞蹈、仪式这些具体形式,一旦完成了就不可能还持续存在。正如美国社会学家希尔斯所说的:"就人的行动所组成的惯例和制度而言,世代相传的并不是特定的、具体的行动;这是不可能的。一个行动一旦完成,它就不存在了。……世代相传的部分是行动所隐含或外显的范型和关于行动的形象,以及要求、建议、控制、允许或禁止重新确立这些行动范型的信仰。"①

马克思指出:"在劳动过程中,人的活动借助劳动资料使劳动对象发生预

---

① [美]爱德华·希尔斯:《论传统》,傅铿、吕乐译,上海世纪出版集团2009年版,"译序"第13页。

定的变化。过程消失在产品中。它的产品是使用价值,是经过形式变化而适合人的需要的自然物质。"①非物质文化遗产的使用价值和价值(意义)的生产和再生产,在性质上与马克思的论述类似,也是一种"劳动过程"或"生产过程"。根据马克思的观点,"劳动过程"(生产过程)作为一个系统,它的基本构成要素是:"有目的的活动或劳动本身,劳动对象和劳动资料。"②可见,有目的的活动或劳动本身、劳动对象和劳动资料就是"劳动过程"系统的要素(子系统)。按照非物质文化遗产"生产性保护"也是一种"劳动过程"的分析逻辑,我们就可以把非物质文化遗产的"生产性保护"这个系统看作由"保护活动本身""保护对象""保护资料"三个要素或子系统构成。但是,马克思的"劳动过程"论述的只是人与自然界之间物质变换的条件而已。正如马克思指出:"劳动过程,……是制造使用价值的有目的的活动,是为了人类的需要而对自然物的占有,是人和自然之间的物质变换的一般条件,……它为人类生活的一切形式所共有,因此,我们不必来叙述一个劳动者与其他劳动者的关系。一边是人及其劳动,另一边是自然及其物质,这就够了。"③因此,我们无法从马克思的关于"劳动过程"的论述中知悉"劳动过程"到底是如何运行的。再者,劳动资料、劳动对象、劳动本身只是人类变革自然界的条件的描述,因而,我们也无法从中得知人类的"劳动过程"为何会有所不同、为何会存在差异等。非物质文化遗产的"生产性保护",毫无疑问是人类变革自然界以满足自己的需要(物质需要和精神需要)的一种劳动形式。但是,我们之所以要认识非物质文化遗产的"生产性保护"系统的要素(子系统),并不仅仅是为了认识到它是人类变革自然界以满足人类自身需要的一种劳动形式,也是为了更好地认识到这个系统是如何运行的,以及它是如何随着时间的推移而演化变迁的。这种从对内部组成部分相互作用的细节的把握,来了解系统整体运动思路的科学

---

① [德]马克思:《资本论》第 1 卷,人民出版社 2004 年版,第 211 页。
② [德]马克思:《资本论》第 1 卷,人民出版社 2004 年版,第 208 页。
③ [德]马克思:《资本论》第 1 卷,人民出版社 2004 年版,第 215 页。

性,恩格斯也曾经做过深刻的论述。如他说:"一切都存在而又不存在,因为一切都在流动,都在不断地变化,不断地生成和消逝。但是,这种观点虽然正确地把握了现象的总画面的一般性质,却不足以说明构成这幅总画面的各个细节;而我们要是不知道这些细节,就看不清总画面。"①从这个角度上说,如果以马克思的"劳动过程"论来确定非物质文化遗产"生产性保护"系统的要素(子系统),尽管有助于我们对非物质文化遗产"生产性保护"系统的认识和理解,但还是未能满足我们从深层次上把握非物质文化遗产"生产性保护"系统是如何运行及为何演变的欲求。

研究系统整体的目的是为了了解系统整体的功能,掌握系统整体的功能变化。系统的整体性质(功能)是由它的低级系统(子系统)的功能耦合而成的。所谓系统要素(子系统)的功能耦合,是指系统中某些要素(子系统)的输出刚好是另一些要素(子系统)或它自己的输入。系统作为一个整体在任何条件下都会具有多种功能。对系统进行研究时,不可能研究系统的所有功能。因此,要根据我们的研究目的,选择系统与研究目的所对应的功能,然后再考虑系统整体的这些功能,是由系统的哪些要素(子系统)的功能耦合而成的。这个过程实际上就是设想系统整体功能的可能的形成机制,然后再将机制中每一环节所需要的功能和整体中的各要素部分所具有的性质进行对比。通过这样的不断对比、调整,才最终确定系统的要素,以及系统的边界。

如前所述,按照马克思的"劳动过程"论,非物质文化遗产"生产性保护"系统主要由保护活动本身、保护对象、保护资料三个要素(子系统)构成。非物质文化遗产"生产性保护"系统的运行,也是依靠这三个要素(子系统)的相互作用来保证。但这种相互作用是由保护活动本身的承担者——具有主观能动性的人来发起和掌控的。马克思实际上也认为劳动本身及劳动者是"劳动过程"系统的决定要素。如他在论述劳动资料要素(子系统)时就指出:"劳动

① 《马克思恩格斯文集》第9卷,人民出版社2009年版,第23页。

者利用物(指劳动资料)的机械的、物理的和化学的属性,以便把这些物当作发挥力量的手段,依照自己的目的作用于其他的物。"①从马克思主义哲学的科学历史观来看,"人是世界之本"②,它尽管"承认社会历史发展的客观规律"③,也"承认人类生活的生产和再生产是社会历史发展的一般基础"④,但是它更强调"这一切都是由人类主体的实践能动地构成的,而绝不是人之外的物质过程的自然生长"⑤。因此,在非物质文化遗产"生产性保护"系统中,保护传承活动本身及其承担者就成了关键要素(子系统)。在这个意义上,我们认识非物质文化遗产"生产性保护"系统的关键,就是认识它的保护传承活动本身及活动承担者。

非物质文化遗产"生产性保护"的保护传承活动本身,必然源自于活动承担者,因而,活动承担者就成了非物质文化遗产"生产性保护"的"实践主体"。马克思指出,实践主体不仅是人,而且这个"人"还是指人类社会整体。如他指出"主体是人","主体,即社会"。毫无疑问,非物质文化遗产"生产性保护"的"实践主体"必然是人类社会整体。但如果我们仅仅停留在这个层面上,那么,显然仍然不能正确地认识非物质文化遗产"生产性保护"的"实践主体",因为,从人类社会整体来认识人类社会整体是不可能的。人类社会整体作为"实践主体"本身也可以看作是一个系统。按照系统的层次性原理,系统的"层级是世界有序性的突出体现"⑥,但这个"'层次'不是一般意义上的分层(strata 或 layer),而是涌现序列的表现,较高层次系统源自于较低层次的涌现"⑦。因

---

①　[德]马克思:《资本论》第 1 卷,人民出版社 2004 年版,第 209 页。

②　张一兵:《马克思历史辩证法的主体向度》,南京大学出版社 2002 年版,第 45 页。

③　张一兵:《马克思历史辩证法的主体向度》,南京大学出版社 2002 年版,"自序"第 12 页。

④　张一兵:《马克思历史辩证法的主体向度》,南京大学出版社 2002 年版,"自序"第 12 页。

⑤　张一兵:《马克思历史辩证法的主体向度》,南京大学出版社 2002 年版,"自序"第 12 页。

⑥　刘劲杨:《哲学视野中的复杂性》,湖南科学技术出版社 2008 年版,第 136 页。

⑦　刘劲杨:《哲学视野中的复杂性》,湖南科学技术出版社 2008 年版,第 137 页。

此,要认识"人类社会实践主体"系统,应当认识其低层次的系统,实际上就是要认识"实践主体"系统的要素(子系统)。

我们知道,人类社会整体是由个体组成的,而社会中的每一个个体都是独立的主体。那么,是不是要把每一个个体都确定为"人类社会实践主体"系统的要素(子系统)呢?答案当然是否定的。虽然是众多个体构成了人类社会,但人类社会并不是各个个体的简单堆砌,而是通过各个个体之间相互影响和相互作用而形成的,因此,人类社会的实质就是由个体构成的群体性生活。换言之,以具有主观能动性的人为主体的社会系统,是以人类聚居为群体方式而存在的。在此意义上,"人类社会实践主体"系统的要素(子系统)的确定,应遵照美国著名社会学家 P.K.博克(Philip K.Bock)的主张,即以群体为对象。"进行社会研究时,研究的对象必须是类(群体)而不是个人,是一般的行为方式而不是特定的行为,个人行为通常仅作为描述的素材"①。那么,群体又如何确定呢?美国社会学家艾班克(E.E.Eubank)指出,社会群体可以根据相应的特点进行划分。如按照不同标志可将群体划分为初级群体和次级群体、正式群体和非正式群体、内群体和外群体、所属群体和参照群体、血缘群体、地缘群体和业缘群体,等等。民族、家族、族群、阶级、阶层、学校、企业、家庭等各类社会组织都属于群体类型。

目前,人们认为非物质文化遗产的传承保护主体系统,大致可分为两种类型(子系统),即:传承主体和保护主体②。其中,传承主体是指"非物质文化遗产传承人"。不可否认,任何非物质文化遗产都主要是通过传承主体来传承的,这是亘古以来从未改变过的事实。保护主体则是指那些与实际传承活动没有直接联系的,然而却对非物质文化遗产的传承起着重要推动作用的外部力量。③

---

① [美]P.K.博克:《多元文化与社会进步》,童奇志译,辽宁人民出版社 1988 年版,第 76 页。
② 参见李文贵:《非物质文化遗产传承与保护面临的主要问题探析》,《中华文化论坛》2012 年第 3 期。
③ 苑利:《非物质文化遗产保护主体研究》,《重庆文理学院学报》(社会科学版)2009 年第 2 期。

根据目前的认识和理解,非物质文化遗产保护传承的两类主体的关系可以用下图来表示(图3)。

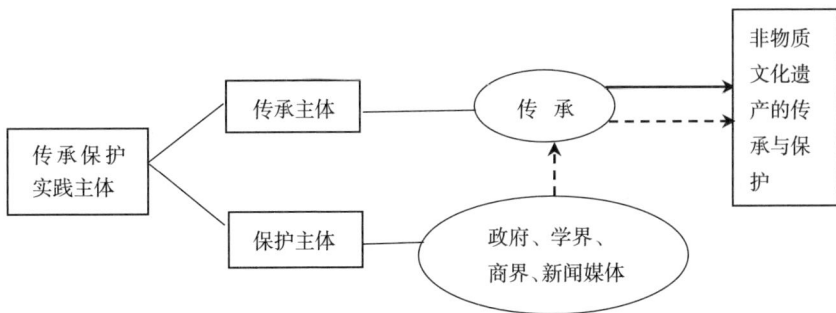

图3　传承主体与保护主体的关系

　　根据对传承主体和保护主体的理解,非物质文化遗产传承保护的直接主体是传承主体;保护主体不对非物质文化遗产的传承保护起直接作用,其作用是以传承主体为中介,通过推动传承主体的行动而实现。传承主体主要由传承人群体组成,保护主体则由各级政府、学术界和理论界、商界以及新闻媒体等群体构成。按照这样的认识和理解,非物质文化遗产传承保护的实践主体可以分为两个层次,传承主体系统和保护主体系统构成"实践主体"的次级层次,各类传承人、各级政府、学术界和理论界、商界、新闻媒体,又分别属于传承主体系统和保护主体系统的要素。

　　传承和进化分别是非物质文化遗产在人类社会中生存和发展所表现出的特点和规律。非物质文化遗产之所以能成为一种相对稳定的,并世代相传的文化传统,依赖的就是世代持续的口传心授。正如美国文化学家 A.爱尔乌德(A.Ellwood)所指出的:"文化是由传递而普遍遗留下去的,并且渐次连接于语言媒介的团体传说中","文化之对于个人则是一种和同伴交互影响后,所获得或学习的思想行动的习惯。"①可见,没有传承就无所谓非物质文化遗产,因而,世代传承是非物质文化遗产在人类社会中存在的基本特征。然而,事实也

──────────
　　①　[美]爱尔乌德:《文化进化论》,上海文化出版社 1989 年版,第 11 页。

表明,非物质文化遗产尽管是通过传承而存在,但在世代传承中并不是永远停留在一个点上不变,而是一经产生之后,就始终处于流动的、活态的演变之中。但是,非物质文化遗产的这种演变不是衰败、退化,而是一种不断丰富的发展、进化。因此,爱尔乌德继续指出:"文化在团体中,是一种累积的东西",文化是"人控制自然界和自己获得的能力"①。虽然人类在历史进程中获得的控制自然界的能力和自己的能力都不断地得到增强,但由于具体的人的生命是有限的,因此,文化尤其是非物质文化遗产的传承性及发展进化性,性质上就是一种持续不断的生产和再生产过程。在此意义上,传承主体实际上就是非物质文化遗产的生产者和再生产者。再者,文化作为一种生活方式,是属于群体所共享共有的。虽然某种文化遗产是由某个具体的个人所创造,也是由具体的个人所不断地丰富和发展的,但某种文化之所以成为传统和遗产,则有赖于群体对该种文化事象(项)的承认、认同及共享。在这个意义上,文化传统和遗产的生产与再生产必然有赖于群体的共同行动。因此,一个社会中的群体都应该是该社会文化传统和文化遗产的生产者与再生产者。由此可以看出,将非物质文化遗产"生产性保护"的实践主体划分为传承主体和保护主体是不恰当的。应该说,无论是传承人,还是政府、学术界和理论界、商界以及媒体,都是非物质文化遗产的生产者和再生产者。此外,马克思还指出:"没有生产,就没有消费;但是,没有消费,也就没有生产"②,因此非物质文化遗产的生产和再生产必然与非物质文化遗产作为人类产品的"社会有效需求和有效供应问题"③相联系。由此可见,非物质文化遗产的生产和再生产,必然存在着生产者和消费者,这不是仅仅以"传承人"这一模糊概念就能给予说明解释的。可以认为,以往关于保护主体和传承主体类别的认识中,缺乏对消费

①　[美]爱尔乌德:《文化进化论》,上海文化出版社1989年版,第11页。
②　《马克思恩格斯选集》第2卷,人民出版社2012年版,第691页。
③　刘魁立:《民间传统技艺的人性光辉》,《中南民族大学学报》(人文社会科学版)2009年第4期。

者主体的考虑就是其中的最重要的缺陷之一。根据这样的新认识,我们可以将非物质文化遗产"生产性保护实践主体"系统的要素或子系统做如下划分(图4)。

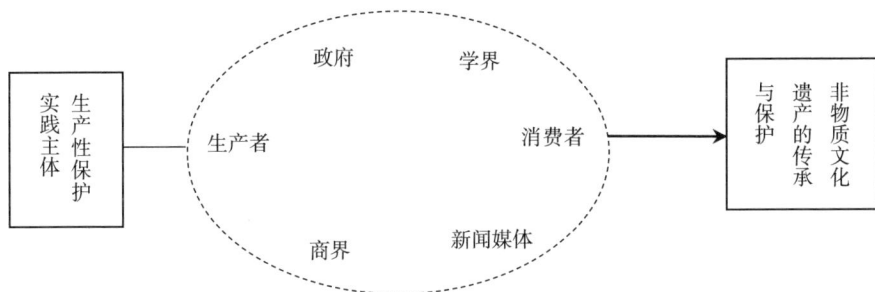

图4　非物质文化遗产"生产性保护"实践主体新认识

在新的认识中,非物质文化遗产"生产性保护"的"实践主体"系统只有一个层次,生产者、消费者、政府、学术界和理论界、商界、新闻媒体分别是"实践主体"系统的构成要素而不是子系统。非物质文化遗产"生产性保护"活动是由这些要素之间的相互作用而实现的。

根据对"实践主体"的新的认识,目前我们所谓的传承人可以归属于生产者要素类型,但生产者要素要比传承人的范围宽泛一些。目前对传承人的理解,刘锡诚先生的观点颇有代表性:"传承人是非物质文化遗产的重要传承者和传播者,他们掌握并承载着比常人更多、更丰富、更全面、更系统的非物质文化遗产的知识和技艺,既是非物质文化遗产的'活'的宝库,又是非物质文化遗产代代相传的代表性人物。"①诚然,不少非物质文化遗产确实具有典型的传承人,比如银饰制作、史诗鬼辞、织编染印等,但是,更多的非物质文化遗产几乎很难找到这样的"掌握并承载着比常人更多、更丰富、更全面、更系统的非物质文化遗产的知识和技艺"的传承人。比如民间传说、神话故事、谣谚格

---

① 刘锡诚:《论"非遗"传承人的保护方式》,《河南教育学院学报》(社会科学版)2011年第1期。

语等口头文学传统,很多人都会讲、都会说,要确定这些非物质文化遗产的传承人几乎是不可能的①。但从生产者的角度来看,只要能够将故事的基本脉络讲述出来都可以看成是生产者。生产者将故事讲述出来就是故事的生产性活动。但由于讲述者的记忆、智力等能力与个性不同,因而讲述出来的传统故事,都有可能或多或少地产生某种既有简化又有增量的变异与创新,这些变异与创新的不断积累,最终使传统故事得以不断地丰富和发展。可见,在继承传统中对文化做出选择和创新的,不是某个杰出传承人,而是大量生产者。此外,也有专家将文化始祖当作传承人(传人),如"祖师就是最早的或早期的创始者或传人"②。这实际上是将文化的产生与文化流传演变混为一谈。文化的初始产生是一次性的,而文化的流传演变却经历了很多阶段、很多环节的变异。文化传统是经历了很多传人的世代传承及不断的创新积累才形成现在这个样子的。

无论是物质文化遗产还是非物质文化遗产,都是人类变革自然界以满足自身生存、生活和种的延续的需要而产生的。因此,必须以文化遗产满足需要作为文化遗产得以传承保护的必要环节,这个环节从生产角度来看就是消费。生产是为了消费,有生产就必须有消费。马克思在谈到艺术生产时指出:"艺术对象创造出懂得艺术和具有审美能力的大众——任何其他产品也都是这样。因此,生产不仅是为主体生产对象,而且也是为对象生产主体。"③这就是说,艺术生产至少要包括两个主体,生产主体和欣赏主体。生产主体要创造出

---

① 在某苗族村寨调查发现,该村年龄较大的人几乎人人都会讲许多该民族的民间故事、神话传说。当问到本村谁的故事最多时,大家都认为每个人的故事数量都差不了多少。而当问到谁的故事讲得最好时,分歧则相当显著,有的人认为"孺嘛口"(苗文 rux mlab koub 即"口才好""口齿伶俐")的人故事讲得好,因为"孺嘛口"的人将故事讲得很有意思;而反对的人则认为遵循传统的讲述才是最好的故事,"孺嘛口"的人所讲述的故事虽然有意思,但故事中的许多内容都是"乱摆乱编",经过了讲者的演绎,常常脱离了故事的传统本意而成为了他自己编造的故事,从而严重脱离了本民族的文化传统(苗族为:不按"古老话"讲)。可见,要确定这类非物质文化遗产的传承人是很难的。

② 如刘锡诚就认为:"祖师就是最早的或早期的创始者或传人。"参见刘锡诚:《传承与传承人》,《河南教育学院学报》(社会科学版)2006 年第 5 期。

③ 《马克思恩格斯选集》第 2 卷,人民出版社 2012 年版,第 692 页。

欣赏主体,没有欣赏主体,艺术也就不会有生产主体。目前的传承人制度的最大问题,就是忽视了消费者。事实是,没有了消费者,传承人即便技艺再好、能力再强,其所继承的非物质文化遗产也不可能得到永久的保护和传承。比如民间故事讲得再好,如果没有人听了(没有了消费者),民间故事这种非物质文化遗产也就不可能继续存在了。苗族传统童帽、童鞋内涵丰富、工艺精美,具有相当高的艺术价值和人文价值。在过去,苗族妇女几乎人人都精于手工制作,但现在苗族传统童帽、童鞋几乎没有人再穿戴了,即便确定了传承人,即便传承人还能生产制作出如此精美的童帽、童鞋,但由于没有了消费者,这种传统技能技艺最终还是会衰退消失的。可见,消费者也是非物质文化遗产"生产性保护实践主体"系统的关键要素之一。

纵观历史,非物质文化遗产的生产和再生产,并不仅仅局限于生产者和消费者之中。从历史资料中就可以看到,有关历朝历代统治阶层保护传承非物质文化遗产的记载比比皆是。例如,历史上实施的搜集编整民歌、民谣的"采风制度",就是历朝统治阶层直接干预非物质文化遗产保护传承的重要体现之一。近代以来,在中央政府的直接领导下,我国开展了大规模的搜集整理民族民间传统文化的工作,如民间歌谣、民间故事等的收集整理。在一定意义上可以说,没有官方政府的高度重视,许多非物质文化遗产早就已经"寿终正寝"了。因为政府官方一方面可以动员全社会的资源,另一方面在一定程度上也引领着社会风潮。随着人类对保护文化遗产意识的不断增强,具有强大资源动员能力的政府在文化遗产保护中将起着越来越显著、越来越大的作用。因此,对于非物质文化遗产的生产和再生产来说,政府也是一个不容低估的实践主体。

虽然政府对非物质文化遗产的生产和再生产具有重要的影响作用,但许多具体的生产和再生产工作并非由政府亲自完成,而是由学术界中的"先知先觉者"着力实施。日本、韩国的非物质文化遗产保护工程之所以能够启动实施,很大程度上正是众多学术精英等所谓的"有识之士"极力呼吁和推动的结果。我国历来就十分重视文化遗产的保护传承,官府、理论界、学术界等社会各界,也都坚持着收集、记载、整理、编纂本国文化遗产的传统。中国大量的神话、传说、寓言、笑话、谣谚、民歌等民间文学和民间资料,就是由中国古代官方和非官方的历史学家、哲学家、文化家、地理学家等撰写的。近代以来,对非物质文化遗产的调查收集、记录整理更是得到了我国学术界、理论界的高度关注。例如,五四运动之前就掀起的中国近代歌谣学运动,中国学术界由学者参与建立的各级非物质文化遗产专家保护工作委员会,等等。在中国民族民间文化保护工程中,学术界、理论界不仅从理论上为中国非物质文化遗产的保护实践提供了支持,还在方向上进行了正确引导,而且还积极为政府的决策提供重要建议。

商界也是非物质文化遗产生产和再生产中的一个重要主体要素。不管我们是否愿意,赞成还是不赞成,在非物质文化遗产的生产和再生产过程中,商界的参与都是一个不争的事实。尤其是社会进入市场经济时代,商业化甚至可能是某些非物质文化遗产得以持续生存发展的唯一方式。① 在现实中,不少非物质文化遗产也正是因为商业化而得到不断的再生产的,比如《白蛇传》。《白蛇传》作为一个民间传说,其在现代社会民间中的再生产,很大程度上就是通过电影商业化而实现的。更甚者,收视率达到顶峰的由赵雅芝主演的台版《新白娘子传奇》,不仅在现代民间中再生产了白蛇故事,也再生产了黄梅戏,同时还将白蛇故事和黄梅戏推广传播到了东南亚、日韩等国。可见,通过市场这只"看不见的手",商业人士、企业家、小生产者也可以而且也应该承担起某些非物质文化遗产的生产和再生产的任务,特别是要承担起那些本身就与市场有着密切联系的或能够进入市场的非物质文化遗产的生产和再生产任务。可见,商界对非物质文化遗产的保护传承,将会起到其他保护传承主体难以起到的积极的推动作用。

在传统社会中,人们生活在较为窄小和封闭的亲戚圈、熟人圈中,在这种交往范围内,"抬头不见低头见"式的重复频繁交往关系,使非物质文化遗

---

① 龙叶先:《蚩尤文化与贵州文化身份构建》,《贵阳学院学报》(社会科学版)2013年第1期。

的生产和再生产根本就不需要媒体的参与。但在现代社会中,过去封闭稳定的社区、村寨生活已经被打破了,人们的流动、迁徙相对频繁,交往范围也不断扩大,文化之间的碰撞、冲突、融合也日益凸显。因而,各种传统文化遗产,特别是非物质文化遗产都受到了巨大的冲击,很多优秀的民族民间传统文化因被认为是落后的迷信而不断地被抛弃。正如前面所说,文化自觉是不会自然而然就产生的,而是需要引导和激发的。新闻媒体可以在这方面起到一定的作用。比如,新闻媒体可以将传统文化搬上荧屏,在电视、电影、报刊、杂志、互联网等媒介上,论述、说明、解释传统文化的价值和意义,呼吁广大民众积极参与到传统文化的保护传承当中。如果没有新闻媒体的参与和积极呼吁,民众将因为身在其中而难以认识到非物质文化遗产的价值和意义,从而也就不可能具有参与保护传承传统文化遗产的认识和意识。事实也确实如此,当某项非物质文化遗产被搬上荧屏而被宣扬之后,拥有这项文化遗产的人或群体,因感觉到自己被关注、被重视,从而也就产生了文化意识和文化自觉(当然,并不是绝对的)。在这个意义上,新闻媒体显然是非物质文化遗产的生产和再生产中的一个重要的实践主体要素。除了充分调动非物质文化遗产的生产者和再生产者的主动性和积极性以外,新闻媒体这个实践主体要素还应当进一步采取多种措施,想方设法促使整个社会形成尊重、欣赏非物质文化遗产的文化氛围和文化环境。同时,还应该努力调动人们主动地、积极地参与到非物质文化遗产的生产和再生产中来。

三、非物质文化遗产"生产性保护"保护主体系统的运行原理

"凡是系统都有自己的功能。"①系统的功能是指"系统行为所引起的环

---

① 吴彤:《多维融贯系统分析与哲学思维方法》,云南人民出版社 2005 年版,第 32 页。

境中某些事物的有益变化"①。非物质文化遗产"生产性保护实践主体"系统的功能,就是促使非物质文化遗产的生产和再生产活动得以产生并保持正常运行。系统的功能"是系统内部相对稳定的联系方式、组织秩序及时空形式的外在表现"②。换言之,系统的功能就是源于系统内部各要素之间的相互作用。根据系统的功能原理,非物质文化遗产"生产性保护实践主体"系统的功能,就是其内部构成的主要要素,即生产者、消费者、政府、学术界和理论界、商界、新闻媒体之间的相互作用。如前所述,系统作为一个整体在任何条件下都会具有多种功能,这些功能都是其内部要素(子系统)之间的相互作用的结果。但在对其进行研究时,不可能研究它的所有功能,而是要根据我们的研究目的选择它所对应的功能,然后再考虑这个功能主要是由哪些要素(子系统)的功能耦合而成的。③ 根据这样的认识,我们可以将非物质文化遗产"生产性保护实践主体"系统内部要素之间的相互作用用下图来予以说明(图5)。

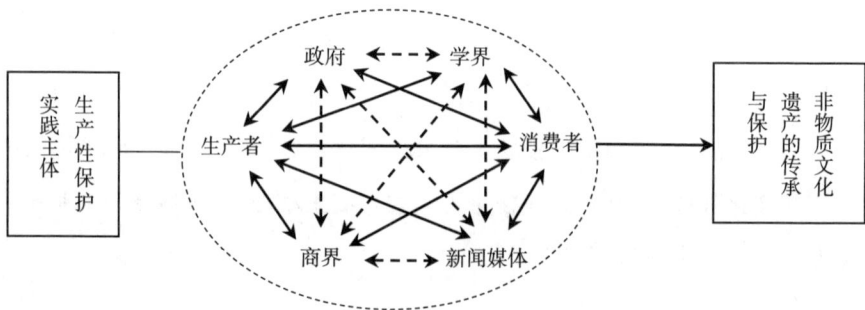

图5 非物质文化遗产"生产性保护"实践主体之间的关系

在非物质文化遗产"生产性保护实践主体"系统中,生产者、消费者这

---

① 苗东升:《系统科学精要》,中国人民大学出版社2010年版,第28页。

② 魏宏森、曾国屏:《系统论——系统科学哲学》,清华大学出版社1995年版,第290页。

③ 参见龙叶先、王冬敏:《系统哲学方法在社会科学研究中的应用再析》,《系统科学学报》2015年第23卷第2期。

两个主体要素是非物质文化遗产的生产和再生产活动的直接承担者,其他的主体要素须以这两个主体要素为中介才能对非物质文化遗产的生产和再生产起作用①,研究时虽然可以以其他主体要素与这两个主体要素之间的相互作用作为分析的立足点,但其他主体要素不是单一地对这两个主体要素产生影响。因此,在研究分析时也不能忽视其他主体要素之间的相互作用(虚线关系)。在现实中,政府与生产者、消费者之间的相互作用,通常不是政府单一地与生产者、消费者发生相互联系,而是在与其他主体要素相互作用之后才与生产者和消费者发生联系的。比如,政府参与非物质文化遗产的生产和再生产时,通常预先就参照了学术界和理论界的建议,并考虑了商界的利益,这表明它与学术界和理论界、商界之间的互动存在时间上的先在性。

从我们构建的模型图(图5)中可以看出,非物质文化遗产"生产性保护实践主体"系统要素之间的相互作用是十分复杂的。要深入透彻地分析这些相互作用显然不太容易,甚至是不可能的,因而需要简化。将焦点集中于各主体要素的主要职能分析上,就是一种便利的简化方式。

在非物质文化遗产的生产和再生产过程中,政府要素的主要职能包括以下内容。

建立健全完善的组织管理体系。这是非物质文化遗产保护传承活动得到顺利有序开展的重要保障体系。在中国保护传承非物质文化遗产的实践中,主要包括成立领导机构以及确定专门的工作部门两个方面。非物质文化遗产的生产和再生产,不是仅凭借某个主体要素自己的独立活动就能够完成的,而是常常会涉及到社会各界的方方面面。政府作为社会管理者,理应承担起各方面之间的相互沟通、协调工作。中国政府目前主要是通过建立部际联席会议制度来促进非物质文化遗产保护传承工作中的沟通、协调。根据相关议定,

①　与生产者和消费者的划分不同,传承主体和保护主体的划分具有层次性,因此,他们的活动具有重点和非重点之分;而生产者和消费者的划分则没有层次性,所有的主体都可以成为消费者,生产者主要是基于分工的不同而不同,各主体之间的活动并没有重点与非重点之别。

联席会议制度应开展如下工作：确定方针和政策；审议规划；协调处理重大事项；审核"国家级非物质文化遗产代表作名录"等。

在具体工作负责部门的设置、确定上，与文化直接相关的部门——文化部，被确定为行政主管单位。为确保非物质文化遗产代表作名录申报工作得到贯彻落实、顺利开展，文化部在社会文化司下设置了非物质文化遗产处，以专门负责相关具体工作，非物质文化遗产处下面又设置了非物质文化遗产保护中心，以具体实施相关工作。非物质文化遗产司成立后，非物质文化遗产处由社会文化司转为非物质文化遗产司的下属部门。在地方，负责具体工作的是文化厅的下属部门——社会文化处和非物质文化遗产保护中心，文化厅作为行政主管单位，负责指导和管理。通过几年的实施，目前非物质文化遗产保护中心已经成为非物质文化遗产保护的中坚力量和主力军。

尽管任何一项非物质文化遗产都是人类文明的精华，但它同时也可能存在某些糟粕和不能适应现代生活的成分。然而，要将这些糟粕成分从非物质文化遗产中离析出来，仅仅保留非物质文化遗产"根红苗正""纯而又纯"的精华、精髓，可以说是不可能的。再者，根据通行的文化遗产保护传承国际惯例，即坚持文化遗产的本真性、原本性保护传承原则，就算文化遗产（包括非物质文化遗产）存在某些瑕疵，也不应该根据现代的评判标准和旨趣对这些文化传统和文化遗产进行手术。因为，任何时代的判断标准和旨趣都有可能因该时代的环境和条件限制而存在判断失误的情况。比如，在中国"文化大革命"期间，许多优秀的非物质文化遗产因被判断为"封建遗毒""封建迷信"而被销毁掉了。这段历史现在已经成为我们优秀传统文化遗产的永远不可挽回的伤痛。①

---

①　我们在黔北、湘西田野调查中获知，该地区的民族民间巫傩文化因被认为是封建迷信而在"文革破四旧"期间受到了致命打击，许多流传了几百年的精致道具被销毁掉了。现在，巫傩文化虽然得到了一定程度的复苏，道具也进行了重新制作，但据老人们讲，这些新制作的道具在精致性、艺术性、审美性上与传统的道具相比，简直就是"小巫见大巫""丑小鸭见金凤凰"了。

在我国历史上,朝廷和政府一直在非物质文化遗产保护传承中起着相当重要的主导作用。在现代变化激烈的社会中,政府更应该承担起非物质文化遗产的抢救、保护和传承事务,承担起非物质文化遗产的生产和再生产,甚至创新的引领、促进工作。因此,政府作为社会管理者,在非物质文化遗产还没有得到深入研究时,不要轻易地做出价值判断,不能动不动就对某些非物质文化遗产贴上"封建遗毒""封建迷信"的标签,而应该出台一系列灵活而又不违背基本原则和宗旨的方案、政策,并根据实践情况对这些方案、政策进行调整、完善,以使非物质文化遗产能够得到较好的传承、保护。

非物质文化遗产的生产和再生产,与文物的保护一样,也存在着资金与费用支出的问题。经费不足是个普遍性问题,也是国际上面临的一大难题。从目前经验来看,非物质文化遗产的生产和再生产资金主要有三个来源渠道:其一为中央政府的财政预算;其二为地方政府的财政计划;其三为民间财团的资助。国外有些国家设立有文化遗产保护民间基金,比如韩国、日本。近年来,中国民间社团和民间基金开始出现。比如,由民间机构投资兴建的苗学研究院(黔东南河湾苗学研究院)。尽管在短期内民间社团、民间基金还很难大量地为非物质文化遗产的生产和再生产工程提供资金支持,但它们的出现与成立,将打破非物质文化遗产保护传承经费仅靠政府支持的状况,从而拓展非物质文化遗产保护传承的资金筹措渠道。国外为非物质文化遗产保护传承的筹资方式值得加以引进和借鉴。比如,通过发行彩票的方式筹集资金等。尽管我国尚未采取这样的措施,但今后应该予以考虑。

在国际社会中,那些非物质文化遗产保护传承较为成功的国家,如韩国、日本、美国、德国等,都是通过采取法律形式(立法)来确保非物质文化遗产的保护传承工作得以正常运行。长期以来,我国政府尽管十分重视非物质文化遗产的保护传承,但大多都是依靠一些效力相对有限的文件、政策,甚至是习惯、个人爱好、个人威望,从法律法规的高度规范非物质文化遗产保护传承的立法工作却相对滞后。不过近年来这项工作得到了我国政府的高度重视,国家先后出台了不少相关法律、文件、规定。但总体上看,理论方面的研究还是相对滞后,这在一定程度上制约、影响了立法工作的进程,以及法规落实工作的进程。"新野猴戏"事件就是立法工作和法规落实工作相对滞后的典型体现。

目前,政府作为实践主体在参与非物质文化遗产生产性保护传承过程时,最容易犯的一个错误就是未能正确地把握好主客位关系,主要是混淆了直接实施主体和间接实施主体之间的关系,把自己当作了直接实施主体。正因为把自己当成了直接实施主体,从而也就自觉或不自觉地以自己来取代民众,以"官俗"来取代"民俗",结果就是将非物质文化遗产改造为不折不扣的"伪民俗""伪遗产"。在非物质文化遗产保护传承过程中,政府机构的诸多好心办错事的情况,主要就是因为混淆了自己的角色,做了不该做的事。鲁迅先生说:"歌、诗、词、曲,我以为原是民间物,文人取为己有,越作越难懂,弄得变成了僵尸,他们又去取一样,又来慢慢地绞死它","士大夫是常要夺取民间东西的,将竹枝词改为文言,将'小家碧玉'作为姨太太,但一沾他们的手,这东西也就跟着他们灭亡"①了。尽管鲁迅先生谈的是文人对民间文化的破坏,但也道出了当前中国非物质文化遗产保护传承(生产与再生产)过程中所存在的问题。

在非物质文化遗产的生产和再生产过程中,学术界和理论界虽不是直接实施者,但作为实践主体之一,它们的作用相当重要,任何其他的一方都无法代替。尽管非物质文化遗产在传统社会中通常无须学术界和理论界的助力,就能自发形成并自主传承,但学术界和理论界在非物质文化遗产的生产和再生产过程中,也确实起到了相当重要的作用,只是在传统社会中的作用没有在现代社会中的作用显著而已。比如,一些戏剧的剧本就是有赖于文人的记载

---

① 转引自苑利:《非物质文化遗产保护主体研究》,《重庆文理学院学报》(社会科学版)2009年第2期。

才得以再生产的。在当代社会的急剧转型时期中,一方面,许多传承了千百年之久的非物质文化遗产面临着严重的生存危机;另一方面,民众却又没有意识到它们的价值而放任其自生自灭。在这样的情况下,学术界、理论界应当承担起非物质文化遗产的生产和再生产的重任。当然,这个重任不是由学术界和理论界亲自去从事生产和再生产,而是为生产和再生产提供智力支持和理论支撑。具体而言,学术界和理论界的职能主要包括以下几个方面:首先,研究非物质文化遗产的生产和再生产的规律,把握非物质文化遗产发展运动的趋势,为非物质文化遗产的生产和再生产实践提供智力支撑和理论引导;其次,推介国外实践的经验教训,为本国非物质文化遗产的生产和再生产提供参考、借鉴;最后,建立咨询制度,为政府决策、商界介入、媒体宣传以及生产者、消费者提供咨询等。近年来的实践已表明,知识界在非物质文化遗产的生产和再生产中的确起到了比较大的作用。比如,学术研究唤起了民众对非物质文化遗产的重视,使一些民众认识到非物质文化遗产的价值、意义,从而能积极主动地参与到非物质文化遗产的生产和消费之中。再如,学术界、理论界可以为政府和商界提供决策咨询,甚至也可以直接参与非物质文化遗产的生产和再生产的规划等。但是,迄今为止,尚有一些学者仍未认识到非物质文化遗产的特定价值,常常将非物质文化遗产与普通的群众文化活动等同起来,并按照普通群众的文化活动特点而对非物质文化遗产进行大幅度改造,从而使非物质文化遗产所蕴含的多种价值,如历史、艺术、文化、科学、社会价值等,遭受到了严重破坏。因此,学术界和理论界之间应当加强交流,提升意识,增强对非物质文化遗产的价值的认识。

从国外文化遗产传承与保护实践中可以看到,许多国家的文化遗产的传承和保护工作通常都与商界有着密切的联系。同样,许多非物质文化遗产也是通过商业开发而得以保护和传承的(生产和再生产)。比如,世界银行在《1998/99年世界发展报告:知识与发展》中指出,将地方性知识引入发展过程能够促进地方性知识的延续发展。哥伦比亚、卢旺达农民妇女种植的大豆超过了科研人员。① Erik Cohen 在 *The Commercialized Crafts of Thailand*(2000)一书中认为,移民泰国的苗族(Hong)、瑶族(Mien)的刺绣、贴花、蜡染,以及泰国本土的陶艺、雕刻等传统手工艺的商业性生产,不仅使这些非物质文化遗产得到了传承延续,而且使这些非物质文化遗产得到了发展丰富。② Patrizio Bianchi 等(1997)③、Roberta Piergiovanni(2010)④的研究认为,第三意大利的陶器、家具、制鞋、纺织等传统工艺,凭借商业性生产获得了保护传承与创新发展等等。在我国,不少非物质文化遗产也因与商界的密切联系而获得了重生。比如,随着乡间民俗游的兴起,许多民族歌舞表演、传统艺术、手工艺品受到了民众的越来越多的关注。从现实中就可以很容易地看到,许多民族工艺品这种类型的非物质文化遗产的生产和再生产,更是得益于商界的介入。

在非物质文化遗产的生产和再生产中,商界、企业界、个体生产者的主要任务就是:以商品经营形式实现非物质文化遗产的保护和传承。文化是人类创造的满足自身需要的东西,个体单靠自身显然难以满足自己的全部需要,因而需要与别人分工合作,这就需要进行劳动产品的交换,许多非物质文化之所以成为遗产,很大程度上就是分工的结果。比如,传统技艺、技能、技巧如果没有分工,没有大量的重复操作,是难以形成的。因此,许多非物质文化遗产本身就与市场(交换)存在着十分密切的联系,比如编织、刺绣、织锦、小吃等。在传统社会中,这些遗产的生产和经营通常是由其继承人所承担。但随着非物质文化遗产市场需求的不断扩大,产品数量的不断增加,继承人已难以承担

---

① 世界银行:《1998/99 年世界发展报告:知识与发展》,中国财政经济出版社 1999 年版,第 38 页。

② 参见 Erik Cohen. *The Commercialized Crafts of Thailand*: *Hill Tribes and Lowland Villages*. Richmond,Surrey,Curzon Press,2000,pp.1–24。

③ Patrizio Bianchi, Lee M. Miller, Silvano Bertini. *The Italian SME Experience and Possible Lessons for Emerging Countries*.1997.http://www.unido.org/fileadmin/user_media/Services/PSD/Clusters_and_Networks/publications/the_italian_SME_experience_and_possible_LL.pdf.

④ Roberta Piergiovanni.*Gibrat's Law in the "Third Italy"*: *Firm Growth in the Veneto Region*. Growth and Change,Vol.41 No.1(March 2010),pp.28–58.

起生产和经营的双重任务,这势必需要文化经纪人参与到其中来。但需注意的是,商界不能直接介入非物质文化遗产的产品生产活动,而只能承担非物质文化遗产产品推广、营销等的商业化运营环节,否则就有可能对非物质文化遗产的保护传承造成伤害。

商界在非物质文化遗产的生产和再生产中的另一职能,就是对非物质文化遗产进行产业化开发。比如,传统工艺美术品、传统医药、传统戏曲、曲艺,甚至民间故事、口头文学等,如果使用传统的生产手段,一方面有可能不能满足更广泛的市场需求,另一方面也有可能使非物质文化遗产本身丧失继续生存的可能性,因为传统的生产手段通常需要的时间较长、劳动量较大。比如,制作一套苗族传统服饰,从纺织到最终成品,通常需要数月甚至数年。再如,纯手工织造一幅精美的壮锦,没有几个月肯定是完不成的。在现代社会中,如果仍然要求用传统手工手段进行生产的话,这些非物质文化遗产会因繁重的劳动量,以及费时较长等因素,最终导致没有人愿意继承。这就要求在保护好非物质文化遗产基本文化内涵的基础上,对非物质文化遗产进行适当的、有针对性的产业化开发。比如,刺绣、蜡染、印染、织品等就可以使用大机械化生产方式来进行生产和再生产。而对于民间传说、神话故事等口头文学,则可以利用电影、电视等现代传媒进行改编。实践证明,产业化手段对增强、扩大某些非物质文化遗产的影响,增强人们对非物质文化遗产的合理认知,是很有效用的。比如,《功夫熊猫》《花木兰》《奢香夫人》《牛郎织女》等影视作品就很好地起到了传播、宣扬这些非物质文化遗产的作用。当然,非物质文化遗产与产业、商业的结合也会存在一些问题。比如,为了快速生产而将无法用机械代替的工艺环节省掉,从而导致制品的简化和粗制化。再如,某些影视作品将民间传说、神话故事过度歪曲、夸张,严重脱离了文化传统的基本内涵,变得庸俗化、娱乐化、粗俗化等。可见,商业界、企业界、个体经营户虽有助于非物质文化遗产在新的条件下得到一定程度的保护和传承,但应该要了解自己的局限性,摆正自己的位置。

在非物质文化遗产保护传承(生产与再生产)过程中,新闻媒体作为实践主体,作用也不容小觑。国内外非物质文化遗产保护传承实践表明,在现代社会条件下,如果没有新闻媒体的广泛宣传,非物质文化遗产的保护传承理念就不可能为人们所广泛认识并深入人心。如果非物质文化遗产的保护传承理念不能被人们所认识并认同,那么,非物质文化遗产的保护传承工作要成为整个民族的自觉行动就不可能了。目前,新闻媒体在非物质文化遗产保护传承中的作用,已深为各个国家政府所重视。事实也已证明,新闻媒体在非物质文化遗产保护传承实践中,确实起到了相当重要的作用。

新闻媒体在非物质文化遗产保护传承中的职责很多,比如:通过媒体告诉民众什么是非物质文化遗产,为什么要保护非物质文化遗产;告诉民众当地的非物质文化遗产类型及其分布状况;告诉民众非物质文化遗产在当地经济、社会及文化发展中的角色和意义等。其主要作用就是让民众对本民族、本地区的非物质文化遗产的特色、总量、存量、分布、品质等方面有基本的了解,并告知民众为什么要保护传承非物质文化遗产,让民众知道非物质文化遗产保护传承的理由和根据,告知民众如何才能有效地保护好、传承好非物质文化遗产,等等。总而言之,新闻媒体的作用主要是通过宣传使非物质文化遗产的生产和再生产深入人心,并成为全民族的自觉行动。

生产者和消费者是非物质文化遗产"生产性保护实践主体"系统中,与非物质文化遗产直接发生联系的两个关键性要素。非物质文化遗产是由生产者生产和再生产的,但是,如果没有消费者,生产者的生产和再生产活动也就不可能产生并继续维持下去。因此,非物质文化遗产的生产和再生产必然包含了非物质文化遗产的物质形态(包括行动、行为)的整个生命周期,甚至在一定意义上,非物质文化遗产必然要依赖其物质形态的一再循环才能得到有效传承和保护。这个原理我们可以简化为如下公式(图6):

我们所谓的非物质文化遗产的传承保护,实际上就是要通过这个简单公式所表明的过程才能实现。生产和消费是不可分离的统一整体,没有生产就

自身存在：————————————非物质文化遗产在时间中的持续————————————→

外在形式：（再）生产 ——→ 消费 ——→ （再）生产 ——→ 消费 ——→ ……

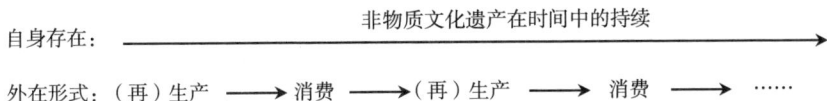

图 6　非物质文化遗产与"生产"和"消费"的关系原理

没有消费，而没有了消费，生产也就没有了动力，没有了意义。非物质文化遗产虽然以非物质形态而存在，比如技能、技术、知识、思想等，但却必须以物质形式才能为人所感知和认识。比如，剪纸作为一项非物质文化遗产，其非物质性是指其创作构思、技巧工艺方面，但其非物质性必须通过其物质性——剪纸作品而体现出来。剪纸作品作为物质性存在，在被消费之后就消失了。如果剪纸作品不再被生产出来，那么，剪纸的创作构思、思想、技巧工艺也就不再存在了。同样的道理，即便是那些以行动、活动、行为的形式而体现出来的非物质文化遗产，也需要通过它的体现形式——行动、活动、行为不断地一再重复才能够得到有效保护和传承，比如仪式的一再举行，节日的一再重复。因此，非物质文化遗产的保护和传承，实际上就是其实践主体——生产者和消费者之间的持续互动，缺少任何一方面，保护和传承活动都不可能持续下去。乔尔·查农说得好："互动意味着行动者在行动时必须考虑到他人"，这意味着"我在任何一个时间上所做的都取决于你所做的"①。

　　尽管生产和消费是统一整体的两个方面，但是，在再生产的过程中，通常是消费引起了再生产。马克思在《政治经济学批判导言》中指出：消费从两个方面生产着生产。一方面，只有在消费中产品才能变成现实的产品；另一方面，消费促使新的需要的产生，从而创造出了生产的观念上的动机，而这却是生产的前提。②"没有需要就没有生产，需要本身就是生产活动的内在要素。"③从这个意义上说，消费者在一定程度上甚至是非物质文化遗产的生产

---

① ［美］乔尔·查农：《社会学与十个大问题》，北京大学出版社 2009 年版，第 44 页。
② 参见《马克思恩格斯选集》第 2 卷，人民出版社 2012 年版，第 691 页。
③ 李连科：《价值哲学引论》，商务印书馆 1999 年版，第 5 页。

和再生产的更为基本的要素。目前,一些非物质文化遗产尽管确定了传承人,但仍然无法迟滞其消失和衰退的步伐,其中很重要的原因就是缺乏消费者。如前面所提到的苗族传统童鞋、童帽,尽管仍然有许多人会制作,而且技能、技巧也很精湛,但因缺乏消费者而不再被生产了(被制作了)。即使一些受到较多关注、影响甚大的非物质文化遗产,也会因其缺乏消费者而面临着消失的处境。比如,湘西苗族的传统银饰技艺就处于这样的尴尬境况①,而非传统技艺制作的银饰品的生意则比较繁荣。由此可见消费者在非物质文化遗产"生产性保护"中的重要作用。

尽管人的消费需求可以相对地划分为物质性需求和精神性需求,但人的大量的需求是物质性和精神性的统一。比如,就饮食这种物质性需求来说,我们就不仅仅是为了填饱肚子,满足营养需要,更是要追求色、香、味俱全;同时还形成了众多的饮食禁忌,比如美国人不吃狗肉、穆斯林不吃猪肉、印度人不吃牛肉,等等。在穿着上,我们也不仅仅是为了保暖,还要追求时尚,追求身份象征。可见,人类的消费(需求满足)行为不仅仅"是一种纯粹的经济行为",更"是一种文化行为"②。既然人类的消费行为主要是一种文化选择和文化消费,那么,人类的各种消费倾向、消费选择,主要不是看物品能否满足人的生命维持的需要,而是一种文化意义的追求。比如服装,价格高的服装和价格便宜的服装在保暖方面是没有差别的,但为什么人人都想买价格高的而不愿买价格低的? 原因主要在于价格高的服装是身份高贵、成功人士的象征,而价格低则象征了人的身份低微。可见,文化因素对消费者的影响比经济因素更大。

---

① 在湖南湘西调查时获知,湘西的苗族银饰制作已被列为湖南省省级非物质文化遗产名录,但据已被认定的传承人(龙米谷、麻茂庭)介绍,除了偶尔有研究者、参观者来研究和参观之外,实际生产的"生意"很差,一年中没有几个人来购买或定制。生意较差,制作的次数就少,制作次数少,原本熟练的技能也就逐渐退化了,技能退化了,也就意味着文化遗产正步入消亡的趋势之中。而用现代技术制作的银饰、仿银饰的制品,如银碗银筷(有些是白铜)、银手镯、银戒指等,则生意很好。

② 桂勇:《论当代文化的消费主义化》,《复旦学报》(社会科学版)1995 年第 5 期。

可是,目前在非物质文化遗产的保护传承中,"消费者"这一保护实践主体要素,并没有引起非物质文化遗产的保护和传承实践工作(包括"生产性保护"实践)的足够重视。如果仅仅将注意力集中于传承人(生产者)本身,而忽视了消费者作为实践主体要素的不可或缺性,那么,即使我们投入再多的物质、再多的精力、再多的人力,最终的结果不仅可能是"事倍功半",甚至可能是"事倍无功"。

由于对消费者作为保护传承实践主体要素的忽视,从而使非物质文化遗产的实际保护活动几乎都是由政府来扶持。但是,全靠政府扶持的保护传承方式不可能是长久性的方式,因为它不仅有可能使非物质文化遗产逐渐失去存在的意义和价值,更有可能使其失去创新发展、与时俱进的机会。[1] 目前,在中国,尽管学术界、理论界极力呼吁,商界极力开发推荐,政府对传承人进行了补贴,新闻媒体大力宣传,但通过生产而得到保护的非物质文化遗产,相对于我国在历史上所积淀的丰富厚重的非物质文化遗产来说,可说是九牛一毛,大量的非物质文化遗产仍然以坚定的步伐快速地走向灭亡。

"生产性保护旨在使非物质文化遗产融入民众的现实生活,找到传承与发展的活水源。"[2]而要使非物质文化遗产融入到民众的现实生活中,成为活态性存在,就必须使它为民众所喜爱、所使用、所消费。而要民众喜爱、使用、消费非物质文化遗产,则需要培养民众对非物质文化遗产的认同意识,要让民众在消费非物质文化遗产中得到满足和快乐。这就要求政府、学术界和理论界、商界、新闻媒体,以及生产者(传承人)努力构建消费非物质文化遗产的良好文化氛围和良好的文化环境。政府、学术界和理论界、商界、新闻媒体,甚至生产者,不能光在嘴上说非物质文化遗产如何如何重要,如何如何有意义,却从来没有购买过、消费过非物质文化遗产,那样又如何让民众信服呢? 因此,

---

① 参见冯俊英:《浅谈非物质文化遗产的生产性保护》,《大众文艺》2012 年第 6 期。

② 王泽鹏、陈建国:《浅谈非物质文化遗产的生产性保护——以五莲割花为例》,《新乡学院学报》(社会科学版)2013 年第 3 期。

在构建消费非物质文化遗产的文化氛围、文化环境中,政府、学术界和理论界、商界、新闻媒体,甚至生产者,也需要转换身份角色,主动承担起作为消费者主体的责任,主动去购买、消费非物质文化遗产,这样做将会起到十分重要的引导和表率作用。

苗族"杠仙"俗信复兴繁荣的主体

"杠仙",又称"跳仙""浦勾娘",是苗族社会中普遍存在的俗信。苗族人大凡在遇到子嗣不兴、牲畜不旺、家人不安等不顺之事时,常会请仙姑来家中进行"杠仙"。

所谓"杠仙",即由仙姑(苗族巫婆)进入阴间、天上,找来天神及主家亡故亲人阴魂,代表他们与事主健在家庭成员进行对话,以解除事主家人的心结。事主通过燃烧纸香来和亡故亲人阴魂交流(仙姑为中介)。在关键事项上事主要通过向天神、亡故家人阴魂烧纸点香、敬茶献酒、供饭倒水等,使天神、亡灵为事主探求事因、解难挡灾。

苗族"信鬼而好巫",他们相信鬼神、亡灵、阴魂比世间的人更有能力,人在世间中诸多不顺之事,都是鬼神、亡灵、阴魂作怪的结果,而鬼神、亡灵、阴魂之所以作怪,则多因世间之人做了鬼神、亡灵、阴魂不高兴或不利之事。因此,要想心想事成、行事顺利,则需要与鬼神、亡灵、阴魂沟通,询问缘由和化解之策。

在苗族地区,"杠仙"是一种深入生活、融于生活的民间信仰形式。这种民间信仰对苗族人的心灵、情感等起到一定的抚慰作用,同时在一定意义上也是人们对未知世界的一种探索与触摸。可以说,"杠仙"以其独有的魅力在苗族民众社会中发挥着重要的作用。

苗族的"信鬼好巫"一般会通过一系列民间信仰形式体现,"杠仙"就是其中之一。"信鬼"是指苗族人相信有鬼神、亡灵、阴魂,这些鬼神、亡灵、阴魂通常具有某种超越人的能力。"好巫"是指苗族人相信,虽然鬼神、亡灵、阴魂有某种超越人的能力,但人却可以通过某种行为、活动、事件威慑、驱逐、控制鬼神、亡灵、阴魂的能力。"杠仙"活动实际上就是以仙姑为中介人,和鬼神、亡灵、阴魂进行谈判、讨价还价、相互妥协、达成协议的过程。苗族"杠仙"活动并不仅仅局限于仙姑的"杠仙"过程,"杠仙"最终效果的鉴定、检验也是"杠仙"活动的一部分。如果事主在仙姑"杠仙"之后做事逐渐顺利,那么事主要按照与鬼神、亡灵、阴魂达成的协议,进行感谢鬼神、亡灵、阴魂的法事,比如冲傩还愿。如果在仙姑"杠仙"之后做事仍然不顺,那么,事主就会再"杠仙"或请法师、鬼师来驱鬼逐怪,一直到事主认为生活逐渐顺利为止。鉴定、检验时间不确定,主要取决于事主自己的感觉,从一年、两年到四五年,甚至也有七八年的。从"杠仙"活动可以看出,"信鬼好巫"已融入苗族民众日常生活的方方面面。

苗族民众之所以对"杠仙"深信不疑,主要是由于"杠仙"效果得到了校验,而"杠仙"效果之所以得到校验,实际上是事主自己心理调适的结果。在一定意义上,"杠仙"使事主的恐慌心理、焦虑情绪、精神压力得到了舒缓,恐惧感得到了表达,情感得到了宣泄,负面情绪得到了释放,从而以愉快、乐观的心理、情绪去生活、做事,进而使得事主获得一种安定感与满足感,诸事日渐顺利。

自 1950 年至 1978 年间,由于"杠仙"活动被认为是封建迷信而被破除,"杠仙"几乎在苗族地区销声匿迹。1978 年以后,随着党和国家民族宗教政策的贯彻、落实,苗族社会民间信仰与仪式开始逐步复兴与繁荣,"杠仙"活动也得到了复兴并日渐繁荣。

然而,苗族"杠仙"到底是属于迷信,还是属于非物质文化遗产,时至今日尚无定论。但在科学技术日趋发达的现代社会中,它的复兴、繁荣表明它还具有十分重要的社会功能和作用。

苗族"杠仙"活动的复兴、繁荣,虽然离不开党和国家政府的民族宗教政策,但由于无法确定它的文化性质(迷信还是非物质文化遗产),因此,政府作为主体并没有起很大作用。苗族"杠仙"活动的复兴、繁荣,也并不仅仅依靠掌握"杠仙"知识、技巧的仙姑。光有仙姑,没有事主、没有广大民众的信仰,它也不可能得到复兴、繁荣,实际上,苗族"杠仙"活动的复兴、繁荣是国家政府(宗教政策贯彻落实)、苗族整体社会共同作用的结果,即是多主体共同作用的结果。

第三章　非物质文化遗产"生产性保护"的价值根据

为什么要保护传承非物质文化遗产呢？保护传承非物质文化遗产的根据又是什么呢？这个问题是保护传承非物质文化遗产的基础性和前提性的问题。"价值判断是行动的引导,任何事实判断都有价值因素的参与。即使在我们认为是纯科学的现代物理中,也存在价值因素。"①可见,价值问题如果得不到较好的解决,非物质文化遗产就可能得不到有效的保护传承,也得不到长效的保护传承。在当前现实中,非物质文化遗产保护传承的成效不尽如意,很大程度上可能正是这个问题没有得到较好地回答的结果。那么,如何才能有效地回答这个问题呢？杨国荣教授指出,人的行动必须要有理由。所谓的要有理由,就是要有根据地去做或者去行动,否则行动就无法理解;理由的内容由目的和目的体现的方向性构成;目的和目的的方向性又主要取决于价值。②在这个意义上,非物质文化遗产保护传承的理由和根据问题,就转化成了保护传承非物质文化遗产的价值性问题。这意味着,非物质文化遗产保护传承活

---

① 转引自幸强国:《语意、辨明与实用主义——普特南哲学研究》,西南财经大学出版社1998年版,第140页。

② 参见杨国荣:《人类行动与实践智慧》,生活·读书·新知三联书店2013年版,第74—77页。

动的展开,要依靠人们对非物质文化遗产价值的恰当理解和正确判断。① 本部分就如何恰当地理解、如何正确地判断保护传承非物质文化遗产的价值进行分析,以期为非物质文化遗产保护传承实践的正当性和合理性提供理论依据。

一、价值哲学的一般原理

就人类而言,价值是无比重要的。许多著名哲学家都曾经着重突出过价值对于人类的意义。德国哲学家海因里希·约翰·李凯尔特(Heinrich John Rickert)指出:"我们利用价值来思考世界","价值是生活的命根,没有价值,我们便不复生活;没有价值,我们便不复意欲和行动,因为它给我们的意志和行动提供方向。"②美国系统哲学家欧文·拉兹洛(Ervin Laszlo)也曾经说过这样的话:"价值标准是行为者努力奋斗所要实现的目的。凡是前进方向是要达到某种目的的任何活动,都是价值定向活动。"③美国当代著名哲学家希拉里·怀特哈尔·普特南(Hilary Whitehall Putnam)也说过:"我不怀疑物理宇宙在一些方面是'机器',它不是'关心的'(虽然把它描述为"不关心的"多了一些误导)。但是,正如康德看到的,物理宇宙忽略的东西正好是使那个宇宙对我们来说是可能的事物,或者是使我们有可能从我们的'感官刺激'——意图的、价值的和指称的'综合'工作——构成那个宇宙的事物。一句话,没有价值,我们就没有世界。"④从这些著名专家学者的论述中可以看出价值对于

① 参见钱永平:《非物质文化遗产的价值评估与保护实践》,《重庆文理学院学报》(社会科学版)2012 年第 31 卷第 6 期。
② 转引自[德]马克斯·韦伯:《社会科学方法论》,韩水法、莫茜译,中央编译出版社 1998 年版,第 8 页。
③ [美]E.拉兹洛:《用系统的观点看世界》,闵家胤译,中国社会科学出版社 1985 年版,第 95 页。
④ 转引自李醒民:《价值的定义及其特性》,《哲学动态》2006 年第 1 期。

人的存在的重要意义。

马克思在《关于费尔巴哈的提纲》中指出："哲学家们只是用不同的方式解释世界,而问题在于改变世界。"①为什么问题在于改变世界呢? 因为人虽然离不开世界,但世界却不会自动地满足人。人类作为自然界中的一个"种"存在和"类"存在,必须从自然界中获取物质能量以满足自身生存和发展的需要,但自然界不会自动地满足人的需要,因而人只有以自己的行动来改变世界,才能满足自己的需要。实际上,人也只有通过世界的改变才能使自己在世界中的存在得到实现和持续。人在改变世界的过程中,不仅实现了人与自然界之间的物质能量交换,同时也实现了世界的价值和人的价值的统一。正是因为人只有通过实践活动才能改变世界,所以马克思主义哲学与其他哲学学派之间的重要分界和区别,就在于马克思主义是以人的实践活动作为哲学分析的逻辑基础。正如辛敬良先生等人所说的:"马克思主义哲学就是以人的活动为中心的主客体或对象统一的哲学。"②

人通过实践活动改变自然界,就是通过改造自然界的原有形式,使自然界变成满足人的需要的存在形式。但我们都知道,自然界是丰富多彩、复杂多变,并处于永恒运动之中的,这就使它永远都不可能被人类所完全认识和把握。正因为自然界存在这样的特性,所以,人在改变自然界,使自然界人化的过程中,必然存在着优先选择的问题。比如,优先选择认识什么样的事物,优先选择什么样的认识工具,优先选择改造什么方面,优先选择满足什么需要,等等;同时,还存在着一个如何改造才能使自然界成为满足人的需要的存在形式的问题。这就使得人改变世界的过程,从一开始就必然是一个"价值选择"的过程。在某种程度上甚至可以说,价值问题就是人在认识和改变世界过程中的最基本的问题。因此,有学者正确地指出:"正是人们的价值观念,才成为人们积极地认识世界和改造世界的能动的调节因素",也正是人们的"价值

① 《马克思恩格斯选集》第1卷,人民出版社2012年版,第136页。
② 辛敬良主编:《马克思主义哲学导论》,复旦大学出版社1991年版,第18页。

选择"才"推动人们勇敢、顽强地去探索世界的奥妙"。① 不仅如此,更有学者指出,离开了价值就不存在哲学,哲学必须以价值为其存在的依据。"哲学本身就是一种广义的价值哲学,哲学也只有作为一种价值哲学才是可能的。"②

尽管价值攸关人的存在,然而,迄今为止人们对于价值问题中的关键性问题,即什么是价值的问题,也即价值的概念内涵——这一首要的、基础的问题,尚未进行过深入的分析、考察。人们对价值的认识和理解,仍然是众说纷纭,莫衷一是。那么,应该如何认识和理解"价值"呢?我们认为,由于"价值"是一个在日常生活中被广泛使用的词汇,因此,可以通过考察日常生活中关于"价值"的理解,来把握、厘清"价值"的基本含义。也就是说,应该可以从日常生活中用"价值"这个词来表达的那些内容入手,开始逐步深入考察"价值"一词的基本含义。

在古代汉语中,"价"与"值"有不同的含义,因而很少连用。"价"除了有"价值""价格"的含义之外,还具有"身价""名声"等意思,甚至还可用作助词。"值"字除了可以做"物与价相当"理解之外,还有"遇到""执持"等含义。英文世界中的"价值(Value)"一词,是由古拉丁语 valere 演变而来的。在古拉丁语中,价值的词根没有确定的含义,意蕴不是很清楚,包含的意义多样、广泛,比如健康的、美好的、勇猛的等,不一而足。14 世纪"价值"被引入了英语世界。但在英语世界中,价值仅仅表示一种含义,即经济学中所使用的含义——物的价格。自 19 世纪末开始,新康德主义者、叔本华、尼采将价值一词引入他们的哲学研究之中,并对价值的含义进行了拓展。至此,价值一词才结束了它的单一的经济含义。③

目前,人们在日常用语中使用"价值"或"有价值的"这一词汇时,主要是

---

① 李连科:《价值哲学引论》,商务印书馆 1999 年版,第 6 页。
② 贺善侃:《价值、文化、科技》,华东大学出版社 2004 年版,第 4—5 页。
③ 参见李醒民:《价值的定义及其特性》,《哲学动态》2006 年第 1 期。

用来描述能充分满足人的需要的客体或对象。从广义上看，凡是人们认为是好的东西，都可以认为它们是有价值的。从这个角度上看，人们使用"价值"来描述一个东西（对象或客体），主要来自于人对这个东西所具有的某种属性的评判。如果人对一个东西的属性感兴趣，或认为有用，或想要，那么，这个东西就是有价值的。比如，烂衣旧絮尽管仍然具有保暖功能，但对有钱人来说，却是没有任何价值的，因为有钱人不担心保暖的事，他们考虑的是体面的问题，而这些东西是不可能满足他们对体面的追求的。但是，这些烂衣旧絮对于穷人来、难民来说，简直就是无价之宝，因为保暖、遮体是他们基本的需要，事关他们的生存问题。再如，锈迹斑斑的青铜器在日常生活中可以说毫无价值可言，但对考古学家、文化学家来说，其价值甚至超过黄金，价值连城。从这些例子中可以清楚地看到，价值实际上是人用来描述人与客体或对象之间关系的词语。一个客体或对象是否有价值，取决于这个客体或对象是否与人的需要相符合。相符合了，就说这个客体或对象有价值，不相符合了，就说它没有价值。

　　从马克思的相关论述中也可以推知，价值范畴所标示的是客体或对象对于人的意义。马克思指出："凡是有某种关系存在的地方，这种关系都是为我而存在的；动物不与什么东西发生'关系'，而且根本没有'关系'；对于动物来说，它与他物的关系不是作为关系存在的"①，"'价值'这个普遍的概念是从人们与满足他们需要的外界物的关系中产生的。"②可见，价值作为一种意义关系描述的词语，唯有对人来说才是以存在的，在动物与它的对象或客体之间是不存在的。

　　人的存在以客体或对象对人的需要的满足为前提，因此对人来说，处处都存在着价值关系，但客体或对象满足人的需要必须通过人的实践活动才能得到实现。就此而言，人的活动表现为人对价值的有意识的、自觉的追求。这是

---

① 《马克思恩格斯选集》第 1 卷，人民出版社 2009 年版，第 533 页。
② 《马克思恩格斯全集》第 19 卷，人民出版社 1979 年版，第 406 页。

人之所以不同于动物的原因,马克思对此也做了说明。如他指出:"有意识的生命活动把人同动物的生命活动直接区别开来。正是由于这一点,人才是类存在物。"①

"价值"作为一种"关系"范畴,它只在人与其对象或客体之间存在。在人与其对象或客体之间的关系中,人是改造对象的行动者。如果没有人主动地对客体或对象进行认识和改造,那么,对象或客体对人来说就相当于"无"。在这个意义上,价值从起源上看,应该来源于人这个主体,来源于人这个主体的需要。对此,马克思也曾经指出:价值"实际上是表示物为人而存在"②。如果仅限于这样的认识和理解,那么,"价值"就是由人的主观所决定的。但是,我们都知道,人不能随意地选择某种物来满足他的某种需要。也就是说,人只能用某一种或某几种物或对象来满足某种需要,而不是所有的物或对象。从这方面来看,价值的产生又不完全取决于人的主观性,物或对象本身也决定了它对人的价值意义,这主要取决于它本身的基本属性。比如,"水"和"汽油"这两种物质都是液体,但人的"渴"的需要的满足却只能是"水"而不能是"汽油",原因就在于这两种物质具有完全不同的属性。从这个角度上看,物或对象的属性也是价值的来源。马克思对此也做过相应的说明。他说,价值"是人们所利用的并表现了对人的需要的关系的物的属性",价值"表示物的对人有用或使人愉快等等的属性"③。法国社会学家爱弥儿·涂尔干(Emile Durkheim,也译迪尔克姆)也曾经指出:"事物的价值只表现为一种效果的实现,而它所产生的效果也是其固有属性所带来的结果"④,"价值是受到判断的事物的某种要素所先天固有的。在这种情况下,价值来源于事物影响集体主

---

① 《马克思恩格斯文集》第 1 卷,人民出版社 2009 年版,第 162 页。
② 《马克思恩格斯全集》第 26 卷(下),人民出版社 1979 年版,第 326 页。
③ 《马克思恩格斯全集》第 26 卷(下),人民出版社 1979 年版,第 326 页。
④ [法]爱弥儿·涂尔干:《社会学与哲学》,梁栋译,上海世纪出版集团、上海人民出版社 2002 年版,第 89 页。

体,而非个体的方式。评价只有成为集体的,才能成为客观的。"①

人不能脱离自然界而存在,人本身也属于自然界。对人来说,自然界是外部世界,是独立于人之外的世界,但人的物质、精神、文化需要的满足,却需要从这个外在于人的世界中去获取。因此,自然界是人的生存和发展的客观条件、客观前提。人把外部世界作为自己的生存环境,在于人能从外部世界中,或者说能利用外界来满足自己的生存和发展的需要。因此,根据马克思主义价值观,首先应当承认客体或对象或外部世界是价值的来源。因为,人的需要的满足取决于满足需要的物或对象的属性,而不是取决于人自身的需要。就此来说,人与物或对象的价值关系的形成,取决于外部世界中的物的属性同人的主体需要之间的对应关系。换言之,就是人作为主体对外在于他的自然界中的他物是否满足他需要的一种肯定或否定的判断。简单来说,就是物或对象对人的利害关系或功利关系。那么,人凭什么能够对客体或对象与他的需要之间的相符与否做出判断呢? 人与物或对象之间的价值关系是如何形成的呢? 人和动物一样,都要依靠自然界,都要从自然界中获得生存的物质能量,但人从自然界中获得物质能量的方式与动物不同,动物可以凭借它的本能单纯地利用自然存在的客体或对象使自己的生存需要得到满足。"龙生龙,凤生凤,老鼠生儿会打洞"这句谚语说的就是这个道理。而人却不具备动物所具备的本能,因此需要靠自己的实践活动,通过改变自然世界,使它变成能够满足人的需要的存在世界。因此,物或客体或对象与人之间的价值关系的形成,需要以人的实践活动为中介。可见,客体或对象与人之间的价值形成,虽然要以客体或对象的某种属性为前提,但并不是直接以这种属性形成价值关系,而是要以人的实践活动为中介,人在实践活动中,在客体或对象的自然属性上增加了人化的属性,这样才能使客体或对象与人之间形成价值关系。比

---

① [法]爱弥儿·涂尔干:《社会学与哲学》,梁栋译,上海世纪出版集团、上海人民出版社2002年版,第91页。

如,树木的自然属性并不能直接满足人的家居需要,人要通过实践活动,以树木的自然属性为基础,增加人化的属性。实际上,树木的人化属性才是使树木与人之间形成价值关系的属性,因为树木要通过采伐、晾晒、加工之后才能变成满足人的需要的家具用品,它与人的价值关系才能形成。由此可见,人正是通过实践活动才能使客体或对象与人之间形成价值关系的。

那么,价值到底是取决于人还是取决于对象,抑或是取决于主客体双方呢?这些问题不搞清楚,就无法正当合理地判定客体或对象是否有价值,抑或是客体或对象的价值的多少。价值具有客观实在性,这无须怀疑。价值由三个要素构成:客体或对象;人及其需要;客体或对象与人的需要的关系。这也无须怀疑,因为这三个要素是客观存在的。客体或对象存在于人之外的物质世界,它的客观性是自然而然的;人属于自然界的一部分,人在自然界中存在必须与自然界发生物质能量交换,否则人就不可能存在,人本身及他对物质能量的需求,也是自然而然存在的;人对物质能量的需要必须要靠与自然界中其他物(客体或对象)发生相互作用来满足,只要人存在,这种相互作用就必须存在,因此,客体或对象与人之间的关系也是客观存在的。所以,价值的三个要素的客观性决定了价值是客观存在的。

问题是,价值是如何确定的呢?三要素分析只是说明了价值是客观存在的,而没有说明价值是如何确定的。对不同的个体或群体而言,同一个客体或对象的价值关系是不一样的。比如"酒"这种物质。"酒"对于苗族人来说是一种必需的东西,具有较高的价值。因此,苗族社会中发展出了相当丰富的酒文化。但"酒"这种物质对于穆斯林信徒而言,则不是一种好东西,没有任何价值,甚至具有的是负价值。因此,饮酒、卖酒、酿酒都是一种犯罪行为。由此来看,价值似乎是取决于人的。但也应该要看到,人的某种需要只能由某些客体或对象的某种属性来满足,因而,人是不能随心所欲地选择客体或对象。客体或对象的某种属性是人的选择的重要的制约因素。比如,人对营养的需要就只能通过粮食作物来满足,而不能以其他客体或对象来满足。这似乎说明,价值关系又主要取决于客体或对象。那么,价值到底是如何确定的呢? 我们认为,价值是由主客体双方共同确定的。一个物体或客体(对象)要有价值,基本前提就是这种客体或对象必须具有能够满足人的某种需要的某种属性。客体或对象的属性,即客体或对象的性能,是其在"内部联系与外部联系中表现出来的特性和能力"①。比如,流动性作为水的属性(性能)之一,本质上就是水在内部联系和外部联系中的表现。一般而言,绝大多数客体或对象都具有多种性能,这是由客体或对象的内部联系与外部联系决定的,与主体的存在没有任何关系。前面"酒"的例子说明,价值的确定首先要基于客体的某种属性。但价值作为一种人与物之间的关系,并不由客体或对象本身所决定,"酒"的例子也同样说明了这一点。价值的确定还必须有人的参与。没有人的需要,或者即便存在人的需要,但不与物发生任何联系,价值关系也不可能确定。这就说明,价值的确定既取决于客体或对象,也取决于人的需要,同时又取决于人的实践活动(使人本身与客体或对象关联起来)。如果人的需要不与物发生联系,即便有物的存在和人的需要的存在,价值关系也不能发生,因此可以说,物与人发生联系决定了价值的产生,无论是正价值还是负价值。而物与人发生联系依赖于人的实践活动,从这个角度上说,价值的确定和产生必然是由人的实践活动所决定的。

客体或对象的属性基本上是不变的。作为过程性存在的实践活动是不断地完成又不断地产生的,因而不断变动的,实践活动的不断变动将不断地改变人与物之间的关系,从而也就造成了没有变动的物在不同时期具有了与人的不同的价值联系。在此意义上,价值又是一个历史性的存在。

美国人类学家怀特指出,人类世界"不仅由当下构成,而且也由过去和将来构成。从时间上说,它不是毫无关联的诸事件的前后相继,而是在两个方面上——从无限的一端到无限的另一端——无止境的拓展着的连续体"。② 可

---

① 苗东升:《系统科学精要》,中国人民大学出版社 2010 年版,第 28 页。
② [美]A.怀特:《文化的科学》,山东人民出版社 1988 年版,第 46—47 页。

见,过去、现在(当下)和未来三个时间阶段对人类世界是相当重要的。人类世界的三个时间阶段当中,过去和现在都已成既定事实,而未来这个阶段,则因其指向未来,因而尚未确定,进而就具有了选择的可能性。未来的尚未确定性和可选择性,使人们在面对即将到来的未来时,"必然会提出一个'应该性'的问题,就必然要为自己的活动确立一定的目的"①。价值的历史性存在实际上就是物或客体或对象与人的目的之间的联系。因此,价值的社会历史性,实际上就是"人们对目的或'应该'的追求,就是人们对价值的自觉的、主动的追求"②的结果。正如马克思指出的那样:"对实践的唯物主义者即共产主义者来说,全部问题都在于使现存世界革命化,实际地反对并改变现存的事物。"③

人之所以要实际地反对并改变现存的事物,是因为事物的现存属性不能满足人的变化了的需要。有些具体的、特定的物或对象在满足人的某种需要之后,其属性发生了根本性变化,变成了不能满足人的需要的物或对象。这样,人就必须重新获得该类物质或对象,否则人的该类需要就不可能得到持续的满足。比如,具体的、特定的粮食在满足人在某个时刻对粮食的需要之后,就变成了不能再满足人的需要的物质。因此,人在下一时刻对粮食的需要,就必须用新的具体的、特定的粮食来满足。不仅物质或对象对人的需要的满足遵循这样的原理,非物质或对象对人的需要的满足也不能违背这个原理。比如,宗教需要的满足就遵循着这样的方式。在人的整个生命存在过程中,宗教需要是不可能仅仅通过一次性的仪式活动就能得到满足的,因为具体的、特定的仪式活动在举行之后就不存在了,它的属性也随着它的不存在而不存在了。人的宗教需要有可能是贯穿其一生的,因而需要不断的新的仪式活动来满足。在此意义上,人的某些需要的满足取决于物或对象本身的不断更替或再生产。但是,物或对象也可能在满足人的需要之后仍然保存其基本属性,而不是改变

---

① 汪信砚:《马克思主义哲学与价值哲学》,《社会科学辑刊》2004 年第 2 期。
② 汪信砚:《马克思主义哲学与价值哲学》,《社会科学辑刊》2004 年第 2 期。
③ 《马克思恩格斯选集》第 1 卷,人民出版社 1995 年版,第 155 页。

属性变成其他的物或对象。在这样的情况下，物或对象的相对稳定的属性，就
能够持续地满足人的不同时刻，以及同一时刻的不同需要。比如自然遗产。
自然遗产是相对不变的，它既可以在某个时刻满足人对美的需要，也可以在另
一时刻满足人同样的需要。另外，在同一时刻既可以满足人对美的需要，还可
以满足人的考古需要、教育需要、经济需要等。如此，我们就可看到，物或对象
对于人的价值关系而言，存在两种类型、三种情况。它们之间的联系或差异，
可以用下图来表示（见图7）。

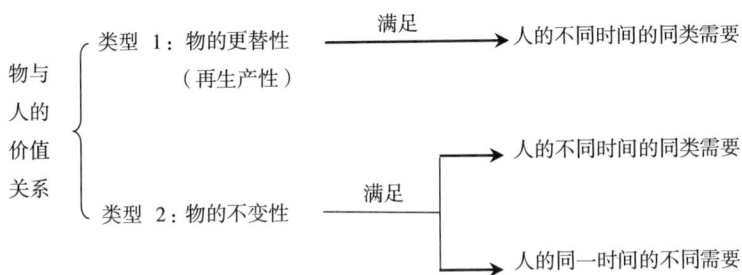

图7　物（客体或对象）与人的价值关系

　　无论是同一时间阶段中，还是在不同的时间阶段中，人都存在着多种多样
的需要。在同一时间阶段中，人的任何需要的满足都具有"具时性"的特点，
不同的需要由具有不同属性的物或对象（或类似属性的物或对象）来满足。
因此，在同一时间阶段中，满足人的需要的物或对象就不存在更替性或再生产
性的问题。但是，物或对象本身具有多种属性，每种属性都可能会满足人的不
同类型的需要。比如，少数民族宗教活动中的舞蹈动作和神词唱诵，一方面满
足了该民族祀神、祭神、娱神的崇拜需要，另一方面则可以满足其他民族的艺
术审美需要。因此，在同一时间阶段中，物或对象（物或对象的不变性）可以
满足人的不同类型的需要。而在不同的时间阶段中，人的同类需要既可以通
过物或对象的再生产来满足，也可以通过物或对象的不变性来满足。

　　价值是由物、人、实践构成的系统，所以这个系统离不开这三个基本要素，
这三个基本要素的作用和功能是不同的。由于人具有主动性，实践活动又是

人的主动性活动,而物只有被动作用没有主动作用,因此,物或对象在与人的相互关联中,是否具有价值意义,主要取决于人的主观状态和主观情感。比如,有时候我们愿意与某客体或对象密切接触,而有时候则避免与之接触,而物却不能决定是否与人接触。因此,"价值问题本质上是一个选择性的问题,人们依据自身的主体需求判定价值是什么,才会承认什么具有价值,价值评价因而也就成为价值自身确立的前提和生产的环节。"①从人是否愿意与某物或对象接触来看,价值意义是人对物或对象的一种主观态度。日本哲学家牧口常三郎教授认为,就人对物或对象的主观态度的性质来看,可以分为如下三对范畴②(见图8):

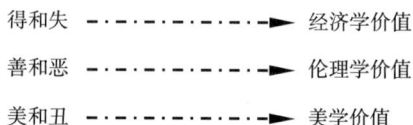

得和失 ▪━▪━▪━▪━▪━▪➤ 经济学价值

善和恶 ▪━▪━▪━▪━▪━▪➤ 伦理学价值

美和丑 ▪━▪━▪━▪━▪━▪➤ 美学价值

图8 价值的三对范畴关系

用"得"或"失"来表达人与物或对象之间的价值意义是恰当的。当一个物或对象在与人的相互关系中对人的生命存在有影响时,那么,这个物或对象对人而言就具有了价值上的意义(正价值或负价值)。当物或对象有助于人的生命存在时,那么它就具有了正向的价值,反之则是负价值。可见,用"得""失"来描述客体或对象与人的生命存在之间的有利或有害关系是合适的。

评价词"善"和"恶"通常是社会用于对个体行为价值意义的衡量。这两个评价词是用来表达社会自己所认可的价值的判断。根据这样的认识,"善"和"恶"这对评价术语,只有在社会赞扬或制裁某个人时才是适用的。尽管"善"和"恶"这对评价词在个人之间也常常使用,比如,他帮助了我,我得到了他的帮助,因而,他的行为对我来说就是"善"的,但是,"善""恶"在个人之间

---

① 高清海:《哲学的奥妙》,吉林人民出版社1997年版,第88页。

② [日]牧口常三郎:《价值哲学》,马俊峰、江畅译,中国人民大学出版社1989年版,第44—45页。

的适用范围是相当有限的。我们知道,虽然一个人的行为对另一个人的意愿来说可能是"善"的,但这个人的行为对社会或其他个人来说却可能是"恶"的,因此,在社会层面上,这个人的行为就不能被认为是"善"的。在此意义上,行为是否是"善"的,只能以一般公众普遍公认的是非标准为判断依据。由此可见,同一客体或对象被看作是"善"或"恶",主要取决于评价主体。

　　人的生命存在与动物的生命存在不同。人在日常生活中除了总是自然而然地保护自己的生命存在之外,更多需要的却是一种精神食粮的"安慰"。"对于人类来说,只有追求生命的价值与生活的意义才是人的存在。"①在此意义上,精神食粮甚至可以说是人维持其生命存在的更为基本的根基。古语"不食嗟来之食"所反映的基本内涵,实际上就是说"精神高于生物性的生命存在"。对于人而言,精神食粮在一定意义上甚至决定了人的生物性生命的存在。但是,人的精神食粮并不仅仅存在于人的头脑之中,它还要通过某个客体或对象来体现。换言之,就是人将他的精神食粮"赋予"这个客体或对象或某种外在的客观存在,从而使这个客体或对象或客观存在具有了有益于人的生命存在的价值意义。人的精神食粮主要表现在人关于美丑的看法上。但由于人的感官的不同,价值在实质上也必然是不同的。美(丑)得(失)善(恶)与人的价值意义关系如下图所示(见图9):

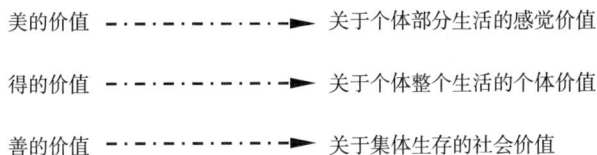

美的价值 ----------► 关于个体部分生活的感觉价值

得的价值 ----------► 关于个体整个生活的个体价值

善的价值 ----------► 关于集体生存的社会价值

图9　价值评价范畴与人的价值意义关系

　　"美(丑)""得(失)"的价值意义主要与个体相联系。就"得(失)"这类价值而言,它是一种直接影响个体生命存在及全部生活的相关力,因为个体生

---

① 孙正聿:《人的精神家园》,江苏人民出版社2014年版,第20页。

命存在和生存生活需要客体或对象来支持。比如,食物、住所、衣物等的得失将直接影响到人的生命存在和个体的生活状况。由于人的生命存在是以个体存在为具体载体,得失又主要是与生命存在密切相关,因此可以认为,得失是描述或表达客体或对象对个体的价值关系的。而"美(丑)"作为一种情感的或感觉的价值,它不与人的生命存在直接相连,即没有美(丑)评价,生命仍然可以照样存在。由于情感或感觉直接依赖于感觉器官,感觉器官又是具体存在于个体之中,因此,"美(丑)"价值仍然主要是对个体产生影响。比如色盲的人就无法欣赏到彩虹的美丽。但"美(丑)"价值对人的这种影响必然要以人的生命存在为前提。相对于"得(失)"价值而言,"美(丑)"价值只对个体的生命存在或生活产生间接的影响。人们根据快乐或不快乐这样的情感反应来评价客体或对象是否具有美的价值,最后对客体或对象做出美的或丑的判断,但无论客体或对象是美的还是丑的,对个体的生命存在而言,都没有产生直接的影响。因此,"美(丑)"价值不直接涉及到个体生命活动的安全问题。

既然得(失)价值对个人的生命生存产生着直接的影响作用,影响着个体的生命存在及具体个人的全部生活状况,那么,我们就可以将它称为"个体或具体个人的价值"。个体构成了社会或群体,客体或对象对社会或群体生活产生直接影响时所具有的价值,称为集体的和社会的价值。① 集体的和社会的价值,是得(失)价值上升到集体层面和社会层面而形成的,它以大多数人的生命存在为依据,常以善恶来描述和表达。但需要注意的是:得、善、美对应的主体划分是相对的,也就是说,得、善、美也可能与个体和群体都有关。

大多数哲学家认为,人的生命存在的意义是"求真、求善、求美",其中"真具有支配地位"②。"真"指的是真理。从哲学上来说,真理是指人对物质运

① 参见[日]牧口常三郎:《价值哲学》,马俊峰、江畅译,中国人民大学出版社1989年版,第74页。
② [美]穆蒂莫·艾德勒:《哲学是每个人的事》,薛笙、郗庆华译,北方文艺出版社2014年版,第27页。

动的正确的反应。虽然人的生命存在离不开真理,没有真理,人就无法改变世界而使世界满足人的需要,但真理是人的思维与存在的一种对应,对它的判断通常是相符还是不相符,但"相符与否"无论如何也难以说得上有没有意义。比如,就宗教这种客体或对象来说,无论从哪个方面来看,都不能认为它是真理,但宗教对人的存在来说却具有十分重要的价值。从这个意义上说,真或真理并不涉及价值判断的问题,尽管大量的价值判断通常以真理为基础。就此而言,"得、善、美"才更为合理地表现了客体或对象与主体之间的价值关系。

"得、善、美"作为主体评价客体或对象的不同价值态度,具有逻辑上的顺序性。客体或对象与主体产生价值关系,首要条件是主体与客体或对象要发生关联,这种关联就是"得"与"失"。主体对客体或对象的"得"与"失",不仅是一种客观事实关系,同时也包含有价值的评价关系。得到某个客体或对象,失去某个客体或对象,在客观存在层面上虽然是一种主体与客体或对象之间的事实关联,但伴随这种事实关联的却是人的生命存在的延续和人的需要的满足。因此,只要这种事实关联一经产生,主体对客体或对象的评价也就同时产生了。比如,"得"病与"失"病,"得"病这个事实的产生对人的生命存在、人的需要的满足不利,主体对客体或对象就产生了负面评价,而"失"去病痛这个事实则相反。从这个意义上说,"得"与"失"本身就含有事实和评价的统一。

对另外两类价值,即"善(恶)""美(丑)"的生发来说,它们必须要以主体与客体或对象之间发生联系为前提,因而也就表现为以"得(失)"为它们形成的先决条件。由于人的生命存在不仅是个体性存在,还是一种社会性存在,因此,"善(恶)""美(丑)"的价值态度则主要是与社会秩序的维持或社会的进步发展相联系。从"善(恶)""美(丑)"与社会联系的紧密程度来看,"善(恶)"与社会存在的联系更为紧密,因此,可以将它看成是主体与客体或对象之间价值态度的第二层次。"美(丑)"判断尽管与社会存在着联系,但它更多的是体现个体的心理活动,也更具抽象性和灵活性,因此可以将它划归为主体与客体或对象之间的价值态度的更深层次(见图 10)。同样需要注意的是,得、善、美的价值层次区分也只有相对意义,而没有绝对意义。

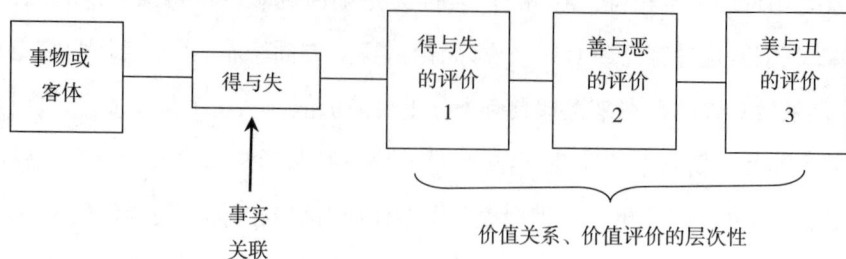

图 10　价值评价的认识及其层次关系

　　客体或对象与主体之间价值关系的评价需要根据一定的参照标准。当不同主体所依据的参照标准不同时,所得到的价值关系也就不一样,这一原理对于善恶、美丑、得失的评价都适用。当主体用"有用的"或"有利的"等词语来描述或表达一个客体或对象对于自己的价值意义时,我们就可以认为,客体或对象与主体之间主要以"得失评价"为主要态度。由于"得失评价"通常与人的生命存在直接相关,因此,人通常会以一种比较强烈的感情来对待它。当主体对客体或对象产生这种评价时,主体是打算利用它,而不是在心醉神迷的感觉中去评价它,因此在评价时主体通常会比较小心、谨慎。客体或对象与主体之间的这种"得失关系"通常被称为"经济价值"。

　　当主体用"好的""美的""令人舒适的""令人愉快的"等词汇来描述和表达一个客体或对象对于自己的价值意义时,我们可以认为,主体与客体或对象之间以愉悦的感觉为其价值态度。当主体以愉悦感为评价参照标准时,生命存在、生存安全等与生命直接相关的因素则通常很少为评价主体所考虑,评价主体这时所考虑的只是高兴还是不高兴、愉快还是不愉快。高兴与不高兴、愉快与不愉快的评价不直接与生命存在相关,因此评价时也就无须思前想后、谨慎小心。在以愉悦感为评价态度的标准下,主体与客体或对象的关系有两种情况:一种是得到并占有客体或对象,假如主体认为力所能及或无须费很大力气就能得到它的话;另一种则是当主体认为客体或对象已经超出他能力所及范围时对客体或对象的钦佩、崇拜、服从。客体或对象与主体之间的这种以愉悦感为参照标准的价值关系就是"审美价值"。

真正的"善"是对人类总体或社会全体而言的。一个客体或对象能不能被称为是"善"的,主要是看它与人类或社会的共同需要是否契合。如果一个客体或对象与人类的需要、社会的需要相符合,那么它就能被冠以"善"这样的名称。就它不损害人类的有序性、社会的秩序性,或者就它有助于社会的进步和发展而言,人们就会努力地去维护它、保护它、爱护它、尊敬它。一旦有个体伤害它、亵渎它,人们就会谴责他、诅咒他、疏离他。伦理、道德价值是适用于客体或对象与社会之间的这种评价关系的。

如前所述,得失、美丑、善恶作为描述和表达评价的词语,对它们所进行的区分只具有相对的意义。在现实中,一个客体或对象与人之间的价值关系,通常是得失、美丑、善恶三者的交织。最简单的例子,如饮食,不仅仅要考虑人的营养需求的满足,色、香、味更是人们的追求。因此,与得失、美丑、善恶相对应的经济价值、审美价值、道德价值,也就没有绝对相互区别的含义,它们通常都是相互交织、相互绞缠的。这就是说,任何客体或对象对于人而言,通常都不是单一的价值关系,而是三种价值类型的统一综合体。差异之处或许仅在于:在不同的阶段中或对不同的主体而言,哪种价值类型被考虑得相对较多,占主导地位而已。但是,人所有实践活动的目的都在于使人能够在世界上存在,就此而言,客体或对象与人之间所形成的任何价值类型,本源意义上都应该和人的生命存在相关联。假如客体或对象无助于人的生命存在或损害人的生命存在,那么,无论如何都不能说这个客体或对象很有价值。假如客体或对象具有有助于人的生命存在的性质,但尚未被人所认识,那么,它的价值就有可能会被人所忽视,或者被认为是没有价值的。没有价值的客体或对象肯定不是人想得到的,现实中不少非物质文化遗产之所以消亡,可能就是这个原理在起作用。

二、非物质文化遗产保护价值的
现有认识及其批判

美国系统哲学家欧文·拉兹洛(Ervin Laszlo)指出:"归根结底,文化是受价值导引的体系。……价值标准决定文化实体内的人对理性、感情体验的深刻意义、想象的丰富和信仰的深度的需求"①,"在文化领域内,没有什么东西会使人脱离开价值标准的范围"②。这就是说,文化本质上是由价值引领的,没有价值就没有文化。那么,保护传承非物质文化遗产有什么价值呢? 不少专家学者从多角度、多层面对此进行了不懈的探索和研究,并取得了大量很有价值的成果。综合现有研究来看,专家学者们大多认为,非物质文化遗产保护传承的价值大致包括以下几个方面:

历史价值。很多专家学者都十分强调非物质文化遗产的历史价值。比如,王文章先生等人指出:"无论是何种非物质文化遗产,总有其产生的特定历史条件,总带有特定时代的历史特点,通过这些非物质文化遗产,我们就可以了解到特定历史时期的生产发展水平、社会组织结构和生活方式,个体与个体之间的相互关系、道德习俗及思想禁忌。"③王鹤云认为:"非物质文化遗产蓄积了不同历史时代的精粹,保留了最浓缩的民族和地域特色,承载了过去,孕育着未来。人们可以通过有形的文化遗产和无形的文化遗产同遥远的祖先沟通,看到他们的身影,了解他们的生活状态,了解他们的思想,感受到他们的情感和智慧,辨认出他们一步一步走过来的脚印。"④刘洪燕、王宇以吕剧为例

---

① 〔美〕E.拉兹洛:《用系统的观点看世界》,闵家胤译,中国社会科学出版社1985年版,第92页。

② 〔美〕E.拉兹洛:《用系统的观点看世界》,闵家胤译,中国社会科学出版社1985年版,第96页。

③ 王文章主编:《非物质文化遗产概论》,文化艺术出版社2010年版,第84页。

④ 王鹤云:《非物质文化遗产的多元价值分析》,《中国文化报》2008年7月16日。

阐述了非物质文化遗产的历史价值。"吕剧艺术作为一种非物质文化遗产，承载着丰富的历史，是过去时代流传下来的历史财富，我们可以从中活态地认识、了解历史。吕剧蓄积了不同历史时代的精萃，保留了最浓缩的地域特色，是齐鲁历史的活态传承。它反映了齐鲁人民的世界观、生存状况，折射出了整个齐鲁人的集体心态和行为模式，是活的历史，提供了让人们以直观的、形象生动的活态形式认识历史的条件"①。国际性的宪章、公约等文件也十分重视非物质文化遗产的历史价值。如澳大利亚的《巴拉宪章》规定：文化遗产（包括非物质文化遗产）的重要性"指对过去、现在及将来的人们具有美学、历史、科学、社会和精神价值。"②联合国教科文组织《保护传统文化和民俗的建议》也指出："注意到其社会、经济、文化和政治重要性，在人类历史中的角色"，③等等。

文化价值。绝大多数专家学者在谈到非物质文化遗产的价值时都会指出其文化价值。比如，王文章等人主张："非物质文化遗产包含丰富的文化资源，是巨大的文化财富，鲜活生动地记录了不同民族、种群的杰出智慧和聪明才智、天才创造，是认识这些民族、种群文化史的活化石，极其珍贵。"④王鹤云认为："非物质文化遗产是不同群体或不同民族的文化积淀，反映了人类社会在漫长历史中所形成的文化和传统，是人类文明的组成部分。……具有重要的文化价值，成为该民族或群体存在的标志和发展的根基"，⑤等等。

精神价值。精神价值也是不少专家学者着重突出的保护传承非物质文

① 刘洪艳、王宇：《非物质文化遗产的多元价值探讨》，《山东社会科学》2010 年第 179 卷第 7 期。

② 国际古迹遗址理事会澳大利亚国家委员会"巴拉宪章"。国际古迹遗址理事会西安国际保护中心//文件宣言//国际宣言：http://www.iicc.org.cn/Info.aspx? ModelId = 1&Id = 328。[2017-06-07]

③ 联合国教科文组织"保护传统文化和民俗的建议"。国际古迹遗址理事会西安国际保护中心//文件宣言//国际宣言：http://www.iicc.org.cn/info.aspx? modelid = 1&id = 304。[2017-06-07]

④ 王文章主编：《非物质文化遗产概论》，文化艺术出版社 2010 年版，第 86 页。

⑤ 王鹤云：《非物质文化遗产的多元价值分析》，《中国文化报》2008 年 7 月 16 日。

遗产的重要根据。如王鹤云指出:"非物质文化遗产……蕴含着所属民族或群体的文化基因、精神特质,沉淀着发展的经验、生存的智慧,……因此可以说,非物质文化遗产……具有传承和凝聚民族精神的重要作用,是维系民族存在发展的生命动力、精神依托,是实现民族文化复兴、社会可持续发展的源泉,是人们的'精神家园'"①;王文章等人也认为:"非物质文化遗产中深深蕴藏着所属民族的文化基因、精神特质,这些维系民族血脉的元素反过来又世代塑造并延续了这些民族一脉相承的基本相同的生活态度和社会行为,形成民族特有的文化传承。"②厉春雷认为:"非物质文化遗产是抽象的文化思维,是不同民族独特创造力和民族精神的体现,作为一种地域性的民族文化产物,非物质文化遗产反映了民族的集体生活,它对应着特定的风土人情,包含着历史地理和风俗的因素,反映着民族的生活、思想、情感和文化。反过来,非物质文化遗产的世代传承又塑造并延续了一个民族一脉相承的生活态度和社会行为,规定了亲切的民族群体心理的皈依关系"③;向云驹认为:非物质文化遗产是"一个民族精神家园的文化根基所在;也是我们得以继承优秀文化传统,发展先进文化的理论根据。保护非物质文化遗产,就是要传承和发展我国悠久的文化传统,强固民族记忆,丰富民族情感,激扬民族精神",④等等。

科学价值。学术界和理论界也十分强调科学价值为保护传承非物质文化遗产的重要根据。如王文章等人指出:"非物质文化遗产作为历史的产物,是对历史上不同时代生产力发展状况、科学技术发展程度、人类创造能力和认识水平的原生态的保留和反映,传承这些非物质文化遗产,是后人获取科技资

---

① 王鹤云:《非物质文化遗产的多元价值分析》,《中国文化报》2008年7月16日。
② 王文章主编:《非物质文化遗产概论》,文化艺术出版社2010年版,第89—90页。
③ 厉春雷:《非物质文化遗产的价值审视:基于生存资源与文化资本的两个维度》,《生产力研究》2012年第1期。
④ 向云驹:《从自在走向自觉——论保护非物质文化遗产在建设社会主义核心价值体系中的作用与地位》,《文化学刊》2008年第10卷第2期。

料、掌握科技信息的基本方式之一"①,"某些非物质文化遗产本身具有相当高的科学含量和内容,有较多的科学成分和因素"②。王鹤云认为:"非物质文化遗产……是对历史上不同时期的生产力发展状况、科学技术发展程度、人类创造能力和认识水平的原生态保留和反映,是后人获取科技信息的源泉。……许多非物质文化遗产本身含有相当程度的科学因素和成分(如中国的传统医药、传统酿酒技艺),具有科学研究的价值,为后人创新奠定了基础。……非物质文化遗产不仅本身具有较多的科学内容,还给我们提供了极其丰富的史料和极有学术价值的资料",③等等。

审美价值。几乎所有的专家学者都强调了非物质文化遗产保护传承的审美价值。王文章等人指出:"非物质文化遗产中有大量的艺术作品,……流传到今天,说明其审美水平和创造美的能力得到了历史上不同时代人们的认可、接受和赞美、欣赏,因而含有极高的审美价值,也值得今天的人们去认识、欣赏和研究";④王鹤云认为:非物质文化遗产"展示着一个民族或群体的生活风貌、艺术创造力和审美情趣"⑤,"具有极高的艺术价值、欣赏价值,其中有许多天才的艺术创造,孕育了无与伦比的艺术技巧,更能深深打动人的心灵,触动人的情感","是进行文化艺术创造取之不尽的源泉"⑥;等等。

教育价值。教育价值也是许多专家学者着力秉持的非物质文化遗产保护传承的根据。王文章等人指出:非物质文化遗产"除了包含丰富的历史文化知识、大量的科学知识,还有许多极富审美价值的文化艺术精品,值得用这些重要的、科学的、美丽的知识和内容去进行个体教育、学校教育、社会教育。"⑦

---

① 王文章主编:《非物质文化遗产概论》,文化艺术出版社 2010 年版,第 97 页。
② 王文章主编:《非物质文化遗产概论》,文化艺术出版社 2010 年版,第 101 页。
③ 王鹤云:《非物质文化遗产的多元价值分析》,《中国文化报》2008 年 7 月 16 日。
④ 王文章主编:《非物质文化遗产概论》,文化艺术出版社 2010 年版,第 112 页。
⑤ 王鹤云:《非物质文化遗产的多元价值分析》,《中国文化报》2008 年 7 月 16 日。
⑥ 王鹤云:《非物质文化遗产的多元价值分析》,《中国文化报》2008 年 7 月 16 日。
⑦ 王文章主编:《非物质文化遗产概论》,文化艺术出版社 2010 年版,第 118 页。

刘洪艳、王宇认为:非物质文化遗产具有重要的德育渗透价值。比如山东吕剧艺术,可以使"学生通过欣赏吕剧作品来增长人文历史知识,加深学生对山东历史的了解,激发自豪感","触动学生的情感,震撼学生的心灵,让学生在赏心悦目中去认识人生,认识真善美,树立正确的世界观、人生观和价值观。"①王鹤云提出:"非物质文化遗产中包含了丰富的历史知识、科学知识、传统技艺、艺术精品资源,是开展学校教育、社会教育的重要知识来源,非物质文化遗产中所包含的伦理道德、行为规范,更是教育年轻一代正确地为人处世,培养社会良好风气的重要内容。"②程惠哲认为:"非物质文化遗产含有大量的传统伦理道德资源,有助于促进和谐。非物质文化遗产能使个体顺利完成社会化过程,有助于实现个体与社会的和谐"③;等等。

经济价值。几乎所有的研究者都将非物质文化遗产的经济价值作为为什么要保护传承的最基本的理由,这也是研究者们着墨最多的方面。王文章等人指出:"对那些非物质文化遗产中的工艺性、技艺性项目,进行产生效益的生产性保护,如剪纸、年画、风筝、鼻烟壶等项目的开发,就可成为提供就业机会和产生经济效益的生产行业,就会给项目保护带来可持续性的长远发展"④,"将非物质文化遗产中有转化条件的文化资源转化成为现实经济发展、转化成为文化生产力,产生经济效益,才能使非物质文化遗产得到持久的、有深厚基础的传承。"⑤陈天培提出:"非物质文化遗产,如各具特色的雕塑、绚丽多彩的少数民族服饰、丰富多彩的民间技艺、美味可口的饮食以及民间文学艺术、民间舞蹈、歌曲等。这些都是能够带来经济效益的文化资源,对这些内容丰富的非物质文化遗产进行认真梳理和挖掘,将会极大地开拓文化经济的资

---

① 刘洪艳、王宇:《非物质文化遗产的多元价值探讨》,《山东社会科学》2010年第179卷第7期。

② 王鹤云:《非物质文化遗产的多元价值分析》,《中国文化报》2008年7月16日。

③ 程惠哲:《非物质文化遗产的和谐价值》,《百色学院学报》2008年第21卷第1期。

④ 王文章主编:《非物质文化遗产概论》,文化艺术出版社2010年版,第123页。

⑤ 王文章主编:《非物质文化遗产概论》,文化艺术出版社2010年版,第123页。

源范围,对一些濒临灭绝的非物质文化遗产的保护,将更有利于我们的文化经济建设的可持续发展。"①黄胜进提出:应该将"文化遗产"转化为"文化资本",进而转化为"经济资本"。这种转化需要一些"既有全球文化的战略性大视野和先进理论,又真正掌握本土文化资源的人文学科的专家。由这些人文学者或文化专家发挥他们的聪明才智,把我们中华民族的非物质文化遗产、优秀的传统文化等等文化资源转变为一种文化资本,形成一种良性循环发展的'文化生态'"。②王鹤云认为:"非物质文化遗产……也是音乐、戏剧、电影、广播、电视、旅游、饮食、服饰制作、制药业等产业发展取之不尽的资源。……许多地方将非物质文化遗产作为旅游项目开发,取得了令人瞩目的经济效益,文化旅游经济已成为当今世界旅游业的重要组成部分"③;等等。

政治价值。在为何要保护传承非物质文化遗产的众多根据论述中,政治价值也是专家学者们一再强调的重要方面。厉春雷提出:"非物质文化遗产……是规范人们思想观念、行为方式的一种基本力量,能够……使人们凝聚为一个共同整体的一系列共享的意义、信仰和价值,进而促进个体与社会的和谐","非物质文化遗产是现代民族国家共同体的构成基础与重要标识,是捍卫国家文化主权和维护国民文化身份,保证国家文化安全的基本依据。"④向云驹认为:"保护非物质文化遗产在建设中华民族共有精神家园中作用突出;作为当代中国文化的民族精神和时代精神圆心的社会主义核心价值体系,就是以非物质文化遗产中的理想、信仰、道德、伦理、审美观、艺术、科学、教育、历史等等作为圆周。"⑤王鹤云认为:"文化能影响政治进程。……文化的任何变

---

① 陈天培:《非物质文化遗产经济价值》,《改革与战略》2006年第21卷第5期。

② 黄胜进:《从"文化遗产"到"文化资本"——非物质文化遗产的内涵及其价值考察》,《青海民族研究》2006年第17卷第4期。

③ 王鹤云:《非物质文化遗产的多元价值分析》,《中国文化报》2008年7月16日。

④ 厉春雷:《非物质文化遗产的价值审视:基于生存资源与文化资本的两个维度》,《生产力研究》2012年第1期。

⑤ 向云驹:《从自在走向自觉——论保护非物质文化遗产在建设社会主义核心价值体系中的作用与地位》,《文化学刊》2008年第10卷第2期。

动、文化存在结构的任何变动,都意味着一种权力的变动,一种政治关系的变动。……对发展中国家来讲,非物质文化遗产属于国际竞争中的优势资源,起着维系民族生存和国家安全的重要作用。"①柳长华提出:"中国非物质文化遗产所蕴含的中华民族的强烈认同感是超越社会变迁、维系情感交融的特殊纽带。保护和利用好中国非物质文化遗产对民族精神的凝结和绵延,对培育民族认同感、增强社会凝聚力和创造力,对实现中华民族的伟大复兴有着不可估量的作用和意义"②;等等。

文化多样性价值。以追求文化多样性作为保护传承非物质文化遗产的依据,也是一种被普遍接受的观点。实际上,联合国教科文组织通过的一系列文化保护决议,大都以此作为基本根据。《公约》在前言和定义中强调指出,尊重和保护非物质文化遗产是为了促进文化多样性和人类的创造力,是为丰富世界文化多样性和人类创造性做出的贡献。《世界文化多样性宣言》则主张:"在日益走向多样化的当今社会中,必须确保属于多元的、不同的和发展的文化特性的个人和群体的和睦关系和共处","文化多元化与民主制度密不可分,它有利于文化交流和能够充实公众生活的创作能力的发挥"③。《实施教科文组织世界文化多样性宣言的行动计划要点》强调:"促进文化多元化方面的知识与成功实践的交流,为多元化社会中来自四面八方具有不同文化背景的个人和群体的融入和参与提供便利。"④《宣布人类口头和非物质文化遗产代表作条例(1998)》要求:"各国政府、非政府组织和地方社区采取行动,对那些被认为是民间集体保管和记忆的口头及非物质遗产进行鉴别、保护和利

---

① 王鹤云:《非物质文化遗产的多元价值分析》,《中国文化报》2008 年 7 月 16 日。

② 柳长华:《非物质文化遗产保护能为我们带来什么?》,《西安交通大学学报》(社会科学版)2008 年第 28 卷第 4 期。

③ 《世界文化多样性宣言》,张松编:《城市文化遗产保护国际宪章与国内法规选编》,同济大学出版社 2007 年版,第 132 页。

④ 《实施教科文组织世界文化多样性宣言的行动计划要点》,张松编:《城市文化遗产保护国际宪章与国内法规选编》,同济大学出版社 2007 年版,第 133 页。

用",并认为"只有这样,才能保证这些文化特异性永存不灭"①;等等。

创新价值。王文章等人指出:"非物质文化遗产中的艺术文化资源是人类艺术之源,是不同民族群体艺术、文化得以发展的土壤和天空"②,"非物质文化遗产为新的文艺创作和文艺创新提供了不竭的源泉"③。寇占奎指出:"任何新的艺术形式的诞生或者新的作品的出现,都会借助于已有的文化,借鉴、吸收是知识创新的基本模式,传统元素在这一过程中的作用是不可替代的"④,"我国丰富多彩的非物质文化遗产,为我们的文化创新提供了优越的基础条件";⑤等等。

以上几类价值类型是专家学者们通常所坚持的保护传承非物质文化遗产的基本理由和依据。此外,还有不少专家学者认为,文化主权、文化平等权、文化认同权、文化经济权、文化产业发展、社会和谐、道德发展等也是保护传承非物质文化遗产的重要依据。

尽管目前学术界和理论界对为什么要保护传承非物质文化遗产提供了较好的解释、说明,但我们认为仍然存在一些有待澄清的地方。

第一,缺乏一种以人作为"种存在"或"类存在"的视角,从而使非物质文化遗产保护传承的理由、根据大都或明或隐地存在着民粹主义或民族主义的思想倾向。从世界物种来看,人首先就是一种"类存在"和"种存在",因此,非物质文化遗产的保护传承,需要从人作为自然界中的一个"种群"存在和"类群"存在的层面上提出相应的理由和根据。马克思指出:"人是类存在物,不

---

① 《宣布人类口头和非物质遗产代表作条例(1998)》,中国艺术研究院主办:中国非物质文化遗产网//法规文件//联合国教科文组织文件,http://www.ihchina.cn/3/10356.html,2017 年 5 月 30 日。

② 王文章主编:《非物质文化遗产概论》,文化艺术出版社 2010 年版,第 115 页。

③ 王文章主编:《非物质文化遗产概论》,文化艺术出版社 2010 年版,第 115 页。

④ 寇占奎:《非物质文化遗产保护的社会价值分析》,《河北广播电视大学学报》2010 年第 15 卷第 4 期。

⑤ 寇占奎:《非物质文化遗产保护的社会价值分析》,《河北广播电视大学学报》2010 年第 15 卷第 4 期。

仅因为人在实践上和理论上都把类——他自身的类以及其他物的类——当做自己的对象;而且因为——这只是同一种事物的另一种说法——人把自身当做现有的、有生命的类来对待,因为人把自身当做普遍的,也是自由的存在物来对待"①,"从理论领域来说,植物,动物,石头,空气,光等等,一方面作为自然科学的对象,一方面作为艺术的对象,都是人的意识的一部分,是人的精神的无机界,是人必须事先进行加工以便享用和消化的精神食粮;同样,从实践领域说来,这些东西也是人的生活和人的活动的一部分。人在肉体上只有靠这些自然产品才能生活,不管这些产品是以食物、燃料、衣着的形式还是以住房等等的形式表现出来。在实践上,人的普遍性正是表现为这样的普遍性,它把整个自然界——首先作为人的直接的生活资料,其次作为人的生命活动的对象(材料)和工具——变成人的无机的身体。"②马克思的这一长段论述就是说,人在与世界相互作用的过程中是作为一个"种类"与自然界中的其他"物种"或"物类"发生联系的。非物质文化遗产作为人类与自然界互动的产物,在本质上就是人作为"类"存在通过实践活动而使自然界的其他"类"存在发生了人化变异的结果。对此,马克思还做了深刻的说明:"劳动这种生命活动、这种生产生活本身对人来说不过是满足一种需要即维持肉体生存的需要的一种手段。而生产生活就是类生活。"③这意味着,人通过劳动(实践)使自然界人化不过是使人作为"类"或"种"在自然界中存在而已。在此意义上,我们在考察保护传承非物质文化遗产的依据和理由时,就不能忽视人的"类"或"种"存在的角度。但从现在的分析中却很难看出有从人的"类"或"种"存在层次上而进行的考察。绝大多数辩护、解释、说明通常都局限于某个群体、某些民族的某项文化传统中。某个群体、族群的某项非物质文化遗产对该群体、族群或许是有价值的,但对其他群体、族群来说则未必有价值,甚至有可能还

---

① 《马克思恩格斯文集》,人民出版社 2009 年版,第 161 页。
② [德]马克思:《1844 年经济学哲学手稿》,人民出版社 2000 年版,第 56 页。
③ [德]马克思:《1844 年经济学哲学手稿》,人民出版社 2000 年版,第 57 页。

是灾难。这就是说,对这项非物质文化遗产保护传承的辩护,未必就一定具有确实的合理性和正当性。比如,某宗教传统认为,必须"通过处决异端来洁净大地,因为他们虚假的信仰败坏了大地"。① 这种宗教传统的保护传承对维持该宗教社会、团体、成员的认同来说,具有非常重要的价值,但对其他不信仰该宗教的人来说,则未必是福音,反而可能是一种灾难。当面临这种情况时,该项非物质文化遗产是要保护还是不要保护呢? 目前的已有研究和考察,皆未能给出充分的理由和根据。

第二,研究方法单一粗略,缺乏整体性和系统性。"研究方法制约着研究者的眼界和视野,规定着科学家的思维过程和活动程序,最终影响甚至决定着主体对于客体或对象把握的广度、深度和正确程度。"②从这个角度上说,研究结果或结论是否具有客观真理性,很大程度上取决于研究所运用的方法合适与否。古语"工欲善其事,必先利其器",说的也就是这个道理。方法的适当与否甚至还是科学发展的主要动力。美国著名方法论研究学者威尔逊(E. Bright Volson)指出:"一个老问题的解决,往往是由于得到了来自其他渠道的新的试验技术或新的理论。"③我国学者韩新民也正确地指出:"科学理论的突破,往往首先是方法论的突破,一个新方法的形成,往往意味着一个新的理论体系的诞生和旧理论体系的扬弃。"④纵观科学发展史也可以看出,不少新发现的出现、新理论的获得和提出,都得益于方法上的创新。这说明,方法在一定程度上决定了研究结果的真理性,这不仅在理论上为人们所认同,在实践上也得到了确证。

然而,纵观现有的关于非物质文化遗产保护传承理由及根据的研究,就可

---

① [美]路易斯·P.波伊曼:《宗教哲学是什么》,黄瑞成译,中国人民大学出版社 2014 年版,第 79 页。

② 欧阳康、张明仓:《社会科学研究方法》,高等教育出版社 2001 年版,第 4 页。

③ [美]E.B.威尔逊:《科学研究方法论》,石大中等译,上海科学技术文献出版社 1988 年版,第 1 页。

④ 韩新民:《系统方法论与社会科学研究》,《南京大学学报》1994 年第 1 期。

以发现,目前专家学者们所使用的方法几乎都是"列举法",即罗列出保护传承非物质文化遗产的价值类型,以此来为为何要保护传承非物质文化遗产提供正当性和合理性依据。"列举法"是一种简单、直接、便利的方法,通常只用来分析、研究相对简单的事物对象,将这种方法运用到分析非物质文化遗产保护传承的理由和根据上来,则有些过于单一和粗略。根据联合国教科文组织的定义,非物质文化遗产包括五大类型,其中又包含了许多小类型,小类型中又包含了大量更小的类型;而且,非物质文化遗产虽然以其非物质性为本质,但许多非物质文化遗产都必须凭借物的形式来体现。比如传统手工艺类,虽然其非物质性表现为技艺、技能,但技艺、技能必须通过掌握的人制造出相应的物才能体现出来。可见,非物质文化遗产是一种相当复杂的客体或对象。从这个角度来看,通常适用于研究简单事物的"列举法",显然不大适用于非物质文化遗产这种复杂客体或对象的研究。前面所分析的关于非物质文化遗产保护传承的价值类型,几乎没有哪位专家学者能全部列举出来。而且,如果采用"列举法"的话,还可以列举出更多的价值类型。此外,"列举法"不能展现所列举价值类型彼此之间的联系,以及不同价值类型的重要程度、关键与否,也即无法进行价值因素排序。比如,在前面所分析的非物质文化遗产保护传承价值类型中,哪些是最基本的?哪些是附属的?哪些是价值更大些的?哪些价值居于次要地位?假如保护传承某项非物质文化遗产的价值类型发生冲突时,我们将如何取舍呢?显然,"列举法"是无法对此作出正确合理的回答。再者,正如梁漱溟先生所说的,此种列举很难周备,即使周备,而所举的愈多,愈没有一个明了正确的观念。①

第三,论证模糊,缺乏清晰明确性。知识很大程度上来自于清晰的、严密的论证。英国哲学家 H.P.里克曼指出:"认识事物并非一个让现实自己印到我们心上的过程。我们所接受的信息,只有在它们适合于有关我们的思维能

---

① 参见梁漱溟:《东西文化及其哲学》,商务印书馆 2010 年版,第 27 页。

力和研究课题本质的整个观念情境和前提时,才能成为知识。"①这就是说,认识结果只有在严格论证和严密推理的基础上才可能是正确的。对此,H.P.里克曼还进一步指出:"我们只应接受建立在经过彻底的、批判的考察的证据和正当的推理之上的真理。"②然而,反观目前关于非物质文化遗产保护传承理由和根据的分析,不仅可以发现这些理由和根据的提出都具有很大的随意性,而且还可以看到这些理由和根据的提出基本上没有任何事实证据,更遑论严格论证和严密推理了。比如,广为人们所引证的联合国教科文组织的"文化多样性……对人类来讲就像生物多样性对维持生物平衡那样必不可少"的观点,在《世界文化多样性宣言》中并没有得到彻底的、批判的论证和推理。卢克·费里(Luc Ferry)的看法是很有道理的。他认为:从生物学主义到社会学主义的关于人类环境的一切简化论的种种解释都是有局限性的。③ 因此,这种未经彻底的、批判的论证和推理将"生物多样性"延伸到"文化多样性"的观点,未必是真知灼见,甚至还可能是谬误。再如,很多专家学者都认为,"文化价值"是我们提倡保护传承非物质文化遗产的重要根据之一。暂且不论"文化"这一概念的复杂性,光是"为什么说它是有文化价值的?""对哪些文化有价值?""是对所有的文化还是对某些文化有价值?""对谁的文化有价值?""这些价值是如何起作用的?"等等问题,目前的研究根本就没有予以考虑,也可能是根本就没有意识到这些问题。

第四,分析存在形而上学性,缺乏辩证性思维。恩格斯在《路德维希·费尔巴哈与德国古典哲学的终结》中指出:"一个伟大的基本思想,即认为世界不是既成事物的集合体,而是过程的集合体,其中各个似乎稳定的事物同它们在我们头脑中的思想映象即概念一样处在生成和灭亡的不断变化中,在这种

---

① ［英］H.P.里克曼:《理性的探险》,姚休等译,商务印书馆1996年版,第5页。

② ［英］H.P.里克曼:《理性的探险》,姚休等译,商务印书馆1996年版,第11页。

③ 转引自［法］阿兰·图海纳:《我们能否共同生存?》,狄玉明、李平沤译,商务印书馆2005年版,第39页。

变化中,尽管有种种暂时的倒退,前进的发展终究会实现。"①恩格斯的这种辩证思想告诉我们:世界上的万事万物,包括人们的观念、意识,都不是绝对静止的、孤立的,不是一个个既成的、静止的事物的堆积,而是处在永远变化运动着的、发展着的过程当中。恩格斯还指出:"当我们通过思维来考察自然界或人类历史或我们自己的精神活动的时候,首先呈现在我们眼前的,是一幅由种种联系和相互作用无穷无尽地交织起来的画面。"②这也就是说,整个世界还是一个充满着内在联系的有机整体。因此,分析事物、客体或对象,包括人们的思想观念,都应该从变化性和联系性去分析。对此,恩格斯还指出:"辩证法在考察事物及其在观念上的反映时,本质上是从它们的联系、它们的联结、它们的运动、它们的产生和消逝方面去考察的。"③而目前关于非物质文化遗产保护传承的辩护、说明,既没有从普遍联系的角度,也没有从运动变化的角度来进行分析。正如恩格斯所指出的那样,这种缺乏辩证联系的形而上学思维,看到的只是"一个一个的事物,忘记它们互相间的联系;看到它们的存在,忘记它们的生成和消逝;看到它们的静止,忘记它们的运动;因为它只见树木,不见森林"。④ 这种忽视辩证法的研究"是不能不受惩罚的"⑤。

第五,分析立场不清、主体取向混杂。一般来说,只有对人而言,非物质文化遗产的保护传承才有价值。但人的存在有不同的层次,既作为"种""类"存在,也以族群、群体方式存在,还以个体形式存在。而现有的关于非物质文化遗产保护传承的辩护、说明,既没有说明非物质文化遗产保护传承到底是对作为"种类"存在的人有价值,还是对民族、群体有价值,还是对以个体存在的人有价值,而只是笼统地分析其这样那样的价值。一旦非物质文化遗产保护传

① 《马克思恩格斯选集》第4卷,人民出版社2012年版,第250页。
② 《马克思恩格斯文集》第9卷,人民出版社2009年版,第23页。
③ 《马克思恩格斯文集》第9卷,人民出版社2009年版,第25页。
④ 《马克思恩格斯文集》第3卷,人民出版社2009年版,第24页。
⑤ 恩格斯:《自然辩证法》,人民出版社1971年版,第43页。

承和人的不同层次的存在有冲突时,这些所谓的保护理由和保护根据就无法提供有效的辩护、说明了。

此外,目前的探讨和研究实际上是从非物质文化遗产本身的价值方面来为为何要保护传承非物质文化遗产辩护的,还尚未发现有对非物质文化遗产"生产性保护"的价值进行分析的。非物质文化遗产是一种"物""客体(或对象)",而"生产性保护"则是一种"实践活动"。显然,对物、客体或对象的价值分析不能代替对作为行为的实践活动的价值分析,因为它们具有不同的性质。

三、非物质文化遗产"生产性
保护"的价值正当性

任何科学研究都必然包含两个部分,即问题和方法。方法之于问题是相当重要的。"科学合理的研究方法,通过对于研究主体的思维、行为和活动等在方向、方式、节奏、强度、顺序和速度等方面的支配、调节和控制,使主体的自觉活动模式和客体或对象的自发运动形式相吻合,使主体的主观活动逻辑与客观发展逻辑相接近,为科学研究的顺利有效开展提供方法论条件","研究方法的多寡优劣及其应用水平,直接地影响着科学研究的效果、效率、效能。"①因此,当问题确定之后,正确的、恰当的方法就成为问题能否得到正确回答的关键。方法之于问题的重要性是不言而喻的,甚至还可以认为,方法决定了科学问题的提出,并决定了科学的发展。"一切理论探讨都可以归结为对其研究方法的科学探讨,特定学科之研究方法的完善程度在某种意义上表示着该学科的完善程度;一切理论变革又首先依赖于研究方法的变革,只有方法论上的科学更新才能带来该学科的重大突破。"②纵观历史,许多誉满世界

---

① 欧阳康、张明仓:《社会科学研究方法》,高等教育出版社 2001 年版,第 5 页。
② 欧阳康、张明仓:《社会科学研究方法》,高等教育出版社 2001 年版,第 6 页。

的专家学者都非常重视研究方法的作用。俄国生理学、心理学家巴甫洛夫就曾明确地指出:"科学是随着研究方法所获得的成就而前进的,……我们头等重要的事情就是制定研究方法。"①毛泽东同志也指出:"我们不但要提出任务,而且要解决完成任务的方法问题。我们的任务是过河,但是没有桥或没有船就不能过。不解决桥或船的问题,过河就是一句空话。不解决方法问题,任务也只是瞎说一顿。"②

前面的分析表明,迄今为止关于非物质文化遗产保护传承的价值研究还存在一些需要进一步详细阐述和澄清的地方。因为问题是确定的,根据问题与方法的关系原理,这样的问题和不足的出现,应该与不恰当的方法有关。既然如此,那么,进一步的详细阐述和澄清就应该在方法论上进行创新,采用新的更为适合的科学的方法。那么,什么方法是适合的、科学的方法呢?我们认为辩证法和系统哲学是科学的、合适的方法。因为辩证法反映了客观事物运动的规律,而系统哲学方法在产生之后,目前已经演变成为现代的主体思维方式。凭借系统哲学方法,自然科学研究理论体系不仅更加严密,结果也更为精确。系统哲学方法在社会科学中也得到了广泛运用,这使得社会科学也得到了极大的发展。要正确运用系统哲学方法,首先需要掌握系统的结构、层次、要素及影响因素。其次,"还需从两个层次上做出正确分析。第一层是社会系统的静态分析,主要侧重于系统要素、结构分析;第二层次是社会系统的动态分析,主要侧重于系统的功能变化分析。"③

非物质文化遗产是自然界的人化,人把自然界人化是为了人的存在。在此意义上,非物质文化遗产就是"人为而存在,存在而为人"。换言之,人为了生存而创造了非物质文化遗产,非物质文化遗产就是为了人的生存而存在的。

---

① [俄]《巴甫洛夫选集》,吴生林等译,科学出版社1955年版,第49页。
② 《毛泽东选集》第一卷,人民出版社1991年版,第139页。
③ 龙叶先、王冬敏:《系统哲学方法在社会科学研究中的应用再析》,《系统科学学报》2015年第23卷第2期。

马克思指出:"人的根本就是人本身。"①从这个角度上说,保护传承非物质文化遗产就是让人在自然界中更好地生活、更好地存在。那么,人是一种什么样的存在呢? 马克思指出,人首先需要从自然界中获取肉体存在所需的物质生活资料,在这个层面上,"人们同自然界的关系完全像动物同自然界的关系一样,人们就像牲畜一样慑服于自然界"②。可见,人首先是一种"种存在"或"类存在"。当人处于"类存在"或"种存在"层面上时,人以"类"或"种"的整体形式与自然界相互作用。就此而言,人类或人种和自然界就构成了由人类和自然界两个子系统(要素)组成的系统。这样,我们称为非物质文化遗产的东西,就是人作为"类"或"种"子系统与自然界子系统相互作用的产物。人为了自身的"类"或"种"的生存作用于自然界,使自然界人化为非物质文化遗产(也包括物质文化及物质文化遗产,但物质文化及物质文化遗产不属于我们研究的内容),反过来,人也是以非物质文化遗产为中介而与自然界相互作用的。换言之,人对自然界的作用要以非物质文化遗产为重要载体之一。从这个意义上说,非物质文化遗产的保护传承的首要价值,就是使人作为"类"或"种"更好地作用于自然界,从而使人作为"类"或"种"在自然界中能够"更好地存在"。所谓"更好地存在"包含着两个方面的含义:其一是人作为"类"或"种"在自然界中轻松愉快地维持其作为活的有机体的存在;其二是人作为"类"或"种"存在要与自然界相适应协调。这样看来,保护传承非物质文化遗产的首要价值就可以称为"人的类(种)价值"。

人在自然界中不仅作为"类"或"种"而存在,还以社会形式而存在。亚里士多德说过:"人天生是社会性动物","那些生来离群索居的个体,要么不值得我们关注,要么不是人类。社会从本质上看是先于个体而存在的。那些不能过公共生活,或者可以自给自足不需要过公共生活,因而不参与社会的,要

---

① 《马克思恩格斯选集》第 1 卷,人民出版社 2012 年版,第 10 页。
② 《马克思恩格斯文集》第 1 卷,人民出版社 2009 年版,第 534 页。

么是兽类,要么是上帝。"①马克思在《政治经济学批判导言》里也明确指出:"人是最名副其实的社会动物,不仅是一种合群的动物,而且是只有在社会中才能独立的动物。"②马克思还在《关于费尔巴哈的提纲》中指出:"人的本质并不是单个人所固有的抽象物。在其现实性上,它是一切社会关系的总和。"③人的"类存在"或"种存在"是普遍性意义上的共同体存在,而"普遍的东西一般说来是一种虚幻的共同体的形式"④,因此,人的"类存在"或"种存在"这种整体性存在还不是现实的具体的存在。人是由群居动物——类人猿演化而来的,因而人的生活在本质上也就是一种群居性活动,群居性活动在一定意义上也就是社会活动,因此,人在现实生活中是社会性的存在。虽然人是社会性的存在,但由于猿群在向人类演化的过程不断地融合、分化、重组,从而形成了不同的群体,进而演变分化成了不同的社会组织类型。就此而言,人的"类存在"或"种存在"作为一个系统,其子系统则是指众多不同的社会组织类型。既然人在现实中是社会性的存在,那么,非物质文化遗产作为人化的自然,必然是由社会创造的。由于不同的社会组织类型所占有的自然条件不同,加上各自的社会历史传统的延续,因此,不同的社会组织类型所创造的非物质文化遗产也就必然会存在着差异。这就是说,具体的非物质文化遗产必然由某个社会组织类型所创造和拥有,非物质文化遗产的保护和传承,也相应地必须以其所属之社会组织的价值为依据,也即保护传承要利于该社会组织的存在。此外,人的"类存在"或"种存在"系统中的各子系统——社会组织,并不是孤立存在的,社会与社会之间是一种联系的、相互依赖的,甚至是相互冲突的关系。非物质文化遗产的保护传承作为一种人类的理性追求,必须以能够促进社会之间的和谐联系、协同共进为价值取向,而不能只有利于某些社会

---

① 转引自蒙冰峰:《主体间性道德人格教育研究》,西安理工大学博士学位论文,2010年。
② 《马克思恩格斯选集》第2卷,人民出版社2012年版,第684页。
③ 《马克思恩格斯选集》第1卷,人民出版社2012年版,第135页。
④ 马克思、恩格斯:《德意志意识形态》(节选本),人民出版社2003年版,第28页。

组织自身,却伤害了其他的社会组织。保护传承非物质文化遗产的社会存在价值、促进社会与社会之间的和谐共进价值取向,我们称之为"人的社会价值"。

在现实生活中,我们谁也没有看见过社会,我们看见的是一个个感性的具体的个体。个体的人构成了社会,因此社会仍然是一种普遍性存在。社会是由个体构成的,感性个体的存在就是人的具体的现实存在。"全部人类历史的第一个前提无疑是有生命的个人的存在。因此,第一个需要确认的事实就是这些个人的肉体组织以及由此产生的个人对其他自然的关系"①,"我们的出发点是从事实际活动的人,……从现实的、有生命的个人本身出发,把意识仅仅看作是他们的意识。这种考察方法不是没有前提的。它从现实的前提出发,它一刻也不离开这种前提。它的前提是人,但不是处在某种虚幻的离群索居和固定不变状态中的人,而是处在现实的、可以通过经验观察到的、在一定条件下进行的发展过程中的人。"②这就是说,人的存在是具体的、现实的、感性的、有生命的存在,也就是具体个体。根据辩证法普遍性与特殊性原理,人的"类存在(种存在)"、社会存在,存在于人的个体存在之中,它们要通过人的个体存在而表现出来;反过来,人的个体存在中必然包含有人的"类存在(种存在)",包含有人的社会性存在。普遍性研究要依赖于特殊性研究。因此,对人的"类存在(种存在)"、人的社会存在的把握,必须从人的个体存在入手。"只有当社会学从历史主义或发展主义的观点转变到个人主义取向,才有可能充分承认无形资产(信念、价值观、动机、愿望、态度)在社会变迁过程中所起的作用。在历史主义或发展主义者眼里,整体系统以其自身不可化约性和规律性占据主导地位,人是被动的、依赖的、完全被塑造的部件。为了将这些观念方面提升到决定因素的地位,历史进程不再被认为是自主、独立于人的行动、不以人的意志为转移的。相反,起积极作用的人不得不重新回归社会学理

---

① 《马克思恩格斯文集》第1卷,人民出版社2009年版,第519页。
② 《马克思恩格斯选集》第1卷,人民出版社2012年版,第152—153页。

论的核心。"①这里虽然说的是社会变迁,但对于非物质文化遗产的保护和传承来说,也是适用的。

　　既然人的个体存在是人的具体的现实的生命存在,那么,非物质文化遗产的保护传承就不能不以个体的存在为取向。人的个体存在包含有两个层面,一个为生命存在,另一个为精神存在。根据前面的关于价值一般原理的分析,个体存在主要与得失、美丑相联系。但是,人的群居性存在的本性,决定了任何个体的生命存在都要依赖于"类种"的存在和社会性的存在。在这层意思上,甚至是最具个体独特性的得失价值在一定程度上也要受制于群体的或社会的价值。比如,饮食的得失价值。尽管个体可以选择他自己喜欢的食品,但这种选择通常是在群体或社会确定的食品类型范围内进行。比如,在印度社会中,每个个体都可以选择喜欢的肉吃,除了牛肉之外;美国人个体除狗肉之外也可以选择喜欢的肉;穆斯林个体绝对不能选择猪肉,等等。从维持个体生命存在来说,牛肉、狗肉、猪肉是没有任何问题的,但分别属于这些社会或群体的个体的自主选择,却不能超越这些社会或群体的饮食习俗。从这个意义上说,非物质文化遗产的保护传承很难说有个体层面的价值存在。假如仍要说有与个体相关的价值的话,那只可能存在于美丑方面的价值,即个体的精神价值。个体层面上的精神价值主要是个体与自我的关系,可以称之为"人的自我价值"。但是,"人的自我价值"通常也不能超出社会的或群体的价值。即便就最具主观性质的、取决于个体心理感受的审美来说,个体的审美意识也往往自觉或不自觉地要受到社会的或群体的意识的控制和制约。因此,非物质文化遗产作为社会或群体共同拥有的文化事象(项),对它的保护传承的价值在个体层次上最不具独立性。

　　此外,人还是一种历史性存在。马克思指出:"历史什么事情也没有做,

---

　　① 〔波〕彼得·什托姆普卡:《社会变迁的社会学》,林聚任译,北京大学出版社 2011 年版,第 227 页。

它'不拥有任何惊人的丰富性',它'没有进行任何战斗'！其实,正是人,现实的、活生生的人在创造这一切,拥有这一切并且进行战斗。并不是'历史'把人当作手段来达到自己——仿佛历史是一个独具魅力的人——的目的。历史不过是追求着自己目的的人的活动而已。"①恩格斯也指出:"随同人,我们进入了历史。动物也有一部历史,即动物的起源和逐渐发展到今天这样的状态的历史。但是这部历史对它们来说是被创造出来的,如果说它们自己也参与了创造,那也是不自觉和不自愿的。相反,人离开狭义的动物越远,就越是有意识地自己创造自己的历史,未能预见的作用、未能控制的力量对这一历史的影响就越小,历史的结果和预定的目的就越加符合。"②这说明人是一种历史性存在,即人是"生活在历史中"的。所谓人是"生活在历史中"的,"是指我们身边的每一处能够被言说、被体悟的事情,如果不能够获得历史解释,它都无法进入理性的思索之中。"③这就意味着,人要从历史中获取存在的意义,要从历史中"获取人在某个时刻具有的确定性和行动的立足点"。④ 既然人是一种历史性存在,要从历史中获得存在的意义,获取确定性和行动的立足点,那么,作为人在历史中对自然的人化的非物质文化遗产,就其在历史中承载了人在不同历史阶段中对自然的认识及对人本身的认识而言,对它的保护传承实际上就是保护人的存在的意义,保护人对确定性的需要,保护人的行动的立足点。保护传承非物质文化遗产对人所具有的这种价值,可以称之为"人的历史价值"。

以上分析说明,非物质文化遗产保护的传承要以"人的存在"为价值取向,脱离了"人的存在"的非物质文化遗产的保护传承是难以想象的,也是不可接受的。正如英国人类学家马林诺夫斯基指出的:"'文化的意义就在其对

---

① 《马克思恩格斯文集》第 1 卷,人民出版社 2009 年版,第 295 页。
② 《马克思恩格斯选集》第 3 卷,人民出版社 2012 年版,第 859 页。
③ ［德］扬·阿斯曼:《文化记忆》,金寿富、黄晓晨译,北京大学出版社 2015 年版,"序二"。
④ ［德］扬·阿斯曼:《文化记忆》,金寿富、黄晓晨译,北京大学出版社 2015 年版,"序二"。

人们生活所起的作用',用通俗易懂的话来说,'文化的意义就在其功能'。更明白些可以说'不能满足人们生活需要的东西,不是文化'。文化因其对人有用处才能存在。"①人的存在有四个层面,即"类存在"、社会存在、个体存在、历史存在,所以非物质文化遗产的保护传承也就具有了四种价值,即人的类存在价值、人的社会存在价值、人的自我存在价值、人的历史存在价值。非物质文化遗产保护传承的人的类存在价值,主要是满足人作为类、种与自然界实现和解,使人类作为类、种存在能够在自然界中轻松愉快地生存、生活;非物质文化遗产保护传承的人的社会存在价值,主要是满足个体与社会、个体与个体、社会与社会之间的和谐共处,使人们彼此之间能够和睦相处,携手共进;非物质文化遗产保护传承的人的自我存在价值,主要是满足个体与自我的协调,使人能够达到自我实现的境界,获得心理上的满足与慰藉;非物质文化遗产保护传承的人的历史存在价值,是满足人对意义、对确定性、对行动支点的需要,使人在时间维度上保持一致。人的类存在价值、社会存在价值、自我存在价值是共时性价值,历史存在价值则属于历时性价值、纵向性价值。

人的类存在价值、社会存在价值、自我存在价值构成了非物质文化遗产保护传承的价值系统,即构成了保护传承非物质文化遗产的"理由和根据系统"。"系统是由要素组成的。但是,一方面,这一系统又只是上一级系统的子系统——要素,而这上一级系统又只是更大系统的要素。另一方面,这一系统的要素却又是由低一层的要素组成的,这一系统的要素就是这些低一层次要素组成的系统,再向下,这低一层的要素又是由更低一层的要素组成的,这低一层的要素就是这更低一层要素所组成的系统。"②这就是说,系统作为整体是层次性存在的。就人类在自然界存在中的不同层次而言,人首先是以"类"或"种"的形式存在,其次为社会形式存在,再次为个体形式存在,根据系统的层次性原理,在非物质文化遗产保护传承的价值系统(理由和根据系统)

---

① 转引自费孝通:《文化与文化自觉》,群言出版社 2010 年版,第 166 页。
② 魏宏森、曾国屏:《系统论——系统科学哲学》,清华大学出版社 1995 年版,第 214 页。

中,人的类存在或种存在价值就属于高层次子系统,人的社会存在价值次之,最底层(最深层)为人的自我存在价值子系统。由于系统整体的"高层次与低层次的关系,首先是一种整体和部分、系统和要素之间的关系。高层次作为整体制约着低层次,又具有低层次所不具有的性质。低层次构成高层次,就会受制于高层次,但却也会有自己的一定的独立性。"①这样,人的类存在价值子系统制约了人的社会存在价值子系统,人的社会存在价值子系统又制约了人的自我存在价值子系统,同时人的社会存在价值子系统和人的自我存在价值子系统都具有一定的独立性。这意味着,在保护传承非物质文化遗产过程中,人的自我存在价值应当要符合人的社会存在价值,即自我存在需要的满足和实现,不能与人的社会存在的需要相冲突。当发生冲突时,要放弃的应当是人的自我存在的需要,而不是人的社会存在的需要,否则,社会就可能陷入无序,甚至趋于崩溃。由于人是群居动物,如果社会无序或崩溃,那么个体自我也就无法存在。同样的道理,非物质文化遗产保护传承的人的社会存在价值,也应该要符合人的类存在或种存在价值。

非物质文化遗产保护传承的人的历史性存在价值,就是共时性价值系统在时间流逝中的演化变迁,也就是共时性价值系统在时间维度上的扬弃过程。构成人类社会价值子系统(要素)及子系统(要素)之间的相互关系如下图所示(见图11)。

我们认为,只要是非物质文化遗产的保护传承,甚至是所有的文化遗产的保护传承,都应该从人类社会价值系统的这四个子价值系统(要素)来论证其基本的正当性和合理性。所不同的是,不同的文化遗产、不同的文化遗产的保护传承方式,其突出的价值系统可能是不一样的。比如,有的突出人的社会存在价值,有的着重人的自我存在价值,有的则强调某个群体的历史存在价值,等等。但是,需要强调的是,无论突出哪一方面的价值,都不能与其他方面的

---

①　魏宏森、曾国屏:《系统论——系统科学哲学》,清华大学出版社1995年版,第214页。

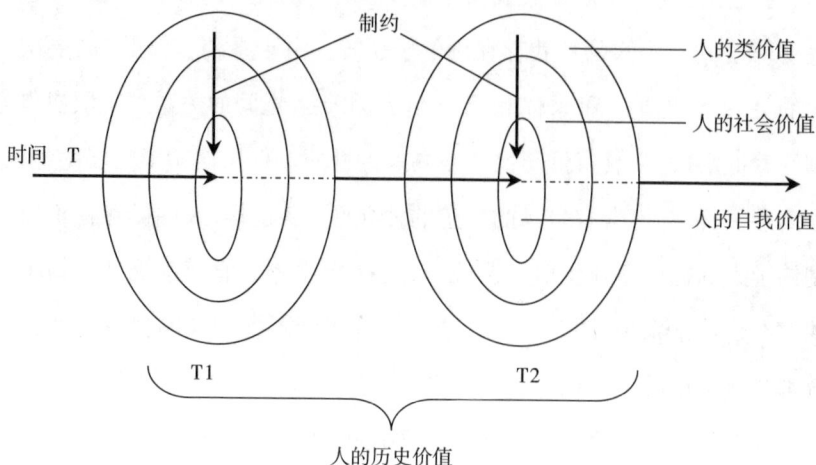

图 11　构成人类社会价值的子系统（要素）及子系统（要素）之间的相互关系

价值发生冲突，而且，还应该遵循价值系统的层次之间的制约关系，否则，其保护传承就不具有基本的正当性和合理性。就非物质文化遗产的"生产性保护"而言，由于"生产性保护"主要是指通过生产活动和消费活动，使非物质文化遗产在不同人群、代际之间不断地再产生和再现，所以，非物质文化遗产的"生产性保护"的价值（理由和根据），就是使非物质文化遗产在不同历史节点、历史阶段中，都有助于人的类存在、社会存在、自我存在以及历史存在。

　　人的生产活动或实践活动虽然要以前一代所创造的生产力为前提，但每一代人都有自己时代的条件和需求，从而每一代人的生产活动或实践活动都不同于前代的生产活动或实践活动。同样，每一个社会、每一个人的生产活动或实践活动也会因条件不同而各有特点。就此而言，通过生产活动和消费活动来保护传承非物质文化遗产，显然不是也不可能是非物质文化遗产的原汁原味的再生产和再现，而只能是在保留非物质文化遗产的基本因素或基本内核的基础上，通过实践活动变换形式而呈现的再生产和再现。这是非物质文化遗产生产性保护传承的辩证法，这与恩格斯关于唯物主义发展的论述是一致的。恩格斯指出:"随着自然科学领域中每一个划时代发现的出现,唯物主义也必然要改变自己的形式。"①这就是说,唯物主义不是一成不变的,而是随着科学发现而不断地发展着的,但它仍然没有改变它的唯物主义本质。非物质文化遗产的"生产性保护"也遵循同样的规律。国家非物质文化遗产保护工作专家委员会副主任资华筠说:"不同门类、项目的'非遗'有不同的媒质和保护传承方法,但其中的'优质基因'应普遍包含:形态构成要素、特定的实现方式及其文化内涵与渊源等因素。提炼'优质基因',有助于'非遗'科学化传承及对'合理利用'与'破坏性保护传承'的辨析与判定。"②

在非物质文化遗产保护传承的价值系统分析中,既没有分析得失,也没有探讨善恶、美丑,那是不是与价值哲学的一般原理疏离了呢? 答案是否定的。非物质文化遗产保护传承的四个价值类型,就是价值哲学一般原理的具体表现。从哲学上说,一般原理具有普遍性、一般性,非物质文化遗产保护传承的四种价值类型具有特殊性、个别性。普遍性、一般性贯穿于特殊性、个别性之中,通过特殊性、个别性而表现出来,特殊性、个别性包含有普遍性、一般性,表现着一般性、普遍性。比如,非物质文化遗产保护传承的每种价值类型都少不了事实层面的"得失",因为没有事实层面的"得失",就是没有发生联系,也就不可能产生价值关系。价值联系层面的"得失评价",是人作为生命存在的基本需要,因此必然存在于非物质文化遗产保护传承的四种价值类型之中。人的类存在、社会存在、个体存在都与获得生活资料须臾不可分离,必然也就会存在得失的评价。人是历时性存在使人能够继承前一代的创造成果,从而也必然存在着得失评价。由于善恶评价属于伦理范畴,而伦理主要存在于个体与个体、社会与社会之间,因此通常认为人的类存在价值中不存在善恶评价。而美丑主要与个体主观有关,因而美丑评价通常存在于自我存在价值层面。

---

① 《马克思恩格斯选集》第4卷,人民出版社2012年版,第234页。
② 转引自佚名:《"非遗"保护存三大误区:传承与创新之间把握失衡》,《民族论坛》2001年第11期。

第四章 非物质文化遗产"生产性保护"与人的类存在

　　人是自然界长期演化的产物,人的存在不能离开自然界,人类的社会存在也离不开自然界。"人对自然界的自然关系,是个体与个体之间发生社会关系的基础。"①人需要从自然界中获取生命存在所需的物质能量,但人在从自然界中获取所需的物质能量的同时,也在改变着自然界。然而,这种整体性的、高度抽象性的认识虽然没错,却既没有告诉我们人与自然界之间究竟是如何相互作用的,也没有告诉我们人与自然界之间的相互作用要不要借助中介,借助什么中介,更没有告诉我们人与自然界之间的相互作用在历时中的演化变迁及为何演化变迁等。问题当然相当复杂,也难以全面回答。非物质文化遗产"生产性保护"作为一种实践活动,必然存在着人与自然界之间的相互关系。本部分尝试对之进行分析,以期在非物质文化遗产生产性保护传承过程中为把握人与自然界之间的关系提供新的启示,同时也希望为非物质文化遗产"生产性保护"提供更加坚实的正当性和合理性依据。

---

　　① 夏甄陶:《人是什么》,商务印书馆 2000 年版,第 133 页。

一、人是自然界的一种类存在

在《劳动在猿到人转变过程中的作用》一文中,恩格斯指出:"在好几十万年以前,……生活着一种高度发展的类人猿。……这些人猿类,大概首先由于它们的生活方式的影响,使手在攀援时从事和脚不同的活动,因而在平地上行走时就开始摆脱用手帮助的习惯,渐渐直立行走。这就完成了从猿转变到人的具有决定意义的一步。"①可见,人是自然界演变的产物。人既然直接地来自于自然界,那么,人必然就是一种自然存在物。由于人来自于自然界,是自然界本身的产物,因此,人作为感性的自然存在物,必然与自然界本身是直接统一的。人作为自然存在物,他的每一个组成要素、每一个构成细胞,都是来自于自然界的。这就是说,人身上的任何东西都是自然的东西。在这个意义上,人甚至就是自然界本身,人就是自然。对此,马克思指出:"人的肉体生活和精神生活同自然界相联系,不外是说自然界同自身相联系,因为人是自然界的一部分。"②但是,人作为自然界中的一种自然存在物,与自然界中的其他自然存在物不同,其他自然存在物是自然而然的存在物,而人却是一种具有感性的自然存在物,是一种具有能动性的自然存在物。可见,人的存在就是一种"能动的类生活"③。然而,人的自然性存在仍然必须依赖于自然,如果不依赖于自然,他就是非存在的。正因为如此,人作为一种自然性存在物,尽管具有能动性,但自然性存在物仍然始终是自然存在物,永远不可能也无法摆脱自身的自然存在性。正如马克思指出的那样:"一个存在物如果在自身之外没有自己的自然界,就不是自然存在物,就不能参加自然界的生活。一个存在物如果在自身之外没有对象,就不是对象性的存在物。……非对象性的存在物是

---

① ［德］恩格斯:《自然辩证法》,人民出版社 1971 年版,第 149 页。
② 《马克思恩格斯文集》第 1 卷,人民出版社 2009 年版,第 161 页。
③ ［德］马克思:《1844 年经济学哲学手稿》,人民出版社 2000 年版,第 58 页。

非存在物。"①离开了自然性存在的人，就是非现实的、抽象的人，只有在想象中才能存在的人，而这样的人由于超越了人的感性，也就不可能为人所认识、所理解。比如上帝，仅就上帝本身而言，就是不可能被认识、被理解的。由此可见，人的自然性存在、自然性维度，是人之所以为人的感性基础。马克思说的好："说一个东西是感性的，是说它是受动的。"②在这个意义上，无论人类如何的能动、如何的自由，都必须以自然界的存在为前提和基础，都要受到自然界的约束和影响。

"人不仅仅是自然存在物，而且是人的自然存在物，就是说，是自为地存在着的存在物，因而是类存在物。他必须既在自己的存在中也在自己的知识中确证并表现自身。"③这就是说，人既是自然存在的，又不是自然存在的。人是自然存在的，体现了人是自然的构成部分，要依赖于自然，离不开自然；人又不是自然存在的，是说人是自然的一种特殊性存在，他与自然的其他存在是不一样的。人的特殊之处在于，人可以否定自然而使自然而然的自然成为人化自然。恰如我国著名哲学家高清海先生所说的："人具有自然的肯定性，更具有自然的否定性，人不是因为顺从自然性，恰恰由于逆反了自然性，突破了自然的限定，人才成为人的，这就是人与一切其他自然存在根本不同之点。"④据此理解，人作为自然界中的一个物种或物类存在，一方面必须通过自然界来表现和确证自己的存在；另一方面，自然界中的其他自然物也要通过人的存在才能得到表现和确证。其他存在物之所以要通过人的存在才能得到表现和确证，是因为它们对人类来说只具有一种潜在的价值，这种潜在的价值只有通过人类的实践活动才能得到实现，转变为现实性价值。马克思在批判黑格尔抽象的自然观时指出："被抽象地理解的、自为的、被确定为与人分隔开来的自

① 《马克思恩格斯文集》第1卷，人民出版社2009年版，第210页。
② 《马克思恩格斯文集》第1卷，人民出版社2009年版，第211页。
③ 《马克思恩格斯文集》第1卷，人民出版社2009年版，第211页。
④ 高清海：《人与哲学》，《求是学刊》1995年第6期。

然界,对人来说也是无。不言而喻,这位决心转向直观的抽象思维者是抽象地直观自然界的。"①因此,如果纯粹自然而然的自然界还未进入到人的实践活动的范围和领域内时,也就是说人还没有意识到它时,由于它本身是没有意识的,因此,它就是无,就是虚无的无。这实际上就是说,纯粹的自然而然的自然界是没有任何意义的,或者说它只具有应该被扬弃的外在性的意义。

"饥饿是自然的需要;因此,为了使自身得到满足,使自身解除饥饿,它需要自身之外的自然界、自身之外的对象。是使我的身体得以充实并使本质得以表现所不可缺少的。太阳是植物的对象,是植物所不可缺少的、确证它的生命的对象,正像植物是太阳的对象,是太阳的唤醒生命的力量的表现,是太阳的对象性的本质力量的表现一样。"②这就是说,人与自然界中的其他物类之间是相互确证的,没有自然界,人也无法确证自身。人的饥饿是人的生命存在的表现,就像植物需要太阳是自然而然的那样,也是自然而然的。人的饥饿这种自然而然的症状,需要其他东西(食物)来缓解,人用其他自然物来缓解或解决人的自然而然的饥饿这件事,一方面表现和确证了人自己是感性的自然性的存在物;另一方面也表现和确证了其他自然物(食物)的感性的自然性存在。马克思对此还进行了进一步分析:"说人是肉体的、有自然力的、有生命的、现实的、感性的、对象性的存在物,这就等于说,人有现实的、感性的对象作为自己本质的即自己生命表现的对象;或者说,人只有凭借现实的、感性的对象才能表现自己的生命。"③

人之所以需要以自然界中的他物来确证和表现自己的存在性,主要是因为"人是自然界的一部分",能够以自然界中的其他存在来表现和确证自己。这一点马克思说得很清楚,他说:"自然界,就它自身不是人的身体而言,是人的无机的身体。人靠自然界生活。这就是说,自然界是人为了不致死亡而必

① 《马克思恩格斯文集》第1卷,人民出版社2009年版,第220页。
② 《马克思恩格斯文集》第1卷,人民出版社2009年版,第210页。
③ 《马克思恩格斯文集》第1卷,人民出版社2009年版,第209页。

须与之处于持续不断的交互作用过程的、人的身体。所谓人的肉体生活和精神生活同自然界相联系,不外是说自然界同自身相联系,因为人是自然界的一部分。"①那么,人如何在自然界中确证自己的存在性呢? 又怎样确证自己不同于自然界中其他物类的存在性的呢? 对此,马克思也给我们做出了启示:"一个种的整体特性、种的类特性就在于生命活动的性质,而自由的有意识的活动恰恰就是人的类特性。"②虽然一个(物)种的整体特性、类特性在于它的生命活动,但人作为一个物种、一个物类,他的(物)种的整体特性、类特性——即他的生命活动,不同于动物的种的、类的生命活动。动物的种的、类的生命活动无法通过自己有意识的活动来确证和表现,而人的种的、类的生命活动却可以通过自己有意识的活动确证和表现,甚至动物的种的、类的生命活动也要依赖人的有意识的生命活动来确证和表现。人之所以既能够确证和表现自己,又能够确证和表现他物,就在于人是有意识的、能动的存在物。人的意识性、能动性存在,使人的生命存在表现出自由、自为、自觉的特征。当与其他自然物发生作用时,人正是依靠他的自由、自为、自觉的生命存在,既确证和表现了自己,也确证和表现了他物。

人是通过自由活动或行动来确证和表现自己的。人的活动或行动之所以是自由的,是由于人有自由意识,而动物等其他自然物则没有。马克思指出:"人的眼睛与野性的、非人的眼睛得到的享受不同,人的耳朵与野性的耳朵得到的享受不同。"③可见,人的自由意识不像动物所固有的本能的直观感觉,直观感觉是所有动物本能所有的,而自由意识只有人类才拥有,也仅属于人类。但人的意识并不是单个人的意识,本质上是社会性的意识。"意识一开始就是社会的产物,而且只要人们存在着,它就仍然是这种产物。"④由此可见,虽

① 《马克思恩格斯文集》第 1 卷,人民出版社 2009 年版,第 161 页。
② 《马克思恩格斯文集》第 1 卷,人民出版社 2009 年版,第 162 页。
③ 《马克思恩格斯文集》第 1 卷,人民出版社 2009 年版,第 190 页。
④ 《马克思恩格斯文集》第 1 卷,人民出版社 2009 年版,第 533 页。

然动物也要靠活动来谋取生命存在,如寻找食物,但它们的生命活动是本能性的活动,是天生具有的能力。俗话"龙生龙,凤生凤,老鼠生儿会打洞",说的就是这个道理。因此,虽然动物的活动也可算是一种对象性的活动,但这种对象性的活动只是生产它自身而已。植物对象性太阳、动物对象性猎物,就是这样的活动。这种活动是个体活动与类活动的合二为一,个体活动即类活动,类活动也就是个体活动,类与个体之间的活动是直接同一的、分毫未差的。"动物和自己的生命活动是直接同一的。动物不把自己同自己的生命活动区别开来。它就是自己的生命活动。"①而对人来说,人的活动虽然也是对象性的活动,但人的对象性活动却是以个体把社会意识、类本质内化为个体意识、个体本质为前提。在人的持续不断的实践活动过程中,人的意识不断地得到抽象,人的意识也就逐渐地可以现实地想象。"现实地想象:它是和现存实践的意识不同的某种东西;它不用想象某种现实的东西就能现实地想象某种东西"②。随着人的意识在实践中不断地得到丰富,人的意识也就逐渐地"摆脱世界而去构造'纯粹的'理论、神学、哲学、道德等等"③。意识的抽象性意味着人的意识摆脱了动物性本能的直观反应,从而成为了具有能动性的、自由性的意识。人的具体性的对象性活动是受人的自由意识所控制的,因此,在人的自由意识的指导下,人的对象性活动就成了自由性的活动。自由性的活动使人能够再生产出自然界来,即生产出自然界中本身没有的自然事物(人化自然)。"动物只是在直接的肉体需要的支配下生产,而人甚至不受肉体需要的影响也进行生产,并且只有不受这种需要的影响才进行真正的生产;动物只生产自身,而人再生产整个自然界。"④

以上分析表明,正是因为人是有意识的、能动性的生命存在,才使人的对

① 《马克思恩格斯文集》第1卷,人民出版社2009年版,第162页。
② 《马克思恩格斯文集》第1卷,人民出版社2009年版,第534页。
③ 《马克思恩格斯文集》第1卷,人民出版社2009年版,第534页。
④ 《马克思恩格斯文集》第1卷,人民出版社2009年版,第162页。

象性活动不像动物那样与自然直接合二为一,而是一种自由、自为、自觉的活动。正因为对此有着深刻的认识,马克思才说:"人则使自己的生命活动本身变成自己意志的和自己意识的对象。他具有有意识的生命活动。……有意识的生命活动把人同动物的生命活动直接区别开来。"①

人作为有意识的、能动性的生命存在,其自由、自为、自觉性的活动,是以其能够认识到自己的活动为前提,甚至是人在认识到了自己的活动的前提下才能进行活动的。马克思说:"劳动使人在外化范围之内的或者作为外化的人的自为的生成。"②这就是说,人是把自己的活动当作自己的对象。通俗来说就是,人在进行活动之前,根据以往的经验(包括直接经验和间接经验),预见到自己活动的结果,即人的活动的结果在尚未以感性形式实现以前,就已经在人的意识中以想象的形式实现了。马克思以下的这段论述就很好地说明了这个道理。"动物只是按照它所属的那个种的尺度和需要来构造,而人却懂得按照任何一个种的尺度来进行生产,并且懂得处处都把固有的尺度运用于对象;因此,人也按照美的规律来构造","这种生产是人的能动的类生活。通过这种生产,自然界才表现为他的作品和他的现实"。③ 正是因为人的活动是自由、自觉、自为的活动,从而人的活动就不再是自然界中那种发生在任意两个自然物之间的、自发的、自然的感性对象的活动。因此,人的自由、自觉、自为的活动使人成为自然界中不同于其他一切纯粹自然物的特殊的类存在,从而也就使人不再是抽象的物,而是成为了自由、自觉、自为的存在物。

马克思在《资本论》第二版跋中指出:"辩证法在对现存事物的肯定的理解中同时包含对现存事物的否定的理解,即对现存事物的必然灭亡的理解;……辩证法不崇拜任何东西,按其本性来说,它是批判的和革命的。"④恩

① [德]马克思:《1844年经济学哲学手稿》,人民出版社2000年版,第57页。
② [德]马克思:《1844年经济学哲学手稿》,人民出版社2000年版,第101页。
③ 《马克思恩格斯文集》第1卷,人民出版社2009年版,第163页。
④ [德]马克思:《资本论》第1卷,人民出版社2004年版,第22页。

格斯在《路德维希费尔巴哈和德国古典哲学的终结》中也指出："世界不是既成事物的集合体,而是过程的集合体,其中各个似乎稳定的事物同它们在我们头脑中的思想映象即概念一样都处于生成和灭亡的不断变化中"①,"在发展进程中,以前一切现实的东西都会变成不现实的,都会丧失自己的必然性、自己存在的权利、自己的合理性;一种新的、富有生命的现实的东西就会代替正在衰亡的现实的东西。……凡是现存,都一定要灭亡。"②马克思主义经典作家们的这些论述说出了一个浅显的道理,就是不存在静止不变的事物。因此,人对自己的确证和表现就必然不是一成不变的,而是随着历史的演进而不断演进的。

人类在不断变化中确证和表现自己的存在,大致经历了三个相对稳定的前后相继、过渡的阶段:崇拜自然、征服自然和协调自然阶段。③ 这三个阶段的前后相继、依次更替的过程,既是人类对自然界的认识日益深入的过程,也是人类认识能力日渐增强和提高的过程,同时还是人对自己的生命境界不断升华的过程。

在人类社会的早期阶段,由于生产力发展水平不高,原始人类严重受自然界影响,不得不为自然界所统治。因此,在这个阶段中,人类与自然界之间的关系可以说是一种相当狭隘的关系。在人类社会的这个历史阶段中,在纷繁、变幻无穷的大自然面前,由于认识能力、认识水平有限,人类根本无法认识理解那些超越了感觉器官和心理承受力的现象,从而普遍产生出了强烈的无奈和恐惧心理。在认识能力欠缺的条件下,变化万千的自然界给人类带来了很多困惑。比如,为什么有时候会大旱,而有时候却大涝呢? 为什么有人经常捕到猎物,而有的人却常常无所收获呢? 为什么相邻的两块田地,一块害虫多而另一块却较少呢? 等等。由于认识能力和认识水平低下,人类在面对这些问

① 《马克思恩格斯选集》第 4 卷,人民出版社 2012 年版,第 250 页。
② 《马克思恩格斯选集》第 4 卷,人民出版社 2012 年版,第 222 页。
③ 参见冯之浚:《文化与人生》,《科学学研究》2007 年第 3 期。

题时,常常感到无能为力,不知所措,从而便产生出了自然界具有无上力量的神灵观念。于是,人类便将大自然中那些无法认识和控制的事物加以神化并顶礼膜拜,希望通过对神灵的祭祀,通过向神灵献媚,祈求神灵给人以护佑和帮助。这种"对自然力的崇拜实质上是人类对大自然的恐惧和依附"①。

然而,即便是在崇拜自然阶段,人类也已经开始了工具的制造,尽管所制造的工具十分简陋,比如石斧、石刀等,但人类还是凭借这些简陋的工具,在与自然搏斗的过程中逐渐获得了一定的驾驭自然的能力。随着人类与自然斗争经验的不断积累、丰富,人渐渐学会了使用火,然后又渐渐发明了农耕技术。火的使用和农耕的发明对人类社会的发展具有十分重大的意义。随着对自然认识的不断深入、积累,人类又先后冶炼出了青铜器,从而使人类控制自然、征服自然的能力产生了质的飞跃。

随着认识自然的能力不断增强,以及认识的水平不断提高,人类逐渐形成了自然和人之间的"主客二分"的哲学思维方式。主客二分哲学思维认为,自然界是为人类而存在,是为人类而服务的,人应该通过不断地拷问自然,从而实现对自然的征服、驾驭。在这种哲学思想的指导下,人类便进入了大规模征服自然的阶段。马克思和恩格斯在《共产党宣言》中指出:"资产阶级在它的不到一百年的阶级统治中所创造的生产力,比过去一切世代创造的全部生产力还要多,还要大"②。人类的这种生产能力是对自然力的征服、驾驭的结果。"机器的采用,化学在工业和农业中的应用,轮船的行驶,铁路的通行,电报的使用,整个大陆的开垦,河川的通航,仿佛用法术从地下呼唤出来的大量人口——过去哪一个世纪料想到在社会劳动里蕴藏有这样的生产力呢?"③

确实,人类通过征服、驾驭自然而为人类自己创造了大量的物质财富。然而,也正如恩格斯所说的,人类从自然界中所取得的每一次胜利,自然界都对

① 冯之浚:《文化与人生》,《科学学研究》2007年第3期。
② 《马克思恩格斯文集》第2卷,人民出版社2009年版,第36页。
③ 《马克思恩格斯文集》第2卷,人民出版社2009年版,第36页。

人类进行了报复。"每一次胜利,起初确实取得了我们预期的结果,但是往后和再往后却发生完全不同的、出乎预料的影响,常常把最初的结果又消除了。"①从人类的发展史来看,人与自然之间的冲突、对立、矛盾,并不唯独现代社会才存在。纵观人类的历史演进就可以发现,在人类历史演变的过程中,人类社会因受到自然报复而消亡的事例确实不少。英国著名历史学家阿诺德·约瑟夫·汤因比(Arnold Joseph Toynbee)在其著作《历史研究》中指出,人类自有史以来大约有 26 个具有代表性的文明,但在这 26 个文明中,至少有 16 个文明已经死亡了,在剩下的 10 个幸存的文明中,有 3 个正处于苦苦挣扎的阶段,其余的 7 个文明中则至少有 6 个文明已呈现出衰落和解体的迹象。②文明的衰落、解体、死亡都直接或间接地和人与自然之间关系的冲突和对立相关。在《人类与大地母亲:一部叙事世界历史》一书中,汤因比将自然环境(大地)比喻为人类文明的母亲,人类文明的形成和发展,都是由大地这个母亲所孕育的。但人类为了满足自己的贪欲,却正在用技术谋杀自己的母亲。在该书结尾中,汤因比对这种谋杀提出了严重警告:"人类将会杀害大地母亲,……如果滥用日益增长的技术力量,人类将置大地母亲于死地;如果克服了那导致自我毁灭的放肆的贪欲,人类则能够使她重返青春,而人类的贪欲正在使伟大母亲的生命之果——包括人类在内的一切生命造物付出代价。"③一些已经死亡的文明正是人类杀死了大地母亲的结果,典型的有玛雅文明、楼兰古国、苏美尔文明和复活节岛上的文明等。

目前,人类已经逐渐认识到了人与自然之间的对立、冲突和矛盾,要消除这种对立、冲突、矛盾,人类需要充分借鉴、应用自己所创造的一切文明成果,实现人与自然之间的协同共进、双赢发展。

---

① 《马克思恩格斯文集》第 9 卷,人民出版社 2009 年版,第 560 页。
② [英]阿诺德·约瑟夫·汤因比:《历史研究》(上卷),郭小凌等译,上海世纪出版集团 2010 年版,第 245 页。
③ [英]阿诺德·约瑟夫·汤因比:《人类与大地母亲:一部叙事世界历史》(下卷),徐波等译,上海人民出版社 2012 年版,第 641 页。

二、非物质文化遗产"生产性保护" 对人的类存在的作用

人是通过活动或行动来确证和表现自己在自然界中的存在性的。汉斯-格奥尔格·伽达默尔(Hans-Georg Gadamer)指出:"实践就是行动"①,"它(实践)是一个整体,其中包括了我们的实践事务,我们所有的活动和行为,我们人类全体在这一世界的自我调整——这就是说,还包括我们的政治、政治协商以及立法活动。我们的实践——它是我们的生活形式。"②这段话的意思是指,行动或实践作为整体,包含了人的存在过程中的一切活动。在此意义上,可以说,行动或实践就是人的基本的存在方式。作为人的基本存在方式的行动或实践,不同于动物的本能性活动。"作为人的活动,行动(action)与实践(practice)都渗入了人的意向和目的,并在不同层面受到普遍规范的制约。"③马克思和恩格斯也是从这个意义上来区别人类的生产实践活动和动物的本能活动的,而且他们还不厌其烦地多次对这种观点进行了论说。如马克思指出:"诚然,动物也生产,动物为自己营造巢穴或住所,如蜜蜂、海狸、蚂蚁等。动物只生产它自己或它的幼仔所直接需要的东西;动物的生产是片面的,而人的生产是全面的;动物只是在直接的肉体需要的支配下生产,而人甚至不受肉体需要的影响也进行生产,并且只有不受这种需要的影响时才进行真正的生产;动物只生产自身,而人再生产整个自然界;动物的产品直接属于它的肉体,而人则自由地面对自己的产品。动物只是按照它所属的那个种的尺度和需要来构建,而人却懂得按照任何一个种的尺度来进行生产,并且懂得处处都把固有

---

① [德]伽达默尔:《解释学、美学、实践哲学——伽达默尔与杜特对谈录》,商务印书馆2005年版,第74页。
② [德]伽达默尔:《解释学、美学、实践哲学——伽达默尔与杜特对谈录》,商务印书馆2005年版,第67—68页。
③ 杨国荣:《人类行动与实践智慧》,生活·读书·新知三联书店2013年版,第2页。

的尺度运用于对象;因此,人也按照美的规律来构造。"①恩格斯也指出:"人是
唯一能够由于劳动而摆脱纯粹的动物状态的动物——他的正常状态是和他的
意识相适应的而且是要由他自己创造出来的"②,"人类社会区别于猿群的特
征在我们看来又是什么呢? 是劳动"③,"人类社会和动物社会的本质区别在
于,动物最多是搜集,而人则能从事生产。"④此外,马克思和恩格斯还在《德意
志意识形态》中强调:"可以根据意识、宗教或随便别的什么来区别人和动物。
当人开始生产自己的生活资料的时候,这一步是由他们的肉体组织所决定的,
人本身就开始把自己和动物区别开来。"⑤

　　那么,应如何理解人的实践或行动呢? 它又具有什么样的结构呢? 根据
德国哲学家黑格尔(G.W.F.Hegel)的观点,"人的行动或实践包含三个基本环
节,即'目的''目的的实现'或'达到目的的手段''被创造出来的现实"⑥。可
见,在黑格尔看来,行动或实践的核心是目的。那么,什么是目的呢? 人的目
的存在于人的意识中,它是人对行动或实践活动的结果在意识中的设想,因而
是观念性的、主观的。"被创造出来的现实"是人将自己意识中的目的对象化
到客体或对象后的结果。那么,以主观形式存在的目的,又是如何变为"被创
造出来的现实"的呢? 黑格尔认为,将主观目的和"被创造出来的现实"沟通
起来的就是人的实践活动。如他说:"实践具有中介的意义,这种中介性不仅
体现于目的与结果之间,而且在更广的意义上表现为对客观性与主观性的沟
通。"⑦这就是说,人按照目的通过行动或实践过程而将客体对象化,一方面扬
弃了目的本身的主观性,使目的得以客观化(体现在客体、对象上);另一方面

---

① 《马克思恩格斯选集》第 10 卷,人民出版社 2012 年版,第 57 页。
② 《马克思恩格斯选集》第 3 卷,人民出版社 2012 年版,第 993 页。
③ [德]恩格斯:《自然辩证法》,人民出版社 1971 年版,第 154 页。
④ 《马克思恩格斯选集》第 4 卷,人民出版社 2012 年版,第 518 页。
⑤ 《马克思恩格斯选集》第 1 卷,人民出版社 2012 年版,第 147 页。
⑥ 转引自杨国荣:《实践哲学:视域与进路》,《学术月刊》2013 年第 45 卷第 5 期。
⑦ 转引自杨国荣:《实践哲学:视域与进路》,《学术月刊》2013 年第 45 卷第 5 期。

则扬弃了客体或对象的表象性和外在性,使客体或对象本身成为人的目的的体现、表现。

但是,黑格尔却又认为,目的本身如何达到目的性的活动及目的本身与手段之间的关系仅是一种推论。用推论来表示目的性的活动及目的与手段的关系,意味着以概念(理念)的逻辑运演来说明实践或行动,这显然是一种以抽象性和思辨性方式来把握人的实践或行动。①

与黑格尔不同,马克思将实践与劳动、生产过程联系起来考察。马克思指出:"整个所谓世界历史不外是人通过人的劳动而诞生的过程,是自然界对人来说的生成过程,所以,关于他通过自身的诞生、关于他的产生过程,他有直观的、无可辩驳的证明。因为人和自然界的实在性,即人对人来说作为自然界的存在以及自然界对人来说作为人的存在,已经变成实践的、可以通过感觉直观的,所以,关于某物异己的存在物、关于凌驾于自然界和人之上的存在物的问题,即包含着对自然界和人的非实在性的承认问题,在实践上已经成为不可能的了。"②从马克思的这一长段论述中可以看出,马克思关于实践或行动的认识和理解,与黑格尔的认识和理解存在着显著的不同。根据马克思的看法,人的实践或行动是与制作及工艺性的活动相联系的,而不是黑格尔所谓的概念式的或理念式的活动或逻辑推论。在马克思看来,实践或行动不仅创造了人,而且也造就了属于人的世界。对此,马克思指出:"达尔文注意到自然工艺史,即注意到动植物的生活中作为生产工具的动植物器官是怎样形成的。社会人的生产器官的形成史,即每一个特殊社会组织的物质基础的形成史,难道不值得同样注意吗?而且,这样一部历史不是更容易写出来吗?因为,如维科所说的那样,人类史同自然史的区别在于,人类史是我们自己创造的,而自然

---

① 转引自杨国荣:《人类行动与实践智慧》,生活·读书·新知三联书店 2013 年版,第 7 页。

② [德]马克思:《1844 年经济学哲学手稿》,人民出版社 2000 年版,第 92 页。

史不是我们自己创造的。"①

　　实践或行动作为劳动,是人类对自然界的物质变换。"劳动首先是人与自然之间的过程,是人以自身的活动来中介、调整和控制人和自然之间的物质变换的过程。"②人在通过实践或行动变换物质世界的同时,不仅改变了自己的自然性,还使自己的自然潜力发挥出来。"人自身作为一种自然力与自然物质相对立。为了在对自身生活有用的形式上占有自然物质,人就使他身上的自然力——臂和腿、头和手运动起来。当他通过这种运动作用于他身外的自然并改变自然时,也就同时改变了他自身的自然,他使自身的自然中蕴藏着的潜力发挥出来,并且使这种力的活动受他自己控制。"③"使这种力的活动受他自己控制"意味着人的实践或行动是受人的目的所控制的。"蜘蛛的活动与织工的活动相似,蜜蜂建筑蜂房的本领使人间的许多建筑师感到惭愧。但是,最蹩脚的建筑师从一开始就比最灵巧的蜜蜂高明的地方,是他在用蜂蜡建筑蜂房以前,已经在自己的头脑中把它建成了。劳动过程结束时得到的结果,在这个过程开始时就已经在劳动者的脑中存在着,即已经观念地存在着。他不仅使自然物发生形式变化,同时还在自然物中实现自己的目的,这个目的是他所知道的,作为规律决定着他的活动的方式和方法,他必须使他的意志服从这个目的。"④可见人的实践或行动不仅具有目的,而且目的本身还具有规律性的作用。

　　在人的实践或行动中,除了目的"作为规律"起"决定着他的活动的方式和方法"之外,还必须具有媒介、传导,即人的劳动的中介,就是说将人的目的传导到对象物上的中介。"劳动首先是一种以满足需求为目标的活动,这个目标不是直接完成,而要通过中介完成。劳动改造和塑造劳动对象,以其他对

①　[德]马克思:《资本论》第 1 卷,人民出版社 2004 年版,第 428—429 页脚注(89)。
②　[德]马克思:《资本论》第 1 卷,人民出版社 2004 年版,第 207—208 页。
③　[德]马克思:《资本论》第 1 卷,人民出版社 2004 年版,第 208 页。
④　[德]马克思:《资本论》第 1 卷,人民出版社 2004 年版,第 208 页。

象——自然给予的对象或更常见的人造对象——为工具,从而使劳动对象适合人类使用。"①可见,没有这些传导、中介,人的任何实践或行动都将不可能进行。这种中介有两个方面的内涵:首先,作为中介性的活动,即先于人类对劳动对象的使用(消费)并使人的生活劳动本身成为可能;其次,被人置于人自身与需求的潜在对象之间的、充当人类活动的导体和媒介的劳动工具。在中介的两个内涵中,劳动工具(劳动资料)更为根本。因为:一方面,"劳动者直接掌握的东西,不是劳动对象,而是劳动资料"②;另一方面,实践或行动(活动)是人的存在方式,而实践或行动作为机体运动而言,不存在质的差异。作为机体活动,人与动物没有差别,人类的实践活动与动物的本能活动的区别仅在于活动的中介性。就动物而言,"不仅作为'目标'的对象是固定不变的,构成动物活动的基本要素——动物的基本'能力'——也是固定不变的,为动物的生物学结构所决定,在本质上不可更改,因而,动物行为是依据自然规定的一个(在原则上)局限性的范围组织起来的,在动物活动中只能建立这样一种规定。"③而人则"通过实践创造对象世界,改造无机界,证明自己是有意识的类存在物,就是这样一种存在物,他把类看作自己的本质,或者说把自身看作类存在物。"④

人在创造对象世界、改造无机界的实践中,要依靠劳动工具(劳动资料),而动物则不需要。"劳动资料是劳动者置于自己和劳动对象之间、用来把自己的活动传导到劳动对象上去的物或物的综合体。"⑤劳动资料(劳动工具)是人通过劳动加工而形成的。"一般说来,劳动过程只要稍有一点发展,就已

① [匈]乔治·马尔库什:《马克思主义与人类学——马克思哲学关于"人的本质"的概念》,李斌立、孙建茵译,黑龙江大学出版社2011年版,第11页。
② [德]马克思:《资本论》第1卷,人民出版社2004年版,第209页。
③ [匈]乔治·马尔库什:《马克思主义与人类学——马克思哲学关于"人的本质"的概念》,李斌立、孙建茵译,黑龙江大学出版社2011年版,第9页。
④ [德]马克思:《1844年经济学哲学手稿》,人民出版社2000年版,第57页。
⑤ [德]马克思:《资本论》第1卷,人民出版社2004年版,第209页。

经需要经过加工的劳动资料",因此人是"制造工具的动物"。① 马克思主义者乔治·马尔库什的认识,即"动物的劳动工具——动物的器官——只能通过生物进化的无法控制的漫长过程得以发展和变化,而人本身则利用分离的、独立的对象创造着日益复杂的生产工具"②,是很深刻的。

"在劳动过程中,人的活动借助劳动资料使劳动对象发生预定的变化。过程消失在产品中。它的产品是使用价值,是经过形式变化而适合人的需要的自然物质。"③人通过劳动工具(劳动资料)作用于自然界(劳动对象),使劳动对象(自然界)发生预定的变化而成了人化的东西——劳动产品。按照人类学家马林诺夫斯基关于文化的理解,这些劳动产品包括物质文化和精神文化。物质文化是人借于在自然界中生存的可触之器物。"人因为要生活,永远地在改变他的四周。在所有和外界重要接触的交点上,他创造器具,构成一人工环境。他建造房屋……开辟道路,并且应用交通工具。若是人只靠了他的肉体,就很快地会因冻饿而死亡了。……在人类生活最原始的方式中,都是靠了工具间接地满足的",这些物质设备就是物质文化,包括"器物,房屋,船只,工具,以及武器,都是文化中最易明白,最易捉摸的一方面。它们决定了文化的水准,它们决定了工作的效率"④。相对于物质文化,人的精神文化在人的生存中则更为重要。马林诺夫斯基接着说:"若我们稍加思索,就可以明了文化的物质设备本身并不是一种动力。单单物质设备,没有我们可称作精神的相配部分,是死的,是没有用的。最好的工具亦要手工的技术来制造,制造就需要知识。生产,经营及应用器物、工具、武器及其他人工的构造,都不能没有知识,而知识是关连于智力及道德上的训练,这训练正是宗教,法律,及伦理

---

① ［德］马克思:《资本论》第 1 卷,人民出版社 2004 年版,第 210 页。
② ［匈］乔治·马尔库什:《马克思主义与人类学——马克思哲学关于"人的本质"的概念》,黑龙江大学出版社有限责任公司 2011 年版,第 11 页。
③ ［德］马克思:《资本论》第 1 卷,人民出版社 2004 年版,第 211 页。
④ ［英］马林诺夫斯基:《文化论》,费孝通等译,中国民间文艺出版社 1987 年版,第 4 页。

规则的最后源泉。"与物质文化相配的精神部分,"包括着种种知识,包括着道德上,精神上及经济上的价值体系,包括着社会组织的方式,及最后并非最次要的,包括着语言,这些我们可以总称作精神方面的文化。"为了进一步说明精神文化相对于物质文化的重要性,他继续指出:"只有在人类的精神改变了物质,使人们依他们的理智及道德的见解去应用时,物质才有用处。"①

根据马林诺夫斯基的观点,人类只有通过文化才能与自然界相互作用,人类依赖文化而得以生存。我们可以据此而得出进一步认识:文化是人的实践活动中的作用于自然界的中介。人的实践活动的目的是满足人的需要。正如马克思指出的:"人的需要即'他的本性'。"②因此,我们还可以得出另一个认识:人的实践活动或行动虽然受人的目的所控制,但人的目的与动物的目的不同,人的目的很大程度上也起源于文化这一中介。纵观人类历史就可以看出,人的一切活动都源于人的需要。正如马克思所说的:"任何人如果不同时为了自己的某种需要和为了这种需要的器官而做事,他就什么也不能做。"③人的最基本的需要,即满足肉体生存的需要,与动物的需要没有任何区别。但人满足他的最基本需要的方式却与动物满足它的需要的方式存在着天壤之别。"我们首先应当确定一切人类生存的第一个前提,也就是一切历史的第一个前提,这个前提就是:人们为了能够'创造历史',必须能够生活。但是为了生活,首先就需要衣、食、住以及其他东西。因此第一个历史活动就是生产满足这些需要的资料,即生产物质生活本身,而且,这是人们从几千年前直到今天单是为了维持生活就必须每日每时从事的历史活动,是一切历史的基本条件。"④人通过生产实践活动来满足自己的需要,实践活动则是一种不断创造的过程。而动物作为"一种特异的东西,它有其本能和满足的手段,这些手段

---

① 〔英〕马林诺夫斯基:《文化论》,费孝通等译,中国民间文艺出版社1987年版,第5页。
② 转引自郭艳君:《历史的生成性——对历史与人之存在的哲学阐释》,黑龙江大学出版社2012年版,第180页。
③ 《马克思恩格斯全集》第3卷,人民出版社1979年版,第286页。
④ 《马克思恩格斯选集》第1卷,人民出版社2012年版,第158页。

是有限度而不能越出的",所以它"用一套局限的手段和方式来满足它的同样局限的需要"。① 动物的需要是有局限的,而人的需要则是没有局限的,并不断扩张的。人的没有局限的、不断扩张的需要从何而来呢? 马克思指出:"已经得到满足的第一个需要本身、满足需要的活动和已经获得的为满足需要而用的工具又引起新的需要,而这种新的需要的生产是第一个历史活动。"②可见,人的后续的需要产生于人在前面的实践活动所造成的结果。实践活动所产生的结果就是我们所说的文化。从这个意义上说,人的实践活动的目的也主要起源于人的文化。这样,我们就可以看出,人实际上是通过文化(包括物质文化和精神文化),也唯有通过文化为中介才能确证和表现自己的存在。

与马林诺夫斯基的文化分类对应,我们所谓的非物质文化实际上就是精神文化。这样,人与自然之间的互动关系就表现为以物质文化和非物质文化为中介的互动关系。其中,非物质文化虽然离不开物质文化,但从其作用来看,正如马林诺夫斯基所言,则比物质文化更为根本和重要。我国著名社会学家费孝通先生也是这样认为的,他指出:"只有在人类的精神改造了物质,使人们依他们的理智及道德的见解去应用时,物质才有用处。"③由此我们就可以认为,人主要是通过非物质文化而在自然界中确证和表现自己的,但确证和表现的结果却常常以物质文化的形式而存在。人的存在是一个过程,在这个过程中,人以非物质文化来应用物质文化作用于自然,形成了新的物质文化,人又以新的或旧的非物质文化来应用新的物质文化再作用于自然,从而又形成了更新的物质文化。只要人类还存在,那么,这个循环就将持续往复以至无限(见图12)。

在人的实践活动中,物质文化作为人的手段和器物设备,常因使用、消耗、

① ［德］黑格尔:《法哲学原理》,范扬、张企泰译,商务印书馆1961年版,第205—206页。
② 《马克思恩格斯选集》第1卷,人民出版社2012年版,第159页。
③ 费孝通:《文化与文化自觉》,群言出版社2010年版,第17页。

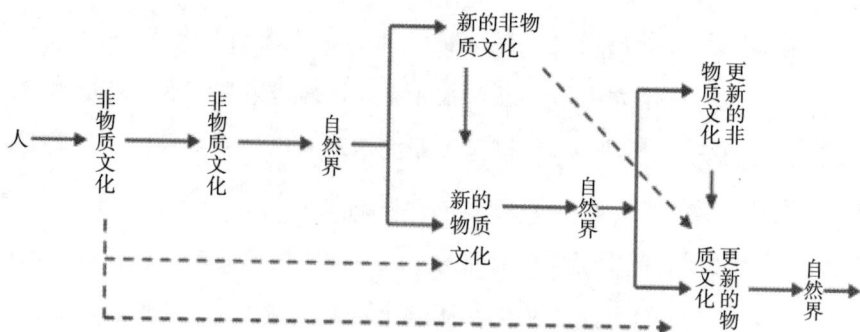

图 12　物质文化与非物质文化之间的关系及其在时间维度上的演变

磨损、销蚀等而需要不断地创造出新的物质文化;虽然在人的存在过程中也会不断地出现新的非物质文化,但由于其为精神性的存在,而精神性的存在通常不会随着物质性、有形性的消失而消失,因而常常具有积累性的特点。比如,非物质文化的重要类型——技能、技巧。技能、技巧创造的产品通常以工具或消费品的形式而存在,当它们被使用或消费之后将逐渐地磨损掉、消耗掉,最终变成无用之物,但技能、技巧却不仅不会因使用而被磨损和消耗掉,反而会因持续使用而不断地变得更为熟练和精湛,这就表现出了一种积累性的特点。正如日本民艺学家柳宗悦所说的:"优秀的工艺是熟练的产物,即便是不灵巧的人也会惯于重复进行的工作,也能掌握难以置信的技巧","只有制作大量的器物,才能有充分练习技能的机会"。①

　　人在历史过程中不断地创造出了大量的非物质文化,那么,是不是所有的非物质文化都具有积累性特点呢?毫无疑问,答案是否定的。纵观历史我们就可以知道,有些非物质文化虽然形成于过去,但现在仍然影响着我们的实践活动,而有些过去形成的非物质文化则只在当时起影响作用,或者起过一段时期的影响作用之后就消失了。比如,现在仍然深刻影响着我们生活的春节习俗——贴春联。据相关考据资料,春节时在门上贴春联的习俗起源于宋代,在

① 　[日]柳宗悦:《工艺文化》,徐艺乙译,广西师范大学出版社 2006 年版,第 107、108 页。

明代时开始盛行起来,到了清代,春联的思想性和艺术性都有了很大的提高。但春节贴春联的前身实际上起源于周代悬挂桃符以驱魔逐鬼的习俗。清代《燕京岁时记》说:"春联者,即桃符也。"①而这则起源于周代,目的在于驱鬼逐魔。《荆楚岁时记》上说:"造桃板著户,谓之仙木。"②桃板之所以为"仙木",是因为"桃者乃五行之精",能制百鬼,为鬼所恶。③ 直到宋代,春联仍称"桃符"。此后,桃符逐渐由桃木板改为纸张,并改称为"春贴纸"和"春联"。由悬挂"桃符"转变为张贴"春联",说明悬挂"桃符"这种非物质文化的原形——驱鬼逐魔已经消失了,而张贴"春联"这种旨在展示喜庆的非物质文化,虽经数百年,现在仍然影响着我们的现实生活,已经成为名副其实的"遗产"了。而湘西、黔北一带,过去苗族社会中盛行的赶尸、放蛊、落洞等非物质文化,现在对人们的生活几乎没有任何影响了,可以说已经形消迹匿了。这些例子说明,非物质文化在人类存在的过程中,既有所创造、有所传承,也有所转变、消失、灭绝,这一过程过去主要是以自组织的方式而进行的。

既然原来非物质文化在人类存在的过程中是以自动形式创造、传承和转变、消失、灭绝的,那么为何不能让它继续以这种方式进行自我演变,而是要有意识地提倡对某些非物质文化进行保护和传承呢? 我们已经指出,非物质文化是自然的人化和人的自然化的中介和结果。自然的人化和人的自然化是同一过程的两个不同方面:自然的人化是人的本质力量的显现;人的自然化则是人的本质力量对象化到自然而然存在的事物里去,使自然而然存在的事物打上人的烙印,成为人化的自然。

自然的人化和人的自然化是一个持续变动的过程。在这个过程中,随着科学技术的进步,人征服自然、占有自然的欲望高度膨胀,但却忽视了科学技

---

① (清)潘荣陛、富察敦崇:《帝京岁时纪胜　燕京岁时记》,北京古籍出版社 1981 年版,第 95 页。

② (梁)宗懔:《荆楚岁时记》,宋金龙校注,山西人民出版社 1987 年版,第 4—5 页。

③ (梁)宗懔:《荆楚岁时记》,宋金龙校注,山西人民出版社 1987 年版,第 5 页。

术的应用对自然界本身造成的不利于人的存在的后果,从而使人类面临着巨大的生存困境和生存危机。而在过去所形成的非物质文化中,有些则体现了人与自然在相互转化中的协调性及和谐性,因而也就成为了人类的文化遗产,即非物质文化遗产(不利于人与自然的和谐的非物质文化不能成为遗产)。但这部分非物质文化遗产却在现代社会中因受到现代科学技术的严重冲击和挤压而面临着持续生存的困境和危机,因而我们要提倡对其进行保护和传承。从这个意义上说,我们提倡保护传承非物质文化遗产的目的,就是使自然的人化和人的自然化过程实现协同共进。

三、非物质文化遗产"生产性保护"与 人的类存在的动态关系

恩格斯指出:"世界不是既成事物的集合体,而是过程的集合体。"①什么是过程呢? 索罗金(Pitirim Sorokin)给出了一个经典的定义:"所谓过程,就是指任何类型的运动,或变动,或转换,或转变,或改变,或'进化',简单说就是某一合理对象随时间推移而发生的任何变化,不管是其空间位置变化,还是其数量或质量变化。"②根据这个观点可知,"过程"本质上就是"变化"。"变化"意味着没有静态的事物,所有的对象、实体、结构或整体都不是固定不变的。据此理解,我们通常所谓的静态与动态的对立,可能就是虚假的认识。由于变化是事物的根本属性,因此,20世纪杰出历史学家汤因比(Toynbee.A)指出:"研究变动中的人类事件肯定会富有成效,因为比起任何试图把它们当作一种想象的静止状态去研究,这更现实。"③目前,动态观或过程观已经变成了一

---

① 《马克思恩格斯选集》第4卷,人民出版社2012年版,第250页。
② 转引自[波]彼得·什托姆普卡:《社会变迁的社会学》,林聚任等译,北京大学出版社2011年版,第7页。
③ 转引自[波]彼得·什托姆普卡:《社会变迁的社会学》,林聚任等译,北京大学出版社2011年版,第10页。

种主导性的分析方法,这种分析方法就是把事件而不是事物、把过程而不是状态,当作现实的根本组成元素。①

把事件而不是事物、把过程而不是状态,当作现实的根本元素,意味着现实都是沿着时间方向而展开的。就此而言,时间就是人类现实生活中的一个不可或缺的维度,它必然关联着我们生活的方方面面。由此可见,像空间一样,时间也是人类生活的一般背景。我们的时间经验和时间观念都来源于不断变化的现实属性。所以,谈变化就是谈时间,谈时间就是谈变化。在不涉及变化的情况下去谈论时间是不可能的,而脱离时间来议论变化也是不可想象的。可以说,世界的所有一切都是"时间的嵌入性"的。

那么,时间又意味着什么呢?就其基本意蕴来说,时间意味着序列性和持续性。序列性和持续性既是人类生活的两个基本方面,也是时间的至关重要的两个方面。时间的序列性和时间的持续性在很大程度上意味着变化的不可逆性。一件事情一旦发生,它就不能再回去了。一旦采取了某些行动,它就不可能不被采取了;一旦想到了某些主意,它就不可能不被想到了;一旦经历了某些事情,它就不可能不被经历了。这正如安东尼·吉登斯(Anthony Giddens)指出的那样:"我们的生活伴随着有机体生命的'逝去',在那不可逆转的时间中消逝而去。"②时间流逝性存在于人类社会的任何层面中。比如,战争一旦开始就不可能不发生了。战争之后的历史事件,签订和平协议,已经是不同的历史事件了。再如日常吵架,即使随后有完全的悔悟和谅解,但架已经吵了,它不可能不发生了。正因为如此,亚当(Adam,Barbara)才断言:"任何行动在其重复时也是各不相同的。它所关联的任何东西在这期间必然都已发生了变化。"③

① 参见[波]彼得·什托姆普卡:《社会变迁的社会学》,林聚任等译,北京大学出版社2011年版,第9页。
② 转引自[波]彼得·什托姆普卡:《社会变迁的社会学》,林聚任等译,北京大学出版社2011年版,第102页。
③ Adam,Barbara.*Time and Social Theory*.Cambridge:Polity Press,1990,p.168.

时间的流逝性质蕴含着过去、现在与未来之间的区别,但这种区别似乎没有我们所认为的那样明显。严格地说,并没有现在,因为社会进程是持续的,在可以想象的任何时刻,它们都正不断地经由过去向未来行进;从这个角度看,社会进程既是过去,又是将来。但从事件目的来说,这种区别显然是有效的,只要我们记着我们称为现在的东西仅是一种约定俗成,就可通过任意边界对持续的实践流进行划分。① 在人类生活中,划分边界的标准大多数情况下跟人类认识的可能性及事件过程的因果影响相关。亚当(Adam,Barbara)正确地指出:"我们通过记录了解过去的事情,通过直接观察感知现在的事情,而仅仅借助想象了解未来的事情。过去的事情已被确定,现在的事情正在被确定,将来的事情则有可能被确定,……过去绝对不受影响,现在正在受影响,未来则仅仅是有可能受到影响。"②

将时间和变化联系起来,意味着时间可以作为度量事件与进程的外在框架,使混乱的变动变得有序,有益于以人为本和社会行动的协调一致。同时,时间还以另一种方式与变化相连,这种方式不是作为外在的、常规的框架,而是作为社会事件与进程的内在固有的本体论属性。③

从人与自然的关系看,人与自然之间在任何时刻都应该是统一的。因为,自然界是人的无机的身体,而人本身就是自然的。"自然界,就它自身不是人的身体而言,是人的无机的身体。人靠自然界生活。这就是说,自然界是人为了不致死亡而必须与之处于持续不断的交互作用过程的、人的身体。"④但人与自然在现实的时间过程或变化过程中的关系并不总是统一的,而是不时地出现冲突、对立、矛盾。从变化性或时间角度来看待非物质文化遗产的"生产

---

① 参见[波]彼得·什托姆普卡:《社会变迁的社会学》,林聚任等译,北京大学出版社2011年版,第41页。

② Adam,Barbara.*Time and Social Theory*.Cambridge:Polity Press,1990,p.22.

③ [波]彼得·什托姆普卡:《社会变迁的社会学》,林聚任等译,北京大学出版社2011年版,第42—43页。

④ [德]马克思:《1844年经济学哲学手稿》,人民出版社2000年版,第56页。

性保护"和人与自然之间的关联,意味着要通过非物质文化遗产的"生产性保护",使自然的人化和人的自然化一方面从潜在性转变为现实性,另一方面从非协调性转变为协调性。下图(见图 13)中呈现的就是我们的这一认识和推理过程。

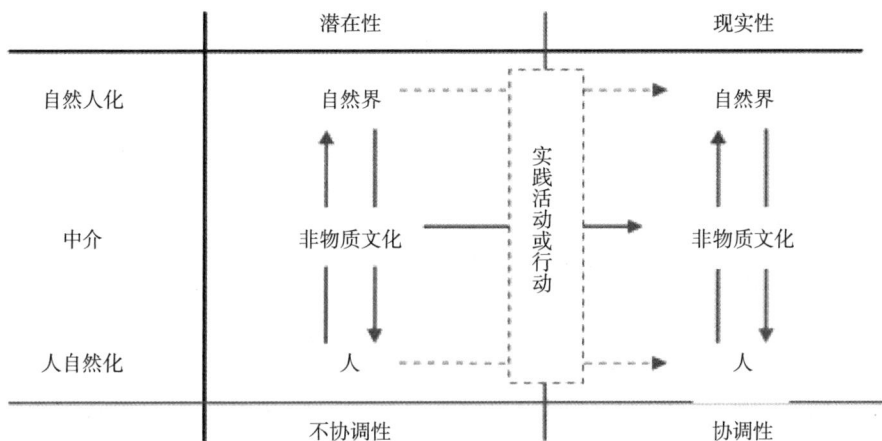

图 13　非物质文化遗产"生产性保护"与"人的类存在"协同

在人类历史的发展过程中,从原理上看,所有已形成的非物质文化都具有实现自然的人化和人的自然化的潜在价值的可能。但有些已形成的非物质文化可能会不利于人的存在和发展。就此而言,这些非物质文化尽管具有一定的功能,也曾经发挥过一定的作用,但不应该将之作为遗产而加以保护。从潜在性和现实性关系来看非物质文化遗产的保护,必然要求在非物质文化遗产的多种潜在性价值中做出选择,使它通过实践活动使自然人化和人自然化的结果有助于人在自然界中持续生存和发展。否则,对它的保护就没有任何价值和意义。

保护非物质文化遗产的时间性的另一个维度是,使人与自然的关系从不协调到协调,或从不太协调到更加协调。从不协调到协调与从潜在性到现实性维度不同,潜在性到现实性意味着从"无"到"有"的转化,因为事物或事件具有多种属性和多种可能性,这个"有"从而也就具有了多种可能性,尽管最终只有一种可能性能够变成现实。而从不协调到协调则意味着从"现实"再到"(新的)现实",换言之,就是意味着我们要从目前或现在的"不满意的现实",在下一步中变成"满意的现实"。我们极力提倡保护和传承非物质文化遗产,对现实的不满意就是其中的重要原因之一。如果现实已经是人与自然和谐了、协调了,我们对现实生活都十分满意了,那么,再提什么保护传承非物质文化遗产也就没有什么意义了。

但这种理想的状态(即对现实生活十分满意)永远都不可能存在。实际情况是,在人与自然之间的互动关系上常常表现出一定的盲目性和反自然性。这种盲目性和反自然性在自然的人化和人的自然化过程中都有所体现。在自然的人化方面,尤其是在资本主义时代,人们对自然的无限制的人化开发,就已经造成了相当严重的后果,不仅导致了煤矿、铁矿等不可再生资源的浪费,甚至也使森林、水、动物等可再生资源日益枯竭,①更为严重的是还导致了危及全球的环境污染和生态失衡。在人的自然化方面则完全违背了人的幸福存在的基本要求。资本主义生产方式虽然给人类创造出了巨大的物质财富,但它同时却又是"比其他任何一种生产方式都更加浪费人和活劳动,它不仅浪费人的血和肉,而且浪费人的智慧和神经"②。

人与自然之间相互作用的盲目性和反自然性,导致了人与自然之间的相互背离,它使人与自然之间无法进行正常的相互作用。人与自然之间的相互背离,不仅体现在物质层面上,而且也在精神层面上凸显出来。在物质层面上的表现有环境污染、生态破坏、资源枯竭、生存家园危机等。在精神层面上,一种分立感、异质感、陌生感和日渐远去的疏离感,取代了人与自然之间的亲缘感、敬畏感、神秘感、乡情感。在一定意义上,文化遗产保护传承意识的形成,很大程度上正是以人们对人与自然之间关系的相互疏离的深入认识、反思为

---

① 参见[德]马克思:《资本论》第 3 卷,人民出版社 2004 年版,第 289 页。
② 《马克思恩格斯全集》第 47 卷,人民出版社 1979 年版,第 190 页。

背景和前提。在一定意义上可以说,非物质文化遗产保护传承观点的提出,正是基于这样的认识基础、认识前提。

人与自然之间的关系需要通过时间性,即通过序列性、持续性,才能得到恰当的认识和理解。正如阿彻(Archer)指出的那样:"如果不能恰当地纳入时间,结构和能动性问题就永远无法得到满意的解决","结构和行动的运作会经历不同的时间阶段……结构在逻辑上先于改变它的行动,结构性结果在逻辑上后于这些行动"。阿彻的这段话简单来说就是,"现时孕育造就未来,从过去的遗产中经由当前的创新而打造出来"。① 可见,时间性虽然意味着连续性,但这个持续性的序列可被相对划分为许多阶段。人在某一阶段里形塑了晚些时候的能动性,而这个能动性在更晚些时候,在变化了的实践中又被现实化,这个过程将无限往复、永无止境。这就是说,人与自然之间的任何状态,实际上都只是人与自然之间关系过程的历史序列中的一个阶段或片段。这个阶段或片段既是过去人与自然之间相互作用的产物,同时又是人与自然之间进行下一步相互作用的前提、基础和条件。换言之就是,任何人与自然之间的关系状态,在某种意义上都是之前所有历史的反映和未来历史的萌芽(见图 14)。

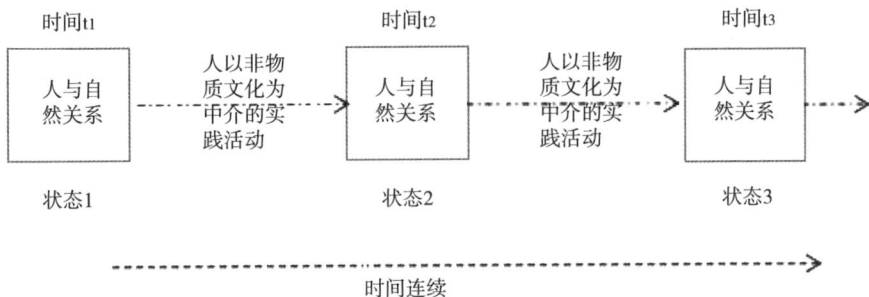

图 14　"人与自然"关系状态在时间维度中与非物质文化的关系

---

① 转引自[波]彼得·什托姆普卡:《社会变迁的社会学》,林聚任等译,北京大学出版社 2011 年版,第 217 页。

人通过实践活动作用于自然界,使自然界发生了明显的变化,不仅改变了人自身存在的自然条件,还增加了一个全新的经过人的实践改造过了的自然条件(人化自然),这种人化的自然条件主要以产品和人造物为其表现形式。与此同时,人的精神、人的意识也具有与此类似的持续机制。可以说,人类在任何既定时间内所进行的实践活动,既反映了具体能动主体所持有的思想、信念、信仰,也反映了社会具有的更客观的、超越于个体层面而存在的意识形态、观念信条。同时,实践活动也反作用于人的能力及认识结构的潜在性,从而也影响和改变了实践个体的意识和社会全体的意识。其结果就是,人的认识和实践能力大大地被重新塑造了。能动性在现实化的过程中会导致晚些时候的实践行动的改变,实践行动的改变反过来又会带来思想、意识、信念上的变化。通过这样的往复循环以至无穷的过程,人的意识及认识类型的改变过程将得以无限地持续下去。

人类文明和技术的历史就是以这样的前后相继的序列持续性过程而存在的。这个过程本质上就是人把自然而然的事物作为自然资源来使用,使之服从于人类的需要的过程,同时也是人类使社会反抗自然威胁的能力得以不断增强,实现自我保护、自我发展的过程。就与人的意识改变有关的趋势而言,人类知识的增加本质上就是意味着人的意识改变。就人作为有意识的主体而言,人的意识的改变或知识的增加的目的,就是使人类在自然界中更好地存在。因此,人的意识的改变的方向,应该是塑造人类对生活具有更高的预期、更周密的计划,以及更合理可行的理想。在多阶段序列化的过程中,历史传统具有积累性倾向。这种积累当然是选择性的,一些早期阶段的传统被延续了下来,另一些则烟消云散、销声匿迹。因此,人类社会的结构可能会因选择而解体,作为能动性主体的人类也可能会失去他们先辈曾经获得的认识自然、改造自然的能力,先辈们所创造的产物可能会消失或过时,思想也可能会被遗忘。前文分析表明,人类早期实践的遗存物构成了后来实践的可能性(能动的、结构的、环境的)空间和场域。尽管这个空间和场域是有界限的,但是,绝对不是没有选择余地的。对未来的进程而言,常常存在多种可能的趋势和路径以供选择,这种情况在历史进程的每个阶段中都存在。一些趋势和路径经由人的实践选择而被现实化,而另一些则被放弃了;结果就是,一些历史上存续的可能性得到了使用,而另一些则被弃用。这就是说,如果在历史中存在任何必然性的话,那也是有条件的必然性。因此,必然性只存在于事件之后,存在于人们做出选择和决定,并采取行动之后。在这之前,这个进程是开放性的。正如梯利(Tilly)所指出的:"过程由一系列选择点构成。某个既定时间点上的结果,会限制后来时间点的可能结果。"①

这意味着,时间维度上的连续性只是表明事件的前后相继,并不能说明前后相继的事件是必然性的。法国系统哲学家埃德加·莫兰指出:"变化的源泉在这里表现为一个随机的事件;一旦这个事件的实用的和便利的特点被发现,它就被转变为一项革新,以后又逐渐变化为常规。"②这就是说,一个事件向另一个事件演化过渡、转化,其根源可能是随机性的和偶然性的。人在自然界中形成的过程就是这样的一个过程。"这个过程从某一方面来看是偶然的和随机的,因为环境系统的变化、遗传突变、一项新技术的发明,都是一些倾向于使已经建立的系统瓦解的事件,不服从任何预定的发展计划。"③

从系统论角度看,如果把已经现实化的事件看成一个系统,那么一个事件转化、过渡为另一个事件,也就是一个系统转化为另一个系统。系统之所以存在是由于其内部子系统或要素之间形成较为稳定的联系(功能耦合)。这种稳定的联系就是我们所谓的有序性。这样,一个系统转化为另一个系统,就是一种有序性经由混乱而转化为另一种有序性。在这个意义上,系统的转化并

① 转引自[波]彼得·什托姆普卡:《社会变迁的社会学》,林聚任等译,北京大学出版社2011年版,第223页。
② [法]埃德加·莫兰:《迷失的范式:人性研究》,陈一壮译,北京大学出版社1999年版,第30页。
③ [法]埃德加·莫兰:《迷失的范式:人性研究》,陈一壮译,北京大学出版社1999年版,第76页。

不是同一系统的不同阶段的差异表现,而是不同系统在时间持续中的更替。那么,一种有序存在如何会转化为另一种有序存在呢? 这是因为有无序的存在。"无所不在的无序不只是与有序对抗,也和后者奇妙地合作以创造组织","随机的相撞以动荡因而也以无序为前提,但它产生了物理的组织(原子核、原子、星体)和最初的生物。因此,无序帮助产生了有组织的有序。"①根据这样的认识,我们就可以为有序的产生及其在时间中的演变构建一个基本模型(见图 15)。

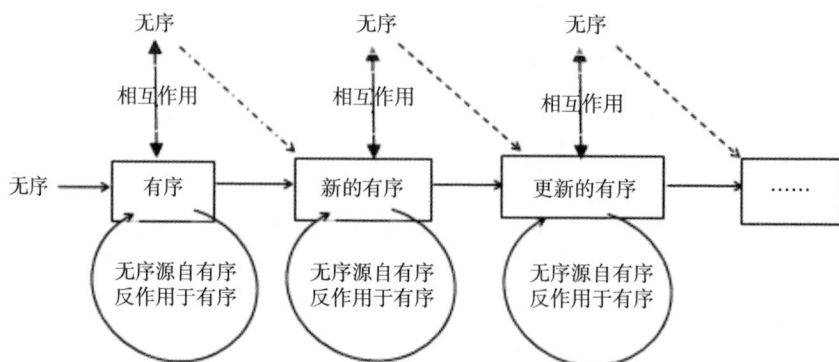

图 15 有序在时间维度上的演变原理

尽管"有序性意味着和谐、逻辑上的一致性、进行演绎或归纳因而进行预见的可能性"②,但由于无序的无所不在,所以一种有序存在转变为另一种有序存在通常是不能预见的。实际上,从一种有序存在转变为另一种有序存在通常是行动主体的"策略"。莫兰指出:"策略(strategy)一词的含义,可以通过与程序(programme)的对比来把握。程序由一个预先确定的行动序列构成,它只能在包含很少的随机性和无序性的环境中付诸实施。而策略则是根据研究

---

① [法]埃德加·莫兰:《复杂思想:自觉的科学》,陈一壮译,北京大学出版社 1999 年版,第 157 页。

② [法]埃德加·莫兰:《复杂思想:自觉的科学》,陈一壮译,北京大学出版社 1999 年版,第 164 页。

既有确定性又有随机性、不确定性的环境的条件下而建立的,人们在这个环境中展开行动以求实现一定的目的。程序是不能改变的,在出现预料之外的情况或危险时它只有中止。而策略则可以根据在执行过程中获得的信息随时对预定的行动方案进行调整、改变,甚至创造出新的行动方案。"①根据莫兰这一段话的意思,所谓的"策略"实际上就是对随机事件的选择、利用。拿破仑在奥斯特里茨战役中因对偶然出现的大雾进行了充分利用,从而创造出了取得决定性胜利的战机,就是对随机事件选择利用的绝妙实例。② 动物尚且为了生存采取一定策略,比如实行的进攻和逃跑、佯攻和回避、诡计和诱骗等等的策略来对付猎物或它们的捕猎者,更遑论具有高级意识的人类了。我们实施行动时可能根据在过程中突然产生的信息而改变我们的决策或方法。墨守成规通常会使我们丧失机会,但一味地破坏规则,也未必对我们有利。莫兰指出:"过多的有序性会窒息行动。过多的无序性将使行动变成纯粹的盲目赌博,使它在风暴中倾覆。"③只要稍加思考,就可以发现,莫兰的论述十分有道理。任何行动只有同时存在有序、无序的情形才是可能的、可行的、有利的。就此而言,策略对于人类来说就是对信息的组织。对此,系统哲学家欧文·拉兹洛(Ervin Laszlo)进行了初步分析。他在 20 世纪 80 年代出版的《进化——广义综合理论》一书中构建了一个社会系统模型。根据他的模型,人类社会系统的中心是"文化信息库"(culture-information),文化信息库是指"人类世世代代不断创造和保存下来的文化信息的总汇,包括知识、技术、蓝图、法律、准则等。"④人们在社会中所从事的各种社会实践活动,如生产、交换和消费活

---

① ［法］埃德加·莫兰:《复杂思想:自觉的科学》,陈一壮译,北京大学出版社 1999 年版,第 174—175 页。

② 参见［法］埃德加·莫兰:《复杂思想:自觉的科学》,陈一壮译,北京大学出版社 1999 年版,第 174—175 页。

③ ［法］埃德加·莫兰:《复杂思想:自觉的科学》,陈一壮译,北京大学出版社 1999 年版,第 157 页。

④ 转引自闵家胤:《社会系统的新模型》,《系统科学学报》2006 年第 1 期。

动,之所以具有目的性、计划性,主要就是因为不断地从这个信息库中提取信息;同时也在不断地把自己在各种社会实践活动中所创造出的新的文化信息存入这个原有的文化信息库中去,以丰富文化信息库。① 人与自然之间的系统由一个状态向另一个状态转变的过程,很大程度上就是"人不断地从文化信息库中提取信息,进行人的、文化信息的和物质的生产和创新,从而实现系统的自我复制——自创新"②的过程。

如果将人的文化与动物的遗传基因相类比,那么,文化信息库就是社会系统的遗传信息(社会文化遗传基因)。文化作为人类社会的遗传信息基因,由语言和文字进行编码,编码可以转录和翻译,并由文化遗传而永存。但文化作为人类社会的遗传基因不像动物基因遗传那样是自然遗传,而是一种获得性遗传,因此,在它的遗传过程中就很容易发生变异。人之所以要使自然人化和人自然化,最终目的就是使人能够在自然界中幸福生活、长期存在,而人要在自然界中幸福生活、长期存在,则必须在自然的人化和人的自然化过程中与自然之间实现协同共进。

人与自然之间关系的每一阶段、每一状态都是人在既有的文化基础上及相应的环境条件下进行选择的结果。这就是说,人与自然之间关系是否和谐很大程度上取决于人既有的文化、环境及人的选择(见图16)。但选择并不是在静态的条件下进行的,而是在随机动态的环境条件下而进行的。比如,气候的微小变化(随机动态)改变着动物区系和植物区系(动态随机肯定)。环境本身是随机动态的,不是一个静止的框架,物种的产生、消失、演变在某种意义上正是环境动态随机性作用的结果。进化论先驱、传教士拉马克(用进废退观点就是他提出的)曾经指出:"环境具有改变所有自然的抉择的能力"③。

---

① 参见闵家胤:《进化的多元性》,中国社会科学出版社1999年版,第368页。
② 闵家胤:《进化的多元性》,中国社会科学出版社1999年版,第369页。
③ 转引自[法]埃德加·莫兰:《复杂思想:自觉的科学》,陈一壮译,北京大学出版社1999年版,第191页。

环境是事件发生和相互作用的场所,而这些发生在环境中的事件在使某些物种衰退、消失的同时,却促进了另一些物种的产生和发展。

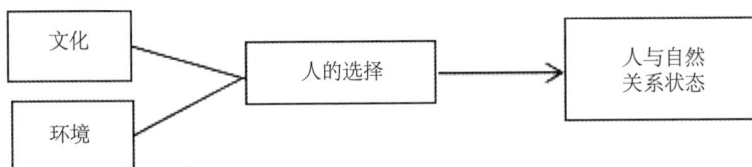

图16　"人的选择"与"文化""环境""人与自然关系状态"之间的原理

　　文化作为人的自然化和自然的人化的社会基因,与生物系统中的基因既有类似也有不同。人类文化作为人类经验的累积,自产生时起就形成了一个可以不断再生的系统。文化编码如同遗传编码一样也会发生多样化改变,甚至有过之而无不及;多样化起因于环境系统的变化、居住的群落生境的变迁,以及在现实实践内部发生形态变革等。由于环境和文化的变化,人的选择无疑就将处在十分不确定的环境之中,从而使人与自然的关系具有很大的偶然性和随机性。因此,尽管人的所有的选择都是为了使人本身生活得更好、更幸福,但由于有偶然性、随机性的干扰,选择的结果往往偏离了人进行选择时的动机和目标。目前,人与自然之间的对立冲突,如生态失衡、环境污染等,很大程度上就与当初人们的选择有关。

　　但文化作为社会基因,其与生物基因也存在着显著的不同。生物基因一旦变异,其原有的特性就几乎丧失了;而文化基因虽然也会发生变异,但变异前的特性有可能通过某种方式而得以保留下来,也有可能通过某种方式而得以再生,从而使其变异前的属性和变异后的结构能够同时共存。正因为人类社会文化基因具有这样的特点,因此,人在进行选择时,既可能从变异后的文化中进行选择,也有可能从变异前的文化中进行选择,或者同时从两者中进行选择。如果说,现在我们所拥有的文化都是变异后的文化,那么,那些消失或即将消失的文化,就相当于变异前的文化。从这个意义上说,我们复兴、保护那些消失的、即将消失的文化,实际上就是为了保护人的选择的空间、拓展人的选择的范围,这样一方面保护了人的选择的多样性,另一方面也增强了人的选择结果的确定性。

"人永远不满于事物存在的现状,因而跟世界发生不断的冲突。"①"人们就处于矛盾之中:一方面,要毫无遗漏地从所有的联系中去认识世界体系;另一方面,无论是从人们的本性或世界体系的本性来说,这个任务都是不能完全解决的。"②这意味着,只要有人存在,人就必然将处于无穷无尽的选择之中。如前所述,选择必然以文化和环境为前提。因此,文化越是丰富,越是多样,人的选择的范围就愈加广阔,愈有多样性,也愈有合理性。罗马尼亚哲学家亚·泰纳谢指出:"文化无非是人文主义化了的自然界。文化是自然财富的认识和掌握,是人们用认识、感觉和活动创造价值和积累价值。"③他还说:"文化价值的持久性及其对个人和社会影响的能力,取决于其中体现的人类的认识丰富到何等程度。在一切比较准确、选自一定判断标准,以及内容丰富的认识方式基础上形成的文化价值,总是主观和客观、精神和物质的特殊的融合。"④就此而言,我们保护传承文化就是保护人的认识,丰富人的认识,提高人的认识,从而使人能够在随机性、偶然性、不确定性的环境中,尽可能地做出合理的、可行的、具有现实意义的选择,进而使人能够在历史过程中规避与自然之间的冲突、对立、矛盾,实现人与自然之间的和谐和睦、协同共进。毫无疑问,我们提倡保护传承非物质文化遗产,在本质意义上就是要使人、非物质文化遗产、自然三者之间得以和解、共进。

---

① [罗]亚·泰纳谢:《文化与宗教》,张伟达等译,中国社会科学出版社 1984 年版,第 25 页。

② 《马克思恩格斯选集》第 3 卷,人民出版社 2012 年版,第 76 页。

③ [罗]亚·泰纳谢:《文化与宗教》,张伟达等译,中国社会科学出版社 1984 年版,第 25 页。

④ [罗]亚·泰纳谢:《文化与宗教》,张伟达等译,中国社会科学出版社 1984 年版,第 24—25 页。

第五章　非物质文化遗产"生产性保护"与人的现实存在

　　人是自然性存在,也是社会性、个体性存在的统一。人作为自然界长期演化的产物,离不开自然,离开了自然,人就不可能存在。但人也是社会性存在,人也离不开社会,离开了社会,人就不成其为人,甚至人的自然性存在还必须要以人的社会性存在为条件。马克思在《1844年经济学哲学手稿》中指出:"只有在社会中,人的自然的存在对他来说才是人自己的合乎人性的存在,并且自然界对他来说才成为人。"①马克思的话很有道理,只有通过实践活动才能使不同个体结合起来,形成具有一定自主性的人类社会。没有个体的结合就没有社会的存在。但社会的存在离不开各个个体,必须依赖于各个个体。那么,作为一种人类实践活动的非物质文化遗产的"生产性保护",它在个体与社会之间、个体与个体之间、社会与社会之间,以及个体与自我之间,具有什么样的意义呢? 本部分尝试对这个问题进行回答,也希望这里的回答有助于进一步澄清、明确非物质文化遗产"生产性保护"的价值和意义。

---

　　①　《马克思恩格斯文集》第1卷,人民出版社2009年版,第187页。

一、人的现实存在:个体性存在与
社会性存在的统一

人构成了社会,没有人就没有社会;任何人都属于社会的人,不存在不生活在社会中的人。那么,什么是人呢?这是个至今仍然难以确切回答的问题。但是,我们还是可以从人类的存在性质来了解人的基本含义。毫无疑问,人是自然界长期演化的结果。因此,人不能脱离自然界而存在,这就意味着人必然具有自然属性。正如恩格斯指出的:"人来源于动物界这一事实已经决定人永远不能完全摆脱兽性,所以问题永远只能在于摆脱得多些或少些,在于兽性或人性的程度上的差异。"①恩格斯这里所说的兽性,实际上就是指人的自然属性,即人的生理本能,人的生物性质。人在其自然属性上,作为猴子(类人猿)的后代,延续了猴子的群居性。但是,人尽管永远不能摆脱兽性,但人之所以为人而不为兽类,也是因为部分摆脱了兽性。人越发展或越进步,摆脱兽性的程度就越高。在此意义上,人的群居与猴子的群居,就具有了本质性的区别。这个区别之所在就是人在群居中所摆脱兽性的那部分,即社会性。所谓的社会性,就是指人类在群体生活中所习得的特征,它属于后天范畴。

与群居动物类似,人的群居性意味着任何人只有在群体生活中才能生存。当人类还处于脱离兽性较少的阶段时,人需要依靠集体的力量与自然界相抗衡,如躲避凶禽猛兽的猎捕,搜寻采集野果食粮,战胜生存条件中的不利因素,战胜恐惧和各种灾难,等等。人类社会之所以能够不断地发展,很大程度上也正是在人类群体规模不断扩大的过程中实现的。人类社会由氏族到部落,由部落到部落联盟,由部落联盟到国家的演化过程,都是群体规模不断地扩大的过程。今天的全球化、世界一体化使人这个地球上的特殊物种在全球范围内

---

① 《马克思恩格斯文集》第9卷,人民出版社2009年版,第106页。

联系了起来,某种意义上也就意味着人类群体规模的扩大。因此,无论何时何地,群体性都是人类生存的最基本的前提。过去的人类通过群体性共同劳动以获取生存,现今的人类则以复杂的分工体系来凸显群体的相互依赖性。这就是说,人类社会的形式尽管有各种级差次层,但都互相以别人的存在为自己存在的必要条件。就从人的最基本的需要——食物来说,原始社会时大家共同狩猎、一起采集,而今天还有多少人在直接生产食物呢?资料显示,美国直接生产粮食供全美国消费和其他食品消费的人不到2%。这就是说,2%的人生产的食物满足了其他98%的人的食物需要,而其他的人也为生产食物的人生产衣物、工具等资料。"你毁掉别人的同时,也在毁掉你自己"这句谚语,说的就是人的相互依赖本性这个道理。因此,任何人都不可能离开群体而生存。

群体生活必然需要一种进行相互沟通、交换信息的工具。人类在群体生活中创造了一种复杂的信息沟通和交换的媒介,即符号。"所谓符号,就是人们可以通过感官感觉到的一些具有'形式'的东西,它们可以是一些笔画,可以是一些抽象图形或形象图形,也可以是一些物体、一些活动,以至一些空间和时间的形式;它更多的是一些声音、言语、语言等等。人们日常使用最多的'符号',就是话语和'文字'"。① 通过话语符号和文字符号进行交流、沟通,是人类拥有的有别于动物的独一无二的活动。正如著名人类学家克罗伯所说的:"人具有说话的本领和象征、抽象或概括的本领。通过这两种相互联系的本领,人能够把获得的学问、知识和成就传授给同伴和后代。这是任何其他动物所不能做到的。"② 人的话语符号和文字符号这种有别于动物的交流沟通的媒质是相当丰富的,每一种不同的话语几乎都是由数万词汇构成的,这使得人能够表达形成于大脑中的任何一种思想和内容,从而也就使人能够比动物更能传达和交流信息。可以说,如果没有话语、文字符号,人的一些思维活动几

---

① 李鹏程:《当代文化哲学沉思录》,人民出版社2008年版,第149页。
② 转引自[美]刘易斯·科塞等:《社会学导论》,杨心恒等译,南开大学出版社1990年版,第72页。

乎无从进行。正是人创造了一系列的话语和文字符号,人才拥有了文化,并因此而成为完全的人。

人只有在群体生活中才能满足他的多方面的需要。人的生活的多方面需要大致包含两大类型,即工具性需要和意义性需要。工具性需要是指完成某项活动所必需的实在要求,如生存所需要的食物、住所和经济收入等等;意义性需要是指人们在心理上的愿望,如人类有寻求归属感需要、亲情需要、爱的需要等等。美国人本主义心理学家马斯洛(Abraham H.Maslow)把人类的基本需要按由低到高的次序归纳为五类:生理需要、安全需要、社交需要、自尊需要、自我实现需要。但是,无论什么需要的满足都有一个共同的前提,即只有在人类群体中才能实现。在《鲁滨逊漂流记》中,虽然鲁滨逊一个人独自在岛上生活了二十几年,但他的不少生产工具都是从人类社会带去的,更为严重的是,在离开群体生活之后,最让他难以忍受的是深深的孤独感。在孤岛上,语言、感情等等都是多余的,这意味着人的基本需要在没有人的孤岛上是无法满足的。

人类的群体性表明了这样一个事实,即人生活于社会中,任何人都是"社会"的人。人类不仅离不开自然,还必须生存在由众多的同类构成的群体环境中,他必须与和他同样的人进行合作、交往。人要在自然界中生存,就必须从自然界中谋取生存所必需的物质生活资料,但物质生活资料的谋取,需要人与人之间的通力合作,靠单个人的力量是不可能的(鲁滨逊漂流仅仅是小说设想而已)。马克思指出:"只有在社会中,自然界才是人自己的合乎人性的存在的基础,才是人的现实的生活要素"①,"我从自身所做出的东西,是我从自身为社会做出的,并且意识到我自己是社会存在物。"②由此可见,人与自然之间的相互作用,实质上取决于个体与个体之间的相互作用。正因为如此,马克思才进一步指出:"人的本质不是单个人所固有的抽象物,在其现实性上,

---

① 《马克思恩格斯文集》第1卷,人民出版社2009年版,第187页。
② 《马克思恩格斯文集》第1卷,人民出版社2009年版,第188页。

他是一切社会关系的总和。"①这说明人类不仅要适应自然界,也要适应社会群体。人要依赖群体、依赖社会而生存,但构成群体、构成社会的人又是一个个各不相同的个体存在。对此,马克思进行过精辟的论述:"人是一个特殊的个体,并且正是他的特殊性使他成为一个个体,成为一个现实的、单个的社会存在物,同样地他也是总体、观念的总体、被思考和感知的社会的主体的自为存在。"②人不是抽象的个体存在,而是在个体与个体之间的相互关系中的社会性个体存在,而且只有作为社会性个体,作为社会性存在,人才成为人。"我们知道,只有当对象对人来说成为人的对象或者说成为对象性的人的时候,人才不致在自己的对象中丧失自身。只有当对象对人来说成为社会的对象,人本身对自己来说成为社会的存在物,而社会在这个对象中对人来说成为本质的时候,这种情况才是可能的。"③

　　"人构成社会又离不开社会;社会由人构成又满足人的生存",这些抽象表述虽然不错,但对于我们深入理解人的现实存在却没有多少价值。在西方社会学理论中,关于人的现实存在,存在着两种截然相反的学派,即结构主义学派和个人主义学派。对这两个学派的观点进行简单梳理、概括,有助于我们具体认识和理解人的现实存在。

　　人的现实存在结构主义学派认为,社会制约着人,人是社会的载体,表现和展示着社会。爱弥儿·涂尔干(Emile Durkheim,又译迪尔克姆)是人的现实存在之结构主义学派的代表性人物。涂尔干认为,任何特定的个体,在他(她)出生时,他(她)所属于的那个社会的社会制度,就已经先于他(她)而存在了,而且社会制度相对于个体生命来说,它存在的时间也远远久于个体。涂尔干实际上是将社会类比于有机体。他说:"生命……是一个整体……只能以整体的形式存在于有生命的物质之中。……关于生命所述的一切,也可以

① 《马克思恩格斯文集》第1卷,人民出版社2009年版,第505页。
② 《马克思恩格斯文集》第1卷,人民出版社2009年版,第188页。
③ 《马克思恩格斯文集》第1卷,人民出版社2009年版,第190页。

适用于其他一切综合体。……青铜的硬度并不存在于形成它的、具有柔韧性的铜、锡、铅这些物质之中，而是存在于它们的合成物之中。水的流动性、营养性和其他属性并不存在于合成水的两种气体之中，而是存在于由它们的结合而形成的合成物之中。"①涂尔干将这一原理延伸至社会，这样，社会事实实际上就"存在于产生了它们的社会本身之中，而不存在于这个社会的局部之中，即不存在于它的成员之中。因此，从这个意义上来说，这些特殊的事实，正如生命的特性存在于构成生物的无机物之外一样，也存在于构成社会的个人意识之外。我们把这些特殊的事实归于每个社会成员身上就必然出现矛盾，因为就特性而论，特殊的事实是以社会成员所没有的东西为前提的。"②此外，涂尔干还认为，相对于每一单个个体而言，"社会事实"（social facts）所具有的特性是"客观"的，它限制着个体的行动范围。"当我尽兄弟、丈夫或公民的义务时，当我履行自己订立的契约时，我就尽到了法律和道德在我的自身和我的行为之外所规定的义务。即使我认为这些义务符合我自己的感情，从内心承认它们是实在的，也不能使这种实在性不是客观的，因为这些义务不是我自己创造的，而是教育让我接受的。"③"社会事实"不仅具有外在于个人的客观性，这种客观性同时还对个人具有强制性的控制作用。"行为或思想的这些类型不仅存在于个人意识之外，而且具有一种必须服从的，带有强制性的力量，它们凭着这种力量强加于个人，而不管个人是否愿意接受。""我一去反抗它（社会事实），它就立即表现出来。""社会上还有一种约束，它虽然不是强制的，但并没有因此而不存在。如果我不遵从社会习俗，或者我奇装异服，毫不考虑本国和本阶级的习惯，那就会引起人们对我的嘲笑和疏远。"④根据涂尔干的这些论述，社会事实不仅存在于个人自身外，而且还具有使个人不能不服从的强

① ［法］迪尔克姆：《社会学方法的准则》，狄玉明译，商务印书馆1995年版，第11—12页。
② ［法］迪尔克姆：《社会学方法的准则》，狄玉明译，商务印书馆1995年版，第12页。
③ ［法］迪尔克姆：《社会学方法的准则》，狄玉明译，商务印书馆1995年版，第23页。
④ ［法］迪尔克姆：《社会学方法的准则》，狄玉明译，商务印书馆1995年版，第24—25页。

制性质的行为方式、思维方式和感觉方式。① 美国著名人类学家露丝·本尼迪克(Ruth Benedict,又译本尼迪克特)也持着与涂尔干同样的观点。她认为:"个体生活历史首先是适应由他的社区代代相传下来的生活模式和标准。从他出生之时起,他生于其中的风俗就在塑造着他的经验与行为。到他能说话时,他就成了自己文化的小小的创造物,而当他长大成人并能参与这种文化的活动时,其文化的习惯就是他的习惯,其文化的信仰就是他的信仰,其文化的不可能性亦就是他的不可能性。"②

概而述之,人的现实存在的结构主义学派秉持着这样的观点,即只有社会事实而没有个体的存在,因为社会事实是超越于任何社会个体的,社会个体只是社会事实的现实载体而已。用安东尼·吉登斯(Anthony Giddens)的话来说就是,"相对于在自己活动中再生产出社会总体的个体生命而言,这些总体不仅在实践上先在并更为持久,而且在时间与空间上延展开去,超出任何单独考虑的具体行动者"。③ 或许梅休(Mayhew)的话更能直接地表现人的现实存在的结构主义学派的立场:"在结构社会学里,分析的单位从来都不是个体,而是社会网络","结构主义论者在分析中不采用像意图或目的这样的主体论者的概念"。④

与此相对,人的现实存在的个体主义学派则秉持着一种与结构主义学派截然相反的解释路径。在一定意义上可以说,这两种截然相对的立场之间的论争,本质上就是主体与社会客体或对象之间的二元论——社会科学本体论特征——在方法论上的对应体现。人的现实存在的个体主义论杰出代表、社会学家马克斯·韦伯(Max Weber)认为,社会分析应该采取严格的个人主义。

---

① 参见[法]迪尔克姆:《社会学方法的准则》,狄玉明译,商务印书馆1995年版,第25页。
② [美]露丝·本尼迪克特:《文化模式》,何锡章、黄欢译,华夏出版社1987年版,第2页。
③ [英]安东尼·吉登斯:《社会的构成》,生活·读书·新知三联书店1998年版,第273页。
④ 转引自[英]安东尼·吉登斯:《社会的构成》,生活·读书·新知三联书店1998年版,第320页。

"如果说我已成为一位社会学家……这主要是为了将一直在我们身边游荡的一些集体性概念的幽灵昭示于众。换句话说,社会学自身的基础只能是一个或更多分散的个人的行动,因此必须采用严格的个体主义。"①他在《经济与社会》中也说:人的行动"只是作为一个或更多的个体的人的行为而存在"的。②

按照人的现实存在的个体主义观点,从社会结构上分析社会是徒劳无益的,甚至有可能会造成严重的危害。个体主义认为,只有通过对个体行为的深入分析,社会现象才能得到恰当的说明和解释,这是不证自明的自在之理。正是基于这样的认识和理解,英国著名经济学家、政治哲学家弗里德里希·奥古斯特·冯·哈耶克(Friedrich August von Hayek,又译为海耶克)才争辩说:"我们在理解社会现象时没有任何其他方法,只有通过对那些作用于其他人并且由其预期行为所引导的个人活动的理解来理解社会现象。"③个体主义主张,社会现象可以还原为个体的性质描述而不会有任何意义上的损失。在个体主义学派看来,结构主义的方法无非是将个体的性质堆积起来而已。结构主义论中所运用的指涉集合体或社会系统的概念,都不过是一些抽象的模型,本质上是理论家头脑中所建构之事物,而在现实中,个体才是真真切切的现实存在。因此,个体主义者认为,社会科学不可能有什么不变的法则,如果仍要说有的话,那也只能是个体的心理倾向性中所具备的法则。沃特金斯(Watkins)的一段话很好地说明了个体主义的观点。"社会世界最终是由作为个体存在的人所组成的,他们的行为方式多少是以自己的性情倾向及对自身所处情境的理解为依据的。任何一种复杂的社会情境、制度或事件,都是个体及其性情倾向、所处情境、信念、物质资源及环境综合形成的特定构型的结果。对于大

---

① 转引自[英]安东尼·吉登斯:《社会的构成》,生活·读书·新知三联书店1998年版,第326页。

② 转引自[英]安东尼·吉登斯:《社会的构成》,生活·读书·新知三联书店1998年版,第327页。

③ 参见[奥]冯·哈耶克:《个人主义与经济秩序》,贾湛等译,北京经济学院出版社1989年版,第6页。

规模的社会现象(比如通货膨胀),我们或许可以借助另一些大规模的社会现象(比如充分就业)做出部分的解释,但是,除非我们根据有关个体的性情倾向、信念、资源及内在关联的判断,推导出对这种大规模社会现象的解释,否则我们永远也不会抵达问题的本质核心。(个体可能一直是匿名的,我们只能在类属典型的意义上指出他具有性情倾向之类的属征)。"①

人的现实存在,无论是结构主义还是个体主义,都存在着不可避免的、难以克服的缺陷和局限。就结构主义而言,社会系统是一个实体,个体只能为这个实体所左右,个体无法超越社会实体。既然个体无法超越社会实体,那社会这个由个体构成的实体又是如何发生变化的?面对社会不断发生变化这样的事实,结构主义显然无法提供令人信服的说明和解释。而从个体主义角度看,所谓的社会无非是理论家头脑中的抽象建构之物,不是真实的存在,只有个体才是现实中真真实实的存在。现实存在的个体的行为,实际上是个体依赖自己的性情倾向、信念、资源而做出的主观判断。但是,既然个体行为依赖于个体的主观判断,每一个个体都是独特的,那为什么属于同一群体的个体之间在无意识中又通常具有一定的相同的或相似的行为方式呢?面对属于同一个群体的个体之间无意识的相同或类似的行为方式,个体主义也无法给出合理的解释和说明。

在我们看来,人的现实存在既不符合结构主义的主张,也不符合个体主义的看法。事实上,过于强调哪一方面都是不可取的,都是片面的。毫无疑问,人的现实存在的结构主义论在揭示社会对人的制约或控制影响方面显然是正确的。诚如费孝通先生所言:"社会行为是发生在社会所规定的各种社会角色之间,不是无序的而是有序的。"②在人类社会中,每个人的活动或行为方式虽然纷乱杂呈,但都有一个井然的秩序。"这个结构里规定的各种角色间的

① 转引自[英]安东尼·吉登斯:《社会的构成》,生活·读书·新知三联书店1998年版,第328页。
② 费孝通:《文化与文化自觉》,群言出版社2010年版,第118页。

相互行为模式也是个人在社会中生活时不能超出的规范,一旦越出就有人出来干涉,甚至加以制裁。"①这意味着,个体的行为、活动势必受到社会的控制和影响。实际上,社会也正是由于具有了社会的控制才得以存在。因为,社会控制使人的多样的行为活动具有了一定程度的一致性。如果人的行为活动只有多样性而没有一致性,社会互动就无法进行,而没有社会互动,社会秩序也就无法建立,社会也就不可能存在。②

现实中的个体的本质,并不是由他的生物性质、他自身所能决定的。马克思指出,现实的"人的本质不是单个人所固有的抽象物,在其现实性上,他是一切社会关系的总和"。③ 人在世界中"成为奴隶或成为公民,这是社会的规定,是人和人或 A 和 B 的关系。A 作为人并不是奴隶。他在社会里并通过社会才成为奴隶"④,"孤立的一个人在社会之外进行生产","就像许多个人不在一起生活和彼此交谈而竟有语言发展一样,是不可思议的"。⑤ 马克思正是在这个意义上才得出这样的结论:"人是最名副其实的政治动物,不仅是一种合群的动物,而且是只有在社会中才能独立的动物。"⑥即使某个个体从事的是自然科学研究之类的似乎只是与自然打交道的活动,他的活动实际上也是社会性的活动,因为他是作为人而活动的。正如马克思所指出的:"不管个人在主观上怎样超脱各种关系,他在社会意义上总是这些关系的产物。"⑦也正是基于这个道理,马克思才做出了"个人完全是由社会所决定的"⑧断言。

从人的现实存在的结构主义论看,社会总是要求人们遵守社会规范,不能有丝毫的逾越,这实际上就是要求"满街都是圣人"。按照人的现实存在的结

① 费孝通:《文化与文化自觉》,群言出版社 2010 年版,第 118 页。
② 参见郑杭生等:《社会学概论新修》,中国人民大学出版社 2001 年版,第 462 页。
③ 《马克思恩格斯选集》第 1 卷,人民出版社 2012 年版,第 139 页。
④ 《马克思恩格斯全集》第 30 卷,人民出版社 1995 年版,第 221 页。
⑤ 《马克思恩格斯选集》第 3 卷,人民出版社 2012 年版,第 684 页。
⑥ 《马克思恩格斯选集》第 3 卷,人民出版社 2012 年版,第 684 页。
⑦ [德]马克思:《资本论》第 1 卷,人民出版社 2004 年版,"第一版序言"第 10 页。
⑧ 《马克思恩格斯全集》第 30 卷,人民出版社 1995 年版,第 203 页。

构主义逻辑,无须进行复杂推理就可以知道,社会就是没有发展的社会。郑杭生教授说得很有道理,他说:"如果只有一致性而没有多样性,社会活动空间过于狭窄,缺乏社会活力,不利于社会创造和社会发展。"①社会发展的历史事实也已表明:社会完全一致或绝对同一是不可能存在的。同属于人类社会,不同社会群体的行为活动都不会完全一致,甚至在同一社会群体内部,不同个体之间的行为活动也会有很大的差异,这正是人的现实存在个体主义观的立论之处。根据个体主义论的观点:"社会上发生的事情,唯有个人行动是可感且在经验上是可验证的,因而是真实可靠的。其他的所谓制度、规范、观念等等都缺乏感觉基础,无法通过经验得到,因而都是'形而上'的,不是科学研究的对象。……个人是具有动机、意愿、选择自由和各不相同的价值追求的。这就决定了人们为何这样行动而不是那样行动。在人的行动中,这些主观因素更具有决定意义,而外在的可以感觉到的举止只是表层的,非深层的举止可以用自然科学方法研究,行动却只能依靠理解和解释。"②但是,正如前面所提到的,人的现实存在的个体主义论,却无法解释群体中不同个体之间行为的某些方面的一致性,也无法解释个体动机、意愿、选择以及价值追求为什么通常都无法超越群体的意识等现象。

由此可见,人的现实存在,必然一方面是结构主义的,另一方面也是个体主义的。换言之,人的个体性存在与社会性存在之间结成了一个辩证统一的关系体,而不是一方控制、制约另一方。从个体性存在与社会性存在之间的辩证统一关系看,正如费孝通先生所说:"一方面要承认社会是一种实体性存在。它是个人在群体中分工合作才能生活的结果,既要分工就不能没有各自的岗位,分工之后必须合作,岗位之间就不能不相互配合,不能没有共同遵守的行为规则。有了规则就得有个力量来维持这些规则",另一方面也要承认,"社会的目的还是在使个人能够生活,就是满足他不断增长的物质及精神的

①　郑杭生等:《社会学概论新修》,中国人民大学出版社 2001 年版,第 462 页。
②　文亚妮:《社会科学中的方法论个体主义研究》,硕士论文,山西大学,2010 年。

需要。而且分工合作体系是依靠个人的行为而发生效用的,能行为的个人是个有主观能动性的动物,他知道需要什么、希望什么,也知道需要是否得到了满足,还有什么期望。满足了才积极,不满足就是消极。所以他是个活的载体,可以发生主观作用的实体。"①既然人的个体性存在和社会性存在都是人的现实存在,那么,人的现实存在过程就是人的个体性存在和社会性存在的相互作用。德国社会学家、哲学家格奥尔格·齐美尔(Georg Simmel)十分正确地指出:"既不能把社会理解为独立于个体的单纯客观过程,也不能把社会归结为个人行为,社会是由人们相互间的互动过程实现的,它不仅包含着真实具体的个人行为,也表现为具有同样真实具体性的社会互动形式,是两个方面的统一,并可称为内容与形式的统一。"②马克思也正是基于这样的深刻认识才突出强调:"正像社会本身生产作为人的人一样,社会也是由人生产的","应当避免重新把'社会'当作抽象的东西同个人对立起来。个体是社会存在物。"③

二、非物质文化遗产在人的现实存在中的意义与作用

人构成了社会,社会反过来又制约着人。那么,人是如何构成社会的呢?社会又是如何制约人的呢?事实上,人们都能明确地意识到:任何人都是生活在社会里的,这属于人们常识范围的事。就一个人来说,自从他出生以后,就生长在一个为他准备好了的既定的社会里,这仿佛是一个无须多问的事实。但正如恩格斯告诫我们的那样:"常识在它自己的日常活动范围内虽然是极

---

① 费孝通:《文化与文化自觉》,群言出版社 2010 年版,第 129 页。

② 转引自杨刘保:《个人与社会的关系——社会学的基本问题》,《长春市委党校学报》2009 年第 3 期。

③ 《马克思恩格斯文集》第 1 卷,人民出版社 2009 年版,第 187—188 页。

尊敬的东西,但它一跨入广阔的研究领域,就会遇到最惊人的变故。"①恩格斯举出关于"死"的概念,这是日常生活中的事,但法学家和生理学家却认为很难断定什么是"死",因为任何一个有机体,在每一瞬间都既是它本身,又不是它本身,每一瞬间都有细胞在死亡,也有新的细胞在生成,每个有机体,永远是它本身,同时又是别的东西。因此,法学家们认为,对于在子宫内杀死胎儿是否算是谋杀,要想得出一个正确的结论是徒劳的。与此类似,对于"人是如何构成社会的"这个问题,初看不成问题,但一旦进入研究领域,则也不是那么容易认识和理解的。

认识、了解社会是什么,可以作为认识、了解人怎样构成了社会的一个维度。在我国古籍中,"社"和"会"很少合在一起使用,因为在汉语世界中,"社"和"会"通常指不同的含义。查询《古代汉语词典》可知,"社"有6种基本含义②:(1)土地神(这里主要是指土地神牌位本身);(2)祭祀土地神的地方;(3)祭祀土地神的节日;(4)地方行政单位;(5)群体、组织;(6)古代江淮地区母亲的称呼。"会"的含义更多,有11种③:(1)聚集,会合;(2)符合,投合;(3)都会,人物会集的地方;(4)交合,交配;(5)时机,机会;(6)中医经络穴位名;(7)恰巧,适逢;(8)一定,应当;(9)能,擅长;(10)领悟,理解;(11)通"绘"。"社"和"会"何时合用尚无结论,但在《古今类书纂要》中已出现"社""会"连起来使用的情况:"社无定日,以春分后戊日为春社,秋分后戊日为秋社。主神曰勾芒。民俗以是时祭后土之神,以报岁功,名曰社会。"④"社会"这里是指在民间节日时举行的演艺集会、祭神的庆祝活动。后来,"社"逐渐发展成为信仰相同、志趣相投的人而结成的团体,如"诗社""茶社"就是指具

---

①　《马克思恩格斯选集》第3卷,人民出版社2012年版,第418页。

②　商务印书馆辞书研究中心:《古代汉语词典》,商务印书馆2014年版,第1299页。

③　商务印书馆辞书研究中心:《古代汉语词典》,商务印书馆2014年版,第618页。

④　转引自北京大学社会学系社会学理论教研室《社会学教程》编写组:《社会学教程》,北京大学出版社1987年版,第25—26页。

有相同爱好的人组成的团体,与之对应的活动就是结社。

在西文中,英语中的"社会"(society)和法语中的"社会"(societe)均源于拉丁语 socius 一词,本意为伙伴。因此,从词源上看,"社会"一词在汉语中与西语中的基本含义是近似的。西方社会学者对社会一词各有不同的理解。按照马克思的观点,社会是人们相互交往的产物,是各种社会关系的总和。"社会——不管其形式如何——究竟是什么? 是人们交互作用的产物。"①"生产关系总和起来就构成为所谓社会关系,构成所谓社会,并且是构成为一个处于一定历史发展阶段上的社会,具有独特的特征的社会。"②

可见,没有人们之间的交往互动就没有社会的存在。社会无疑是由一群人组成的,但是由一群人组成的社会,并不是可以按人们的意志而随意改变,也不是一个偶然产生的、机械的个人集合体,它是由人们依一定的关系彼此结合而成的生活共同体,这些关系则是他们在生产物质生活资料的基础上所形成的。社会既是由具有一定社会关系的人们结合而成的,因此它和其他动物的所谓社会,就有着重大的、原则性的区别。从现象上看,人类同许多动物甚至昆虫一样,都是过着群体性的生活,但是,这是两种性质完全不同的群体生活。动物的群体生活是出于本能,是一种遗传行为,是一种生物现象;而人类的群体生活,是一种学习行为(尽管需要一定的生物基础,但主要是习得的),是一种社会现象。本能是在动物进化过程中形成,由遗传固定下来,并对个体和种族的生存有重要意义的行为。例如,鸡孵蛋、鸟筑巢、蜂酿蜜等。如果用卵生动物做实验,即把两代隔开,下一代长大了,还是和上一代一模一样地进行着群体生活。动物的群体生活是生物现象,而不是社会现象,这是有人类之前就有的。人类的群体生活现象,主要不是出自于本能,不属于遗传行为,而是人类自己创造的一种超越了生物性本能的现象。

人类的群体生活是建立在物质资料生产的基础上的。人的生物性需要与

---

① 《马克思恩格斯选集》第 4 卷,人民出版社 2012 年版,第 408 页。
② 《马克思恩格斯选集》第 1 卷,人民出版社 2012 年版,第 340 页。

动物没有什么区别,但人类和其他动物在如何满足生物性需要的方式上却发生了根本性变化。动物捕食全靠自身机体的能力。动物只靠遗传性本能就能在自然界中找到它所需要的东西,从而满足它自身生命存在的需要。因此,动物是靠本身所具有的自然力而维持它的生命存在的。但人类却不同,人类维持他的生命存在,既可以从自然而然的自然界中获取,比如采集、狩猎等,也可以通过改变自然而获得,比如种植、饲养等。随着社会的发展,后一种方式反而成为人类得以在自然界中生存、生活的主要方式。恩格斯在《自然辩证法》中指出:"人类社会区别于猿类的特征又是什么呢? 是劳动。"①"动物仅仅利用外部自然界,单纯地以自己的存在来使自然界改变;而人则通过他所做出的改变来使自然界为自己的目的服务,来支配自然界。这便是人同其他动物的最后的本质的区别,而造成这一区别的还是劳动。"②

人是通过劳动来获取物质生活资料的,但单个人的力量却不足以使他获得所需要的物质生活资料,因此,单个人是不能存在的。从这个意义上说,只要人一开始劳动,就必须和他人合作。马克思指出:"人们在生产中不仅仅同自然界发生关系,他们如果不以一定的方式结合起来共同活动和相互交换其活动,便不能进行生产。为了进行生产,人们便发生一定的联系和关系;只有在这些社会联系和社会关系的范围内,才会有他们对自然界的关系,才会有生产。"③一个人不与他人结合起来,自己独立地生活是不可能的。英国小说《鲁滨逊漂流记》中的主人翁鲁滨逊,虽然在荒岛上单独创造条件生活了 28 年,但这仅仅是一本虚构的小说而已,即便是真实的,鲁滨逊也已在文明社会中学会了许多生活的本领,而且还从破船上取下了许多生活用品,这些也都是从文明社会带来的。另外,一个被他救下的取名为"星期五"的土人,和他一起度过了漫长的岁月。

---

① [德]恩格斯:《自然辩证法》,人民出版社 1971 年版,第 154 页。
② [德]恩格斯:《自然辩证法》,人民出版社 1971 年版,第 158 页。
③ 《马克思恩格斯选集》第 1 卷,人民出版社 2012 年版,第 340 页。

社会虽然是许多个体的组合,但社会已超越了构成它的每个个体,而成为拥有了一定独立性的存在实体;社会的独立性存在,意味着已经形成的社会已不再受单独个体活动的影响,反而会规定、支配着个体的活动。在《社会学研究方法论》中,迪尔克姆(又译涂尔干)明确地指出:"社会不是一种简单的个人相加的总和。社会是由各个个人结合而形成的,但是由这种结合所形成的系统却表现出一种特殊的情况,具有本身特有的性质。没有个人意识当然就没有集体意识,这是必要条件但不是充分条件。必须使这些个人意识结合起来并结合成一定的形式,社会生活是这种结合的产物,也只有这种结合才能解释社会生活。个人意识在通过相互结合,相互渗透、相互融合以后,形成了一种新的集体意识。"①他还继续指出:"群体的思想、感情和行为与组成群体的这些个人在未结合以前和结合以后的思想、感情和行为都是极不相同的。"②这就是说,社会由个体构成,但却是一种有机性的构成,即各个个体之间通过社会交往而形成了一个超越于任何个体且与个体相当不同的,当然也不能通过认识个体来加以认识的实体——社会。

社会实体一旦形成,它对个体就具有了一种强迫性的社会压力。"无论人们追溯到多么遥远的过去,集体的现象总是一种强制个人的现象,因为它是所有其他强制现象的渊源。"③社会压力是一种具有强迫性质的压力。抗日战争期间不少人宁死也不做汉奸,很大程度上就是基于社会压力的强迫性。社会压力很多时候还体现为一种未经人们认可就主宰着人们的压力。例如教育,人们从小就开始接受教育,这种教育并没有事先征得受教育者的同意。正是受了一个国家的教育,使人们牢牢地附在这个国家的根基上。此外,社会压力对人们的强制性是在不知不觉中进行的。例如,人们不能知道将来应尽的公民义务究竟是一件什么事情,不可能预先做出判断。可见,"社会强制确实

---

① [法]迪尔克姆:《社会学研究方法论》,胡伟译,华夏出版社 1988 年版,第 82 页。
② [法]迪尔克姆:《社会学研究方法论》,胡伟译,华夏出版社 1988 年版,第 83 页。
③ [法]迪尔克姆:《社会学研究方法论》,胡伟译,华夏出版社 1988 年版,第 83 页。

来自个人身外,压迫个人,使个人不得不服从。"①甚至个人本身的思想意识、行为表现、情绪情感等,在某种程度上也是由社会所确定的。"社会现象的产生,是个人结合的结果,个人性质的普遍特征参与了社会现象的形成。但是社会的特殊形式和社会的性质,都不是个别人所能够产生出来的,个人不结合就只是单独的个人。集体的表现、情绪、倾向等不是在那些参与结合的各个人的个人意识中形成的,而是在群体的整体中形成的。尽管集体的表现、情绪、倾向等没有个人的集聚就不可能实现,然而个人的集聚是一种不确定的物质,只有在社会整体中,集体的表现、情绪、倾向才能确定。"②

各个个体的相互交往形成了社会,社会离不开各个个体的人。但是,作为生物性存在的个体的人的生命是有限期的,而作为各个个体相互交往而形成的社会却是长青的,并不随着个体生命的死亡而终结。"所有的社会都是由以往的社会不断地组合而产生的,可以说,在社会进化的过程中,个人任何时候都不可能脱离集体生活的限制去考虑要不要受制于群体的压力,或者去选择受制于这种群体压力好还是受制于另一种群体压力好。"③这就是说,社会具有历史继承性。由于个体都是社会中的个体,因此,任何个体都不可能脱离他所属的社会的控制。

从以上分析可以看出,从横向来看,各个个体之间彼此联系交往形成了社会实体,所形成的社会实体反过来制约和控制着各个个体;从纵向来看,个体的生命是有限的,而社会实体却是无限的,具有历史继承性。各个个体和社会之间在时间和空间的关系可用下图来表示(见图17)。

各个个体之间的社会交往,即社会互动,意味着什么呢? 社会交往或社会互动是社会学的核心概念。尽管理解不同,但有一点是一致的,这就是互动必然是以信息传播为基础。"如果没有信息交流,互动双方互不理解,互动就无

---

① [法]迪尔克姆:《社会学研究方法论》,胡伟译,华夏出版社1988年版,第83—84页。
② [法]迪尔克姆:《社会学研究方法论》,胡伟译,华夏出版社1988年版,第84页。
③ [法]迪尔克姆:《社会学研究方法论》,胡伟译,华夏出版社1988年版,第84页。

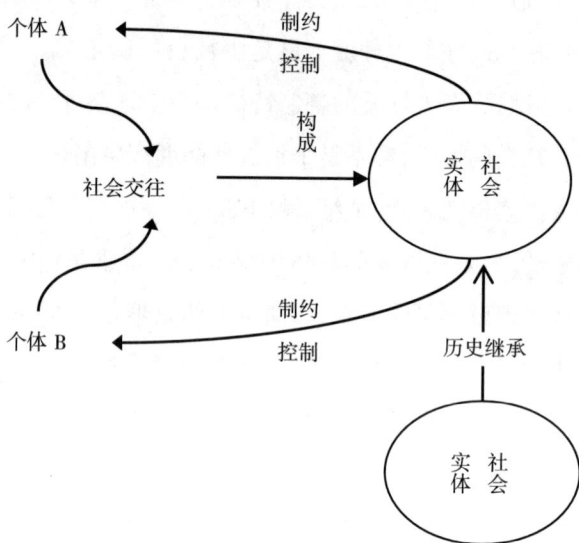

图 17　个体与社会之间相互作用原理

法进行。"①这意味着,社会交往或社会互动在某种程度上就是信息的传播。美国社会学家库利(Charles Horton Cooley)指出:"传播是个体与个体关系赖以成立和发展的机制。"②还有学者则把传播当成社会得以形成的工具,认为没有传播就没有社会。如美国传播学者施拉姆(Wilbur Schramm)就说:"传播一词和社区(community)一词有共同的词根,这并非偶然。没有传播就不会有社区,没有社区也不会有传播。"③

那么,何为"传播"呢?"传播"一词在印欧语系的文字中,是"communication"或"kommunikation"。这个词源于古希腊的两个词根"com"和"munus"。"com"意指与别人建立一种关系;"munus"则指效用、产品、作品、利益、服务等。两个词根合起来意为"共有""共享"。到古罗马时,著名演说家西塞罗

①　郑杭生等编:《社会学概论新修》,中国人民大学出版社 1998 年版,第 163 页。
②　转引自陈力丹、闫伊默:《传播学纲要》,中国人民大学出版社 2007 年版,第 2 页。
③　转引自[美]威尔伯·施拉姆、威廉·波特:《传播学概论》,何道宽译,新华出版社 2010 年版,第 2—3 页。

(Cicero,公元前105—前43年)将"communication"定义为与别人建立一种联系或把握一件事情。后来这个词的内涵略有变化,主要是指思想或信息的交流、沟通。①

　　美国传播学拉斯韦尔模型的提出者认为,一个传播过程必须包含有五大要素:谁(Who)、说什么(Say What)、通过什么渠道(In Which Channel)、对谁说(To Whom)、产生什么效果(With What Effect)。这五大要素及其相互关系可以用一个模型来表示(见图18)。

图18　拉斯韦尔传播模型

　　这就是著名的5W模式。之所以叫5W,是因为五大要素的英文表述中都各有一个以W开头的词。其实,这个模式并不复杂,它无非是说任何一个传播过程都由五个部分组成:传播主体、传播内容、传播渠道、传播对象和传播效果。传播效果在某种意义上也意味着反馈。

　　信息论家香农基于如何有效传播信息也提出了一个后来被广泛仿效的信息传播模型。② 香农模型认为,信息要在传播过程中不丢失,一方面需要恰当地编码,另一方面也需要正确地解码。香农模型关系如下图(见图19)。

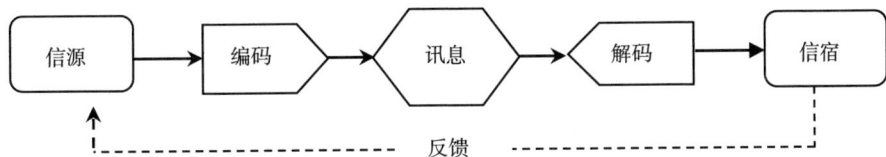

图19　香农信息传播模型

---

① 引自陈力丹、闫伊默:《传播学纲要》,中国人民大学出版社2007年版,第2页。
② 转引自[美]威尔伯·施拉姆、威廉·波特:《传播学概论》,何道宽译,新华出版社2010年版,第226页。

　　无论是拉斯韦尔模型还是香农模型,都是从信息流动的单一过程来看的。但从个体与个体的交往来看,信源和信宿往往是相互转化的。拉斯韦尔模型中的"产生什么效果"、香农模型中的"反馈"就是信宿向信源反向传播信息的过程,这意味着信宿这时已转化为信源了,而信源则转化为信宿了。这就是说,个体与个体之间的信息传递实际上既是人对人的相互占有,也是人对人的相互依赖。"别人的感觉和精神也为我自己所占有。因此,除了这些直接的器官以外,还以社会的形式形成社会的器官。例如,同他人直接交往的活动等等,成为我的生命表现的器官和对人的生命的一种占有方式。"①人与人之间信息的双向传递,"直接体现他的个性的对象如何是他自己为别人的存在,同时是这个别人的存在,而且也是这个别人为他的存在。"②

　　再者,无论是拉斯韦尔模型还是香农模型,都是社会各个个体之间的信息交流。信息交流包括信息本身和交流的方式方法、交流渠道等。英国哲学家约翰·洛克(John Locke)指出:"人虽有各式各样的思想,而且他们自己或别人虽然可以由这些思想得到利益和快乐,可是他们的思想都是在胸中隐藏不露的,别人并不能看到它们,而且它们自身亦不能显现出来。思想如不能传达,则社会便不能给人以安慰和利益,因此,人们必须找寻一些外界的明显标记,把自己思想中所含的不可见的观念表示于他人。"③由此可见,传播中的信息本质上就是人们的思想、意识;而传播的方式方法、渠道也就是一定的载体形式。那么,这个载体又是什么呢? 这个载体就是我们所说的符号。④ 英国结构主义学者特伦斯·霍克斯(Terence Hawkes)指出:"符号就是任何可以拿来'有意义地代替另一种事物的东西。'"⑤通过这种代替,事物才能得以表述和传播。可以说,如果没有符号,世界中的万物就无法归类,世界就将是混沌

① 《马克思恩格斯文集》第1卷,人民出版社2009年版,第190页。
② 《马克思恩格斯文集》第1卷,人民出版社2009年版,第190页。
③ [英]洛克:《人类理解论》(下),关文运译,商务印书馆1959年版,第385页。
④ 参见陈力丹、闫伊默:《传播学纲要》,中国人民大学出版社2007年版,第10页。
⑤ [英]特伦斯·霍克斯:《结构主义和符号学》,上海译文出版社1987年版,第138页。

一片,人类也将无所适从。从这个意义上讲,人类活动的世界就是由符号构成的世界。因此,德国思想家恩斯特·卡西尔(Ernst Cassirer)才明确地认为,"应当把人定义为符号的动物来取代把人定义为理性的动物"。① 由于符号是意义的替代,因此,个体与个体之间的符号交流,并不是就符号本身进行交流,而是就符号所表现的、由人类赋予事物的认识或含义——意义进行交流。意义在本质上"体现了个体与社会、自然、他人、自己的种种复杂交错的文化关系、历史关系、心理关系和实践关系"。② 因此,意义是任何符号都不可或缺的所指,这样,符号在本质上仅仅是意义的物质载体而已。由此可见,符号和意义之间是密不可分的、相互统一的。意义的含义是什么呢? 其实就是人们对事物符号化过程中赋予事物的精神内容,通过符号这种中介,人们便可以把对事物的理解和认识进行沟通、交流。

由此可见,个体与个体之间的社会交往、社会互动,实质上就是一种意义的沟通和交流。从文化构成类型角度上看,意义的沟通和交流实际上就是非物质文化在人们之间的共享。进一步可以说,个体与个体之间的非物质文化共享活动就构成了社会。

如果个体与个体之间通过非物质文化的共享构成社会,那么,社会又是通过什么来制约和控制单个个人的呢? 社会对个体的制约和控制过程是指社会体系"运用社会规范以及与之相应的手段和方式,对社会成员(包括社会个体、社会群体及社会组织)的社会行为及价值观念进行指导和约束,对各类社会关系进行调节和制约的过程"③。可以说,任何人类的群体生活都是在行为规范的控制下进行的,而行为规范又是人们在群体生活中,为了协调相互之间的行为而共同创造并且自觉遵守的行为方式。它是在同一集体中生活的人们,把一代一代的群体生活经验有选择地积累而成的。对于个人来说,它是群

---

① [德]恩斯特·卡西尔:《人论》,上海译文出版社2004年版,第37页。
② 张汝伦:《意义的探究》,辽宁人民出版社1986年版,第3页。
③ 郑杭生等编:《社会学概论新修》,中国人民大学出版社1998年版,第457页。

体所共有的强制他学习和遵守的规范,群体要求每一个人都按照这些规范去约束自己的一言一行。从规范本身来说,它是人们共同创造的,它必须通过每个人的个人行为而表现出来,而且要靠一代一代的人学习、创造、保存和传递下去。人们从生到死,从白天到黑夜,对什么事,对什么人,该怎么行动,几乎都有相应的规定。人类社会的群体生活已经不像其他动物的群体生活那样受生物性本能的支配,而是受一套规定好了的行为规范的控制。所以,人们在物质生活、政治生活和精神生活等各个方面中的一举一动、一言一行都能相互配合。任何个人,只有懂得行为规范,才能正常地生活在自己所属的群体之中,配合他人的行为,满足共同的要求。行为规范控制着人们的行为,起着组织和协调人类群体生活的重要作用。

社会控制个体的"社会规范以及与之相应的手段和方式",尽管是客观存在的,但它也必然不是以物质形式而存在的。在这个意义上,社会也是通过非物质文化来制约、影响、控制社会个体(包括群体、组织)的行为和活动的。个体(包括群体、组织)之间交往时所遵循的规范,通常不是由交往双方即时确定,而是先于他们而存在的。"先于存在"是指社会规范及其相应手段和方式是从社会历史中传承下来的。从这个意义上看,社会的历史延续性、历史继承性本质上也就是非物质文化的继承和延续。根据这样的认识,我们可以认为,各个个体与社会之间的构成和制约、控制关系,以及社会本身的历史继承性和延续性,基本上都是通过非物质文化的继承和延续而实现的。这样,非物质文化就成了个体构成社会,社会控制、影响个体,以及社会实体继承和延续的内容和中介(见图20)。

三、非物质文化遗产"生产性保护"与
人的现实存在的协同演进

非物质文化是个体构成社会,社会控制、影响个体的内容和中介。这样,

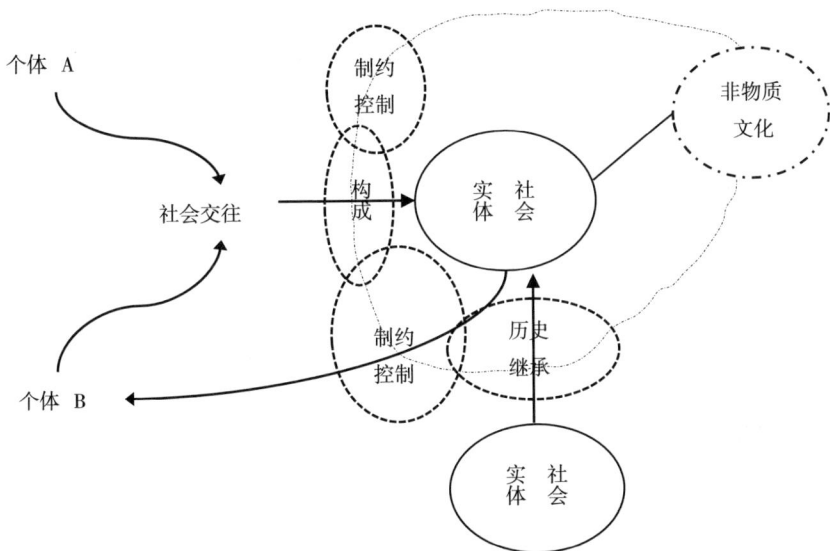

图 20　非物质文化和"人与社会"的相互关系原理

个体、社会、非物质文化就构成了一个系统。正如马克思指出："辩证法在对现存事物的肯定的理解中同时包含对现存事物的否定的理解,即对现存事物的必然灭亡的理解;辩证法对每一种既成的形式都是从不断的运动中,因而也是从它的暂时性方面去理解。"①对这个由个体、社会、非物质文化构成的系统,既要从它的现存状态去理解,也要从其变化的可能性去理解。换句话说就是,这个系统本身是不断地运动变化的。莫·布洛克先生对马克思做如下评述:"马克思把社会运动看做受一定规律支配的自然史过程,这些规律不仅不以人的意志、意识和意图为转移,反而决定人的意志、意识和意图。"②马克思本人也十分赞同布洛克先生对他的评价,他自己也指出:"我的观点是把经济的社会形态的发展理解为一种自然史的过程。不管个人在主观上怎样超脱各种关系,他在社会意义上总是这些关系的产物。"③根据马克思的这个原理,社

---

① 《马克思恩格斯文集》第5卷,人民出版社2009年版,第22页。
② 《马克思恩格斯文集》第5卷,人民出版社2009年版,第21页。
③ 《马克思恩格斯文集》第5卷,人民出版社2009年版,第10页。

会本身就是一个自然历史的过程。这就是说,个人、社会、非物质文化构成的系统的变化运动是一个不以人的意识、意志和意图为转移的自然历史过程。

费孝通先生说:"自从人类形成群体以来,'美好社会'总是群体生活不可缺少的意念。"①但"美好生活"是一个历史范畴,不仅不同群体因在不同的客观条件下生存和发展而对它的内涵有着不同的理解,而且同一群体在不同历史阶段中随着所拥有的客观条件的不同也将会产生不同的追求。但是,无论是哪个群体,也无论同一群体处于哪个历史阶段中,个体、社会、非物质文化之间的和谐平衡,应该都是"美好生活"的题中之义。甚至人作为类存在与自然界之间的和谐与否也取决于这个系统的平衡与否。"人对自然界的自然关系,是个体与个体之间发生社会关系的基础,而个体与个体之间的社会关系,又使人对自然界的自然关系具有社会的性质和意义,并真正成为属人的关系。现实的人就是在这些关系中产生和存在的。"②每个个体都是生命存在,生命存在必然需要从自然界中获取物质能量。个体与个体之间相互关系的形成和发展,都要以他们的生命存在为前提,因而也就必须要以人与自然的关系为前提。但人与自然之间能够实现沟通,又必然要以个体与个体之间的关系为前提条件,因为没有个体与个体之间的合作,人也就无法与自然发生联系。因此,人与自然的沟通实际上必然以个体与个体之间的关系为纽带。马克思指出:"人们在生产中不仅仅影响自然界,而且也互相影响。他们只有以一定的方式共同活动和互相交换其活动,才能进行生产。为了进行生产,人们相互之间便发生一定的联系和关系;只有在这些社会联系和社会关系的范围内,才会有他们对自然界的影响,才会有生产。"③可见,由于人类的生产不是单个人孤立地进行的,因此,人与自然的关系并不是单个人与自然的直接的关系,而是在个体与个体结成一定的生产关系和联系后才能发生的关系。正因为如此,

---

① 费孝通:《文化与文化自觉》,群言出版社 2010 年版,第 106 页。
② 夏甄陶:《人是什么》,商务印书馆 2000 年版,第 133 页。
③ 《马克思恩格斯文集》第 1 卷,人民出版社 2009 年版,第 724 页。

马克思才说:"人对自然界的关系直接就是个体与个体的关系,正像人对人之间的关系直接就是人对自然的关系。"①也正因为这样,马克思才又明确地断言:"只有在社会中,自然界才是人自己的合乎人性的存在的基础,才是人的现实的生活要素。"②

然而,正是因为个人、社会、非物质文化系统的变化具有一定程度的不以人的意识、意志、意图为转移的特点,所以,这个系统的变化才有可能会出现不利于人的生存和生活的现象。就目前而言,无论是资本主义国家,还是发展转型中国家,现在的由社会上一阶段演变而来的社会系统(个体、社会、非物质文化),或多或少都存在着不利于人的生存和生活的情况,严重地偏离了人对"美好社会"的期望。

在资本主义现代化不断推进和世界日趋全球化的进程中,社会化大生产几乎把世界上的所有社会都联结成了一个相互作用的整体。马克思、恩格斯在《共产党宣言》中指出:"由于一切生产工具的迅速改进,由于交通的极其便利,把一切民族甚至最野蛮的民族都卷到文明中来了。它的商品的低廉价格,是它用来摧毁一切万里长城、征服野蛮人最顽强的仇外心理的重炮。"③随着资本主义生产方式的扩张,任何人的无论是物质的生产和生活,还是精神的生产和生活,都不能离开社会、离开与他人的联系而孤立地进行。但是,伴随着这种一体化、整体化进程的,却是个体之间、群体之间、社会之间日趋严重的分化和分裂现象。在资本主义生产方式中,由于以分工和私有制为基础,因此,人与他人、个体与社会、社会与社会之间的相互依存,在资本主义商品生产中都体现为以物的依赖关系为基本形式。在物的依赖关系中,"人和人之间的社会关系可以说是颠倒地表现出来的,就是说,表现为物和物之间的社会关系。只有在一个使用价值作为交换价值同别的使用价值发生关系时,不同个

---

① 《马克思恩格斯文集》第1卷,人民出版社2009年版,第184页。
② 《马克思恩格斯文集》第1卷,人民出版社2009年版,第187页。
③ 《马克思恩格斯文集》第2卷,人民出版社2009年版,第35页。

人的劳动才作为相同的一般的劳动相互发生关系。因此,如果交换价值是人和人之间的关系这种说法正确的话,那么必须补充说:它是隐蔽在物的外壳之下的关系。"①社会分工和私有制使人们一方面彼此分隔在各自专业范围之内,另一方面又产生了激烈的竞争和就业压力,从而使个体与个体、个体与社会、社会与社会(群体与群体)之间的依赖关系变成了商品依赖关系和物质依赖关系。马克思的商品拜物教就是从这个意义上说的。在这样的社会中,个体与个体、个体与社会、社会与社会之间都淹没在利己主义、个人主义和功利主义的唯利是图的价值取向之中。"产生这种孤立个人的观点的时代,正是具有迄今为止最发达的社会关系(从这种观点看来是一般关系)的时代。"②这种为商品依赖和物质依赖关系所主导的社会——现在我们所谓的文明社会,导致了个体与社会的疏离和分裂,从而也导致了一系列的社会问题。迪尔克姆(涂尔干)在《自杀论》中指出:自杀这种看似是个人行为的现象,实质上是社会导致的,是人在社会中感到无所适从的结果。换言之,就是个体与社会分离的结果。"自杀人数的增加在欧洲是普遍现象,文化水平越高的国家就越是明显",之所以如此是因为这些"高级社会特有的结构包含着对自杀倾向的特殊刺激作用"③,"自杀的根源,是社会在各方面都没有足够的整合作用使它的所有成员从属于它。因此,这种自杀之所以过分地增加,是因为它所依赖的这种状态本身在蔓延,是因为混乱而虚弱的社会听任它的许多成员完全摆脱它的影响。"④尽管现代社会的文明进步显而易见,然而,不可否认的是,个体与个体、个体与社会、社会与社会之间的异化、对抗、冲突、矛盾也日趋凸显,且日渐激烈。

说社会是"自然史过程",意味着现代社会是已逝社会的自然演变的结

---

① 《马克思恩格斯全集》第31卷,人民出版社1998年版,第426页。
② 《马克思恩格斯文集》第8卷,人民出版社2009年版,第6页。
③ [法]迪尔克姆:《自杀论》,冯韵文译,商务印书馆2001年版,第402页。
④ [法]迪尔克姆:《自杀论》,冯韵文译,商务印书馆2001年版,第409页。

果。这个结果是一个"不依人们的意志为转移的历史过程"①。既然现代社会是"不依人们的意志为转移的历史过程"的结果,那么,现代社会中的个体与个体、个体与社会、社会与社会之间的异化和分离是不是就只能听之任之了呢?虽然社会历史自有其发展过程,但这种过程只是相对于个体而言的,社会毕竟还是由人构成的社会,而人又是具有主观能动性和目的性的生物,因此,社会的发展过程很大程度上也是人发挥他的主观能动性不懈追求他的目的的结果。"历史什么事情也没有做,它'不拥有任何惊人的丰富性',它'没有进行任何战斗'!其实,正是人,现实的、活生生的人在创造这一切,拥有这一切并且进行战斗。并不是'历史'把人当做手段来达到自己——仿佛历史是一个独具魅力的人——的目的。历史不过是追求着自己目的的人的活动而已。"②历史本身并不具有自己的目的,目的性仅仅是人的活动的特点③。每一个个体都具有自己的目的,历史不过是这些个体的合力的结果而已。恩格斯指出:"历史是这样创造的:最终的结果总是从许多单个的意志的相互冲突中产生出来的,而其中每一个意志,又是由于许多特殊的生活条件,才成为它所成为的那样。这样就有无数相互交错的力量,有无数个力的平行四边形,由此就产生出一个合力,即历史结果,而这个结果又可以看作一个作为整体的、不自觉地和不自主地起着作用的力量的产物。"④

马克思也指出:"历史的每一阶段都遇到有一定的物质结果,一定的生产力总和,人对自然以及个人之间历史地形成的关系,都遇到前一代传给后一代的大量生产力、资金和环境,尽管一方面这些生产力、资金和环境为新的一代所改变,但另一方面,它们也预先规定新的一代本身的生活条件,使它得到一

---

① 吴波:《社会发展的规律性和人的目的性》,《江苏大学学报》2010年第12卷第5期。
② 《马克思恩格斯文集》第1卷,人民出版社2009年版,第295页。
③ 赵家祥、丰子义:《马克思东方社会理论的历史考察和当代意义》,高等教育出版社2002年版,第29—30页。
④ 《马克思恩格斯选集》第4卷,人民出版社2012年版,第605页。

定的发展和具有特殊的性质。由此可见,这种观点表明:人创造环境,同样,环境也创造人。"①这表明,人的目的很大程度上会受到社会历史的上一阶段的影响和制约。但人本身具有主观能动性,正是这种主观能动性使属于同一社会阶段的各个个体具有不同的目的。不同的目的则使"一个人的愿望都会受到任何另一个人的妨碍,最后出现的结果就是谁都没有希望过的事物"②。此外,人类尽管不断增强了控制自然的力量,但仍然有一些人类未能把握、未能控制的意外力量存在,从而使社会个体合力的结果也就常常背离了人对"美好生活""幸福生活"的期望。恩格斯在《自然辩证法》中对此做了精辟的论述:"人离开狭义的动物愈远,就愈是有意识地自己创造自己的历史,不能预见的作用、不能控制的力量对这一历史的影响就愈小,历史的结果和预定的目的就愈加符合。但是,如果用这个尺度来衡量人类的历史,即使衡量现代最发达的民族的历史,我们就会发现:在这里,预定的目的和达到的结果之间还总是存在着非常大的出入,不能预见的作用占了优势,不能控制的力量比有计划发动的力量强得多。只要人的最重要的历史活动,使人从动物界上升到人类并构成人的其他一切活动的物质基础的历史活动,满足人的需要的生产,即今天的社会生产,还被不可控制的力量的无意识的作用所左右,只要人所希望的目的只是作为例外才能实现,而且往往得到恰恰相反的结果,那么上述情况是不能不如此的"。③

尽管社会历史结果往往与个体的期望,甚至与群体的期望"适得其反",但历史的最终结果仍然是各个个体的不同意志的合力。各个人的不同意志之间的相互冲突、相互融合使历史发生了演化变迁,这种历史演化变迁的结果完全不是由各个个体所主宰和决定的,我们所谓的历史的自然规律性正是从这个意义上说的。

---

① 《马克思恩格斯选集》第 1 卷,人民出版社 2012 年版,第 172—173 页。
② 《马克思恩格斯选集》第 4 卷,人民出版社 2012 年版,第 605 页。
③ [德]恩格斯:《自然辩证法》,人民出版社 1972 年版,第 19—20 页。

由此可见,尽管每个个体都对社会历史的创造产生作用,但由于目的不同就必然会导致相互冲突,加上存在着一些人类未能充分把握的偶然性因素的存在,因此,社会历史演化变迁的结果也就具有了脱离人的"美好生活""幸福生活"的期望和追求的可能性。

社会历史的那种脱离了人的"美好生活""幸福生活"期望和追求的演变结果,在它的进一步演变中能否改变过来而变得能够满足人的"美好生活""幸福生活"的期望和追求呢? 答案肯定是可以的。马克思从生产力和生产关系、经济基础和上层建筑之间的矛盾运动规律,推出了社会将演变成人人自由发展的共产主义社会的历史必然性。但马克思的原理是宏观抽象的概括,没有具体关注人类社会各个个体之间的相互作用的合力,如何促使社会满足人的"美好生活""幸福生活"期望、追求的具体细节。迪尔克姆(涂尔干)的关于如何纠正"自杀"这种社会病态现象的考虑,则可以为我们提供一些启示。他指出:"纠正这种弊病的唯一办法,是使各种社会群体具有足够的稳定性,以便这些群体更加牢靠地留住个人,个人更加依恋群体。应该使个人更加感到和在时间上先于他而存在、比他存在的时间长,而且在各方面都超过他的集体利害一致。在这种情况下,他就不再在自己身上寻找自己行为的唯一目标,而且,由于懂得他是达到超越他的目标的手段,所以他就会意识到他对某件事有用。生活在他的眼里就重新有了某种意义,因为生活重新找到了目标和正常的方向。"①通俗来说,就是让每个个体都具有一种集体主义或团体主义的意识和精神。现代社会之所以偏离了人的"美好生活""幸福生活"的期望,很大程度上正是由于人类选择了一种个体主义和自由主义的结果。在个体主义和自由主义者看来,社会各个个体之间的目的是不同的,不同目的之间在相遇时,必然会产生竞争,而这种竞争是一种零和博弈。零和博弈的结果虽然也是不同个体意志相互作用的合力的结果,但零和博弈意味着"一个人赢,

---

① 参见[法]迪尔克姆:《自杀论》,冯韵文译,商务印书馆 2001 年版,第409—410页。

另一个人就输"。这犹如下棋,为了能赢,一个参赛者必须在大部分时间里比对手做得更好,白棋赢黑棋就输。① 在这种情况下,各个个体之间的意志并非是加和性合力,而是一种相互抵消、相互排斥性合力。零和博弈中各个个体之间的相互作用,类似于俄国著名作家伊万·安德烈耶维奇·克雷洛夫的《天鹅、大虾和梭鱼》寓言中天鹅、大虾和梭鱼共同拉车的作用。这样,合力的结果背离每个个体的愿望和追求也就在情理之中了。

显而易见,人类要实现每个个体都满意的"美好生活""幸福生活",就必须形成加和性合力,而不是形成相互抵消、相互冲突的零和博弈性合力。这实质上就是要形成社会联系力和社会凝聚力。俗语"心往一处想,力往一处使"说的也就是这个浅显的道理。那么,如何才能使人们"心往一处想,力往一处使"呢? 这就需要个体与个体、个体与社会、社会与社会之间彼此相互欣赏、相互支持、相互帮助。那么,人们又如何才能相互欣赏、相互支持、相互帮助呢? 这需要以相互认同为基本前提和条件。什么是相互认同呢? 塔菲尔和特纳指出,认同是"一个社会的成员共同拥有的信仰、价值和行动取向的集中体现,本质上是一种集体观念,它是团体增强内聚力的价值基础。"②社会心理学领域则将社会认同定义为:"个体认识到他(或她)属于特定的社会群体,同时也认识到作为群体成员带给他的情感和价值意义。"③这个定义尽管颇有道理,但显然局限于群体内部,而本文将要研究的社会认同却"是社会所面对的整个世界和社会生活中出现的一切与社会有价值关系的现象"。④ 在这个意义上,人的认同过程实际上就是一个连续不断地进行自我构建和自我重构的

① 〔美〕罗伯特·阿克塞尔罗德:《合作的进化》,吴坚忠译,上海世纪出版集团 2005 年版,第 78—79 页。

② 转引自张乃和:《认同理论与世界区域化研究》,《吉林大学社会科学学报》2004 年第 3 期。

③ 转引自段菲菲:《从社会认同的视角看"五四"知识分子的认同危机》,《山西青年管理干部学院学报》2010 年第 23 卷第 2 期。

④ 李德顺:《价值论》,中国人民大学出版社 2007 年版,第 285 页。

过程。由于人是社会中的人,因而这个过程必然会受到社会的各种文化因素的影响。社会的各种文化因素,包括宗教信仰、风俗习惯、语言、价值观念等,几乎都是通过传统而影响社会意识的。社会意识则改变着和塑造着社会的文化心理,文化心理则影响着认同的形成。① 从这个意义上说,社会整体的内部认同需要依靠文化认同来连接和互相呼应。

任何人都出生在某种文化之中。正如美国人类学家本尼迪克特指出的那样,就每个个体而言,他的生活历史首先是适应由他的社区代代相传下来的生活模式和标准。尽管本氏说的没错,但是,更深层的问题他却没有予以考虑。虽然社会群体中每个个体处于同样的社会文化背景之中,但为什么他们之间的意志却往往不能形成集体加和性合力,反而形成了零和博弈性合力呢? 问题可能很复杂,但人们所处的社会文化背景,可能是其中的重要原因之一。从这个角度来看,主要是因为社会文化背景并不是培养各个个体之间的相互配合协调的观念意识以形成集体加和性合力,而是培养了各个个体之间的零和博弈的意识和观念。这样的社会文化背景又是怎样形成的呢? 因素可能也是多样的,但从历史阶段来看,应该是在这种社会背景形成之时,人们在面临新的问题或困境时所做出的选择,及偶然因素作用的结果。这种社会历史前后之间的逻辑联系,可以用以下模型来说明(见图21)。

在一定程度上可以这样认为,我们现在所处的社会是一个在一定意义上患了病的社会。这是我们目前所面对的新问题和新情况。我们需要在这样的新情况、新问题下为社会的下一步演变做出新的选择、新的决定,以使社会进一步演变成为满足人的"美好生活""幸福生活"需求的社会。在这个过程中,偶然因素是不可控的,可控的就不是偶然因素了。因此,我们只能从以往社会中搜集相应的信息,以使我们的新选择、新决定更加具备合理性、正当性和实现的可能性。从以往社会中搜集相应的信息实际上就是使过去社会中的文化

---

① 姜永志、张海钟:《社会认同的区域文化心理研究》,《长安大学学报》(社会科学版)2009年第11卷第4期。

```
        ┌──────────┐
        │ 偶然性因素 │
        └────┬─────┘
             │
┌────────┐  ┌────┐      ┌────────┐  形   ┌────────┐  培   ┌────────┐
│ 社会生活 ├─▶│ 选择 ├────▶│ 个人主义 ├─成─▶│ 零和博弈 ├─养─▶│ 零和博 │
└────────┘  └────┘      │ 自由主义 │      │ 社会文化 │      │ 弈意识 │
             │          └────────┘      │   背景   │      └────────┘
        ┌────┴─────┐                    └────────┘           │
        │  新问题   │                                         ▼
        └──────────┘              ┌──────────────┐      ┌────────┐
                                  │ 个体与个体、个体与社会、 │◀─────│ 零和博 │
                                  │ 社会与社会的疏离和分裂  │      │ 弈社会 │
                                  └──────┬───────┘      │ 与行为  │
                                         │              └────────┘
                                         ▼
                        ┌─────────────────────────────────┐
                        │ 社会对抗（群体冲突、战争等）、精神病变（孤独、自杀等）、│
                        │ 社会疏离（遁世、逃避等）等等现代社会病        │
                        └─────────────────────────────────┘
```

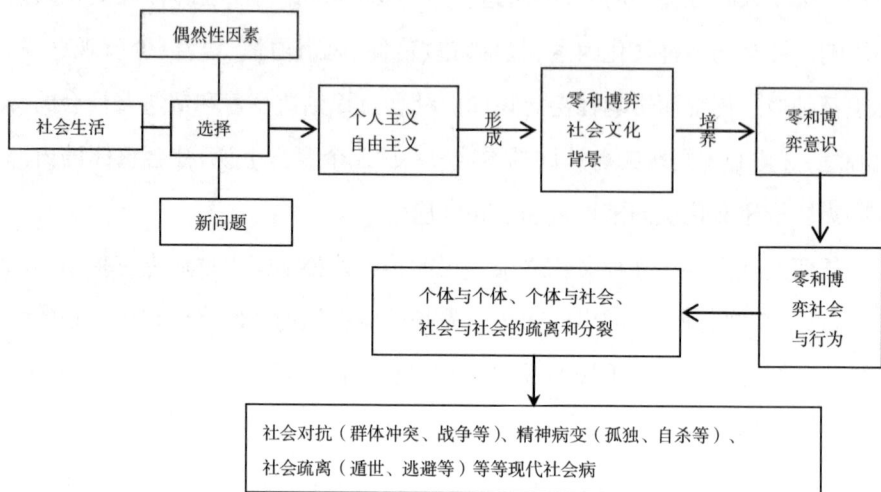

图 21　现代社会中"人与社会之间病变问题"形成的原理

在现代和未来社会中再现,发挥它们为人追求"美好生活""幸福生活"服务的功能。从这个意义上看,过去社会中的文化的这种再现,实际上就是我们对非物质文化遗产"生产性保护"传承的认识和理解。

人在社会演变中的新选择、新决定可以基于推理原则,也可以基于以往的传统。英国历史学家爱德蒙德·柏克(Burke)在《法国革命论》中认为,传统是人类悠久的智慧结晶,是人类最宝贵的财富,是人类的进步和发展的唯一保证。法国大革命的暴力则恰恰反其道而行之,把一切美好的传统都摧毁了。①确实,柏克的见解包含着某种真知灼见。法国大革命之后,拿破仑就在欧洲推行了强权政治,这使他的观点得到了一定程度的印证。我们自己的经历也似乎表明,经验确实教导了我们,我们从经验中所学到的东西肯定和修正了我们先前所相信的东西。

基于以往的传统而进行的新选择、新决定,必须是从现实生活出发的选择和决定。柏克的"不是从某一种哲学体系的观念出发的,而是从现实生

---

① ［英］柏克:《法国革命论》,何兆武译,商务印书馆 1998 年版,译者序言。

活出发的"①观点确实有一定的远见。以往的传统很大一部分实质上就是非物质文化遗产,这意味着,我们在进行新选择、新决定时主要是基于非物质文化遗产这种经过了长时期时代积累的最大现实。在某种意义上,我们的新选择、新决定也只有基于非物质文化遗产这种历史积淀的现实,才能最便利地使我们各个个体的意志形成叠加性、加和性合力。在同一群体中,非物质文化遗产是属于每个个体的传统,对于每个个体而言都是有效的,因而是合理的。因为"它是一种达到某种目的的明显有效的手段。但是它并不是由使用它的人所设想出来的,他们发现它的时候它已经存在了,他们之所以继续使用它是因为它'满足了他们的需要'"。② 因此,在非物质文化遗产传统中,人们的行动通常是在不知不觉中做出的,几乎没有任何心理压力。非物质文化遗产传统这种"润物细无声"的对人的影响将十分有利于个体与个体之间的协调与合作,从而使个体与个体之间的意志在低成本下就能够形成叠加性合力或加和性合力。社会中个体之间如能无障碍地相互协同配合,表明人在社会生活中就没有分离感和疏离感,这也就意味着个体与社会之间是协调一致的。如果一个社会中的个体之间不存在零和博弈的意识观念,那么,由这些个体所组成的群体在与其他群体发生联系时,也更容易形成"美人之美""成人之美"的意识和观念。当每个群体都对其他群体具有"美人之美""成人之美"的意识和观念时,那么社会与社会之间就将会和谐共存。这样,个体与个体之间、个体与社会之间、社会与社会之间就能够形成叠加性和加和性合力。只有在这样的条件下,人类的"美好生活""幸福生活"的期望和追求才有可能实现。如果要让每个个体都自己生产自己所需要的全部物品,那既不现实,也不可能(《鲁滨逊漂流记》就是一个绝佳的例子)。因此,任何时候、任何社会,包括原始人类,都存在着个人的直接需要与他自己的生产活动相脱离的情况。生产

---

① ［英］柏克:《法国革命论》,何兆武译,商务印书馆1998年版,译者序言。
② ［美］爱德华·希尔斯:《论传统》,傅铿、吕乐译,上海世纪出版集团2009年版,第217页。

活动都是具体的、感性的,是由某个具体的个体所从事的。因此,某个个体的某些需要必须靠另一个体的生产来满足,另一个体的某些需要也要其他个体的生产来满足。马克思说的好,"社会的活动和社会的享受决不仅仅存在于直接共同的活动和直接共同的享受这种形式中,虽然共同的活动和共同的享受,即直接通过同别人的实际交往表现出来和得到确证的那种活动和享受,在社会性的上述直接表现以这种活动的内容的本质为根据并且符合这种享受本性的地方都会出现"①。

个体与社会、个体与个体、社会与社会"只有这样(美人之美,笔者注)才能相互容纳,产生凝聚力,做到民族间和国家间的'和而不同'的和平共处,共存共荣的结合"。② 根据这样的认识,我们就可以为非物质文化遗产"生产性保护"传承与我们实现"美好生活""幸福生活"之间的关系构建一个模型(见图22)。

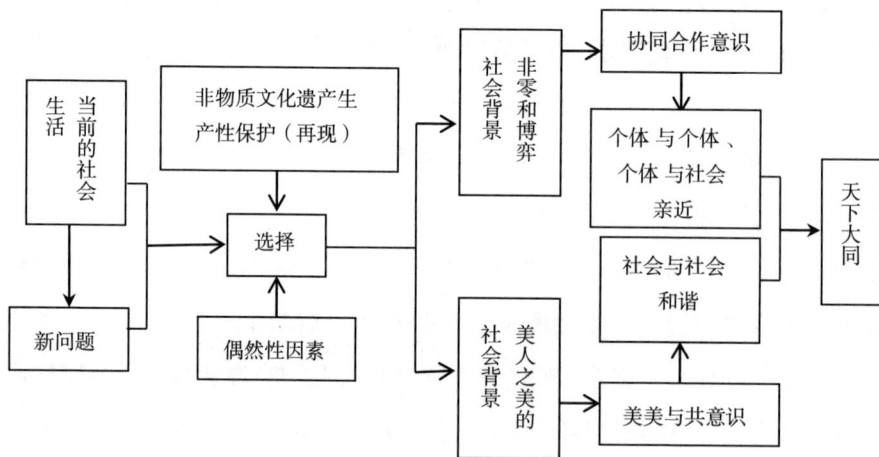

图22 非物质文化遗产"生产性保护"与"人的现实存在"关系原理

马克思和恩格斯在《德意志意识形态》中指出:"只有在共同体中,个人才能获得全面发展其才能的手段,也就是说,只有在共同体中才可能有个人自

---

① 《马克思恩格斯文集》第1卷,人民出版社2009年版,第188页。
② 费孝通:《文化与文化自觉》,群言出版社2010年版,第404页。

由。"但必须是"在真正的共同体的条件下",各个人才能"在自己的联合中并通过这种联合获得自己的自由"。① 在这个意义上,只要个体与个体、个体与社会、社会与社会之间实现了和谐——这意味着真正共同体的形成,每个个体与自我也就实现了和谐。在"非物质文化遗产生产性保护"传承中,个体或许会在非物质文化遗产的生产和再生产中体现出自己的个性,也即将自己的个性在非物质文化遗产中对象化,如是这样,那么他个体所生产和再生产的非物质文化遗产就成了体现他的个性的存在物,但这种存在物也是为别人而存在,即它需要得到他人的认可,否则这个存在物就不能成为文化遗产。道理很简单,任何文化虽由个体所创造、生产,但都必须为群体所共享才能变成文化事象(项)。马克思指出:"直接体现他的个性的对象如何是他自己为别人的存在,同时是这个别人的存在,而且也是这个别人为他的存在。"②马克思这里论述的虽然是个体之间在社会分工条件下的相互依赖关系,但这个原理也可用于个体生产和再生产非物质文化遗产的状况。从这个角度上讲,个体在非物质文化遗产的生产和再生产中对自我的认同和确认,要依赖于他人对他所生产和再生产的非物质文化遗产的认同。我们正是从这个意义上才说,只要个体与个体、个体与社会、社会与社会之间实现了和谐,每个个体与自我也就实现了和谐。

埃德加·莫兰指出:"观念、信仰、象征和神话不仅是一些力量和认识价值,也是社会的联系力和凝聚力。"③费孝通也指出:文化保护、文化自觉可以使"不同人群在人文价值上取得共识,以促使不同的人文类型和平共处和发展"。④ 非物质文化遗产的"生产性保护"传承,就是要通过非物质文化遗产的再现,以强化人们之间的联系力和凝聚力,实现"美美与共,天下大同"的美好社会、幸福社会。

---

① 《马克思恩格斯文集》第 1 卷,人民出版社 2009 年版,第 571 页。
② 《马克思恩格斯文集》第 1 卷,人民出版社 2009 年版,第 187 页。
③ [法]埃德加·莫兰:《方法:思想观念——生境、生命、习性与组织》,秦海鹰译,北京大学出版社 2002 年版,第 8 页。
④ 费孝通:《文化与文化自觉》,群言出版社 2010 年版,第 208 页。

结　　语

马克思在《资本论》第一卷第二版跋中指出："在形式上,叙述方法必须与研究方法不同。研究必须充分地占有材料,分析它的各种发展形式,探寻这些形式的内在联系。只有这项工作完成以后,现实的运动才能适当地叙述出来。这点一旦做到,材料的生命一旦在观念上反映出来,呈现在我们面前的就好像是一个先验结构了。"①马克思的这段话深刻地揭示了科学研究的方法与逻辑。本研究的叙述和论证看起来似乎是先知先觉的,但正如马克思所言,实际上是在掌握了大量的材料,通过分析并在把握了材料之间的内在联系的基础上而形成的。

在联合国教科文组织第三十二届会议通过了《公约》之后,非物质文化遗产的保护传承在全球范围内得到了高度重视。各缔约国纷纷探索各种非物质文化遗产的保护传承方式。综括起来,国内外施行的保护传承非物质文化遗产的方式不外乎以下几种:建立名录制度;转化为有形形式;保护遗产的原生环境;遗产传承人保护制度;生产性保护。② 前四种方式是国际上通行的非物质文化遗产保护传承方式,唯独"生产性保护"传承方式为我国所独创。国际通行的保护传承方式在我国非物质文化遗产保护传承实践中尽管占有十分重

---

① 《马克思恩格斯文集》第5卷,人民出版社2009年版,第21—22页。
② 王文章主编:《非物质文化遗产概论》,文化艺术出版社2006年版,第29—30页。

要的席位,但实践表明,这四种保护传承方式都难以担当起非物质文化遗产保护传承的重任,于是,我国在非物质文化遗产保护传承实践中逐渐探索出了"生产性保护"方式。

尽管非物质文化遗产"生产性保护"在我国学术界、理论界中得到了热烈讨论,在实践中也得到了不断推广、施行,并且也取得了相当显著的成绩,但不可否认的是,非物质文化遗产的"生产性保护"这一概念的含义,并没有得到深刻的认识和透彻的理解。比如,"生产性保护"和产业化、商业化之间的关系就没有得到很好的分辨。因此,不管是理论界还是实践界,大部分人都把"生产性保护"等同于产业化和商业化。正是基于这样的不充分的认识和理解,人们才认为,能够进行产业化、商业化的非物质文化遗产,"生产性保护"就可以实行,而不能与产业化、商业化挂钩的非物质文化遗产,则不适用于"生产性保护"。显然,这样的认识和理解是不可能把握住非物质文化遗产自身的存在和演变规律的,也不可能保护传承好非物质文化遗产。比如,在大力推行非物质文化遗产"生产性保护"的过程中,仍然存在着严重的"重申报、轻保护"现象。有些专家将这种现象归结于地方政府和民众的功利性结果①。这样来看待问题虽颇有见地,但有些将地方政府和民众都设想为"理性经济人"和逐利的利己主义者的嫌疑。有过田野调查经历的人都知道,尽管从经济利益立场考虑非物质文化遗产的保护传承确实普遍存在,但也不能否认,不少地方政府和民众确实是不知如何才能有效地保护传承好那些无法与经济直接结合的非物质文化遗产。这种现象的本质和根源可能就在于我们对非物质文化遗产的演化变迁规律把握不够、认识不深,以及对非物质文化遗产保护方式的反思欠深欠透有一定的关系。② 专家学者、学术界、理论界如果一味地将这种现象归咎于地方政府和民众的功利心,一味地谴责地方政府和民众的无

① 苑利:《非遗"重申报""轻保护",原因何在?》,《中国艺术报》2012 年 2 月 29 日。
② 龙叶先:《非遗"重申报、轻保护",根源何在?》,《贵州民族报》(民族文化周刊)2012 年 9 月 12 日。

知,那不仅是一种对自己应该担当的责任的逃避,更是一种对自己的无知的极力掩饰。

两千多年前,苏格拉底就说过:"未经审视的生活是不值得过的生活。"① 现代物理学家薛定谔也认为:"在知识道路上前进的大军中,形而上学无疑是先锋队,它在我们不熟悉的敌境内布下一些前哨",科学的进展"始终是通过哲学观点的澄清和改变来实现的"。② 同样地,非物质文化遗产的"生产性保护"也需要从哲学上深入地审视和反思。非物质文化遗产"生产性保护"实践过程中所出现的问题、矛盾,或许就与哲学审视和反思的缺乏有关。尽管哲学审视和反思可以有多种角度和多个层次。但这里的审视和反思主要是为非物质文化遗产的"生产性保护"提供合理性和正当性,因为解决思想问题是解决实践、行动问题的前提和基础。这是符合马克思主义唯物辩证法"只有解放思想,才能真正做到实事求是"的基本原理的。

尽管恩格斯说过"在科学上,一切定义都只有微小的价值"③,但就学术和科学研究而言,定义和概念仍然相当重要。在一定意义上,我们实际上只能凭借定义和概念才能思维。因此,非物质文化遗产"生产性保护"的哲学审视和哲学反思,首先需要对"非物质文化遗产生产性保护"的含义进行重新认识和深入理解,这可以使我们清楚、明了、透视非物质文化遗产"生产性保护"的内涵和使用范围。其次,任何实践活动都是主体性活动,因此,厘清非物质文化遗产"生产性保护"实践主体的类型及他们之间的关系,了解他们之间的义务和责任,有助于"生产性保护"的广泛实施和深入推进。然后,非物质文化遗产"生产性保护"的根据和理由是什么呢? 这是非物质文化遗产"生产性保护"的首要问题,也是最基本的问题。这个问题不仅不能回避,而且还必须给

---

① 转引自[美]斯坦利·霍尔等:《哲学的邀请:问题与选择》,顾肃、刘雪梅译,上海译文出版社 2014 年版,"导言"第 3 页。
② 转引自闵家胤:《进化的多元论》,中国社会科学出版社 1999 年版,第 5 页。
③ 《马克思恩格斯选集》第 3 卷,人民出版社 2012 年版,第 459 页。

予科学合理的回答。这个问题如果不能得到科学合理的回答,非物质文化遗产的"生产性保护"传承实践,就有可能陷入盲目性、随意性。最后,文化由人创造,人又依赖于文化。人首先要与自然界发生作用,其次人作为群体性动物必然要与群体和其他人相互联系。因此,审视非物质文化遗产的"生产性保护"在人与自然、个体与社会、个体与个体等之间的相互作用、相互联系中的动态意义,也是对非物质文化遗产"生产性保护"进行哲学审视和哲学反思的题中之义。

文化是人与动物相互区别的重要分界。人类学家拉尔斐·比尔斯指出:"人类的行为之所以不同于其他种类动物的行为,是因为他受文化传统的影响和制约。"①马克思的话"饥饿总是饥饿,但是用刀叉吃熟肉来解除的饥饿不同于用手、指甲和牙齿啃生肉来解除的饥饿"②,"对于一个忍饥挨饿的人来说并不存在人的食物形式,而只有作为食物的抽象存在;食物同样也可能具有最粗糙的形式,而且不能说,这种进食活动与动物的进食活动有什么不同"③,也说明了人与动物的区别在于文化。在此意义上,人就是一种文化存在。人的个体生命是有限的,而人所创造的文化却可以在不同个体和代际之间穿梭。因此,文化虽然都是由具体的生命个体所创造的,但它却具有超越个体生命而能自动延续存在的性质。可见,"生物界的生命是会死的,但文化是不会死的,只是会改变。"④

从目的论来看,"文化是为了让人更好地生活在这个世界上。……是要创造一个美好的世界,一个艺术化的世界。"⑤虽然"文化的社会性利用社会的差序格局即生物人生命的参差不齐,使它可以超越生物生死的定律,而有自己

---

① ［美］拉尔斐·比尔斯:《文化人类学》,秦文山等译,河北教育出版社 1993 年版,第1页。

② 《马克思恩格斯文集》第 8 卷,人民出版社 2009 年版,第 16 页。

③ 《马克思恩格斯文集》第 1 卷,人民出版社 2009 年版,第 191 页。

④ 费孝通:《文化与文化自觉》,群言出版社 2010 年版,第 344 页。

⑤ 费孝通:《文化与文化自觉》,群言出版社 2010 年版,第 352 页。

存亡兴废的历史规律"①,但不可否认的是,文化自身存亡兴废的历史规律,并不必然使人朝向更"美好的世界",朝向更"艺术化的世界"。情况往往相反,文化的兴废反而造成了个体与社会的严重疏离,人与自然的激烈冲突,甚至还导致了社会的崩溃。美国著名学者贾雷德·戴蒙德(Jared Diamond)认为:"没有一个社会的崩溃可以完全归咎于环境变化,多少有其他的因素作用。"②楼兰古国、复活节岛、皮特凯恩岛、汉德森岛、玛雅等文明的崩溃,除了环境因素之外,文化因素也是其中的重要因素之一,甚至在一定程度上,环境因素也可能起源于文化因素的影响(如人为造成的生态恶化)。这可能意味着,文化在其自身的历史演变过程中,丢掉了某些能够引领人类走向"美好世界"和"艺术化世界"的内容。也可能正因为如此,人作为不懈追求"美好世界"和"艺术化世界"的实践主体,才努力对那些已经被丢弃的或正在被丢弃的非物质文化遗产进行重新认识和重新理解,并努力采取措施去保护传承,甚至去复活它们。

"生产性保护"是目前非物质文化遗产保护中新兴的并且是较为有效的保护方式。但由于对"生产"一词的理解不同,人们对"生产性保护"的认识也各不相同。当把"生产"一词理解为"商品"的制造时,对非物质文化遗产"生产性保护"的理解实际上就与备受诟病的"产业化""商业化"无异。但如果将"生产"理解为满足人类需要的"产品"制造,而不是"商品"制造时,那么,非物质文化遗产的"生产性保护"就与能否获得盈利无关,而只与能否满足人的需要相联系。③ 就此而言,非物质文化遗产的"生产性保护",既是使非物质文化遗产一再满足不同时代的人的需要的活动,也是通过不断的"再生产"而使它本身得以持续存在的活动。马克思、恩格斯告诉我们,社会生产并不仅仅是

---

① 费孝通:《文化与文化自觉》,群言出版社 2010 年版,第 391 页。
② [美]贾雷德·戴蒙德:《崩溃——社会如何选择成败兴亡》,上海译文出版社 2008 年版,第 8 页。
③ 刘忠培、龙叶先:《苗族水鼓舞的生产性保护初探》,《贵阳学院学报》2015 年第 2 期。

满足人需要的物质资料和物质产品的生产,还包括人自身的生产(即种的繁衍)。人创造文化本质上都是为人的这两种生产服务的,因此,在某种程度上可以说,任何非物质文化遗产都具有它的"生产性"来源及与"生产性"相结合的性质。由此可见,任何非物质文化遗产,如果不是与物质生产相结合,就是与人的自身的生产(繁殖)相结合,不存在不与"生产"相关联的非物质文化遗产。从这个角度上说,任何非物质文化遗产在理论上都有通过"生产性"方式而得到保护和传承的可能性。

尽管"生产"一词有多种含义,但这些不同的含义都包含有一个共同的意蕴,即都意味着"新的事物"或"新的东西"的出现。这个含义运用到非物质文化遗产的保护传承上来,并不要求新的非物质文化遗产的产生,而是要求非物质文化遗产或以旧形式,或以新形式,在新的历史阶段或在新的社会场域中再现,以服务于人的当下和未来的生活。美国当代著名社会学家爱德华·希尔斯指出:"每一件绘画作品或雕塑作品的确可以维持原貌,然而,它们表现的艺术风格却会在相传中变更。"[1]具有物质形式的文化遗产尚且不断变更,那就更不用说非物质文化遗产了。因此,无论非物质文化遗产是以旧形式还是以新面貌再现,都会存在着或多或少的变化,但它所内蕴着的人的深层次期望和追求,基本保持着稳定不变,也即它的基本功能在新的历史条件下仍然可以继续发挥作用。比如,现在的妈祖海祭大典,在一定意义上可以说是妈祖信仰文化的再生产(生产性保护)。过去举行祭奠的目的主要是祈求海神的庇护,现在祭奠虽然也有祈求护佑的诉求,然而更多的却是为了润滑社会、强化社会的凝聚力。无论是过去还是现在,妈祖海祭的基本功能都是对"美好生活""幸福生活"的期冀。照此逻辑,我们这里对非物质文化遗产"生产性保护"的新认识和新理解,不仅会使非物质文化遗产的"生产性保护"扩展到与经济活动不发生直接联系的非物质文化遗产类型上,而且还会为非物质文化遗产的

---

① [美]爱德华·希尔斯:《论传统》,傅铿、吕乐译,上海世纪出版集团 2009 年版,"译序"第 14 页。

"生产性保护"提供新的启示与新的思路。照此理解,古歌、古诗、民间故事、谚语、格言、信仰等看似与生产活动没有直接联系的非物质文化遗产,也可以通过生产性方式而得到有效的保护和传承。哲学作为"民族的头脑""文化创新的先锋"①,它"是为科学和日常思维生产那些最大的前提和最大的大项的学问"。② 因此,非物质文化遗产"生产性保护"传承的哲学反思和审视,目的是使我们更深入地把握非物质文化遗产生产性保护传承的规律和历史逻辑,至于保护传承实践中的具体策略、具体方案、详细措施,则是留给具体学科的任务。

任何实践活动都是人的主体性活动。马克思指出:"主体是人"③,"主体,即社会"④。因此,实践活动的主体不仅是单个个体,还包括人类社会整体。那么,社会实践的主体到底是单个个体还是社会整体呢? 就社会实践而言,实践主体既不是整个人类社会整体,也不是单个个体,而主要是社会群体。美国著名人类学、社会学家 P.K.博克(Philip K.Bock)指出:"进行社会研究时,研究的对象必须是类(群体)而不是个人,是一般的行为方式而不是特定的行为,个人行为通常仅作为描述的素材。"⑤目前,大多数人认为非物质文化遗产保护主体包括两类:传承主体和保护主体。传承主体是指"非物质文化遗产传承人";保护主体则是指那些与实际传承活动没有直接联系的,然而却对非物质文化遗产的保护传承起着重要推动作用的外部力量。⑥ 根据这样的分类,传承主体就是非物质文化遗产保护的直接主体,保护主体因与非物质文化遗产保护传承没有直接联系而成为间接主体。

---

① 闵家胤:《进化的多元论》,中国社会科学出版社 1999 年版,第 13 页。
② 闵家胤:《进化的多元论》,中国社会科学出版社 1999 年版,第 11 页。
③ 马克思、恩格斯:《马克思恩格斯选集》第 2 卷,人民出版社 1995 年版,第 3 页。
④ 马克思、恩格斯:《马克思恩格斯选集》第 2 卷,人民出版社 1995 年版,第 19 页。
⑤ [美]P.K.博克:《多元文化与社会进步》,童奇志译,辽宁人民出版社 1988 年版,第 76 页。
⑥ 苑利:《非物质文化遗产保护主体研究》,《重庆文理学院学报》(社会科学版)2009 年第 2 期。

　　费孝通先生指出:"人作为一个生物个体,生命终究是有限期的。……由一代代个体所构成的社会却可以常青不老。每一个时刻,每一个个人都享受着前人积累的遗产,也在为后来者创造生存和发展的资料。人是依靠世世代代积累下来的文化生活的,文化本身离不开历代个人的创造。从这个角度去看,生物的人固然不能永生,但生物的人所创造的文化却可永葆青春。"①只要对费老的观点稍做引申,就可以看出,文化尤其是非物质文化遗产的传承、进化、发展过程,性质上就是一种持续不断的生产和再生产过程。在此意义上,传承主体实际上就是非物质文化遗产的生产者和再生产者。此外,尽管某项文化遗产是由某个具体个体所创造,也是由某个具体个体所不断丰富和发展的,但某种文化之所以成为传统和遗产,则有赖于群体对该种文化的承认、认同并共享。"文化是人为的,但这里只能指文化原件的初创阶段,它是依靠被群体中的人们所共同接受才能在群体中维持下去。"②在这个意义上,文化传统和遗产的生产与再生产有赖于群体的共同行动。就此而言,一个社会中的群体都是该社会文化传统和文化遗产的生产者与再生产者。由此可见,将非物质文化遗产"生产性保护"实践主体划分为传承主体和保护主体是不恰当的。无论是传承人,还是其他主体,如政府、学术界、理论界、商业界以及媒体,都是非物质文化遗产的生产者和再生产者,也即都是传承保护的主体。此外,由于非物质文化遗产的生产和再生产必然与非物质文化遗产的"社会有效需求和有效供应问题"③相联系,因此,非物质文化遗产的生产和再生产就必然存在着生产者和消费者,这是不能仅仅以"传承人"这一模糊概念所能够涵盖、说明和解释的。

　　由此来看,生产者、消费者、政府、学术界和理论界、商界、新闻媒体等都是

---

　　①　费孝通:《文化与文化自觉》,群言出版社 2010 年版,第 138 页。

　　②　费孝通:《文化与文化自觉》,群言出版社 2010 年版,第 391 页。

　　③　刘魁立:《民间传统技艺的人性光辉》,《中南民族大学学报》(人文社会科学版)2009 年第 4 期。

非物质文化遗产"生产性保护"的"实践主体",他们之间并不存在层次上的差别,不存在直接和间接之分。如果要说他们之间还存在差异和区别的话,那只能是他们之间存在着分工的不同,以及所承担的任务和责任不一致而已。可以说,非物质文化遗产"生产性保护"能否实现,取决于这些实践主体之间的相互协同、通力合作。比如,政府与生产者、消费者之间的相互作用,通常就不能仅由政府单一地与生产者、消费者发生相互联系,而应该在与其他主体相互联系的条件下而共同发生作用。

在非物质文化遗产的生产和再生产过程中,政府要素应以建立健全完善的组织管理体系、政策保护体系、资金运作体系、法律保障体系等为基本任务。学术界和理论界的基本工作应是:研究把握非物质文化遗产生产和再生产的规律,推介国外实践的经验教训,提供决策咨询等。新闻媒体则要做好宣传,使非物质文化遗产的保护传承理念深入人心,使非物质文化遗产的生产和再生产成为全民族的自觉行动。

生产是为了满足需要,满足需要的过程就是消费的过程。如果没有消费者,生产不仅不可能产生,更不可持续。非物质文化遗产的生产者通常是民众(或传承人),但它的消费者却是整个社会,政府、学术界和理论界、媒体界、商界更应该起到消费的引领作用,以带动整个社会形成消费非物质文化遗产的社会氛围和社会风尚。

人的实践活动是有目的的活动。分析非物质文化遗产保护传承的理由和根据,是保护传承非物质文化遗产的前提性和基础性问题。这个问题不解决,非物质文化遗产就不可能得到有效的传承保护,或不可能得到长效的传承保护。非物质文化遗产是自然界的人化,人把自然界人化是为了人的存在。因此,非物质文化遗产是"人为而存在,存在而为人"。马克思指出:"人的根本就是人本身。"①保护传承非物质文化遗产实质上就是要让人在自然界中更好

①《马克思恩格斯选集》第1卷,人民出版社2012年版,第10页。

地生存、更好地生活。人作为自然界演化的结果,首先需要从自然界中获取生命存在所需的物质和能量,在这个层面上,"人们同自然界的关系完全像动物同自然界的关系一样,人们就像牲畜一样慑服于自然界"①。因此,非物质文化遗产保护传承的首要价值,就是使人作为"类"或"种"更好地作用于自然界,从而使人作为"类"或"种"在自然界中能"更好地存在"。所谓"更好地存在"包含两个方面的含义,其一是人作为"类"或"种"在自然界中轻松愉快地维持其作为活的有机体的存在;其二是人作为"类"或"种"的存在要与自然界协调。

人在自然界中不仅作为类或种存在,还以社会形式存在。马克思在《政治经济学批判导言》中说:"人是最名副其实的社会动物,不仅是一种合群的动物,而且是只有在社会中才能独立的动物。"②马克思还在《关于费尔巴哈的提纲》中说:"人的本质并不是单个人所固有的抽象物。在其现实性上,它是一切社会关系的总和。"③非物质文化遗产作为人化的自然,必然是由社会所创造的。由于不同的社会所占有的自然条件、环境,以及所拥有的社会传统不同,因此,它们所创造的非物质文化遗产彼此之间也就必然存在着差异。这就是说,具体的非物质文化遗产必然属于某个社会、某个群体。这样,非物质文化遗产保护就必然以其所属社会、群体的价值为取向,也即保护要利于该社会或群体的存在。此外,人的类或种存在系统中的各子系统——社会,并不是孤立存在的,社会与社会之间是一种相互联系、相互依赖,甚至相互冲突的关系。因此,非物质文化遗产的生产和再生产,作为一种人类的理性追求,必须以能够促进社会之间的和谐相处、共赢发展为价值取向,而不能只利于某些社会或群体却危害了其他的社会或群体。

---

① ［德］马克思、恩格斯:《德意志意识形态》(节选本),人民出版社2003年版,第25—26页。

② 《马克思恩格斯选集》第2卷,人民出版社2012年版,第684页。

③ 《马克思恩格斯选集》第1卷,人民出版社2012年版,第135页。

　　社会是由个体构成的,感性个体的存在就是人的具体的现实存在。"全部人类历史的第一个前提无疑是有生命的个人的存在。因此,第一个需要确认的事实就是这些个人的肉体组织以及由此产生的个人对其他自然的关系"①,"我们的出发点是从事实际活动的人,……从现实的、有生命的个人本身出发,把意识仅仅看作是他们的意识。这种考察方法不是没有前提的。它从现实的前提出发,它一刻也离不开这种前提。它的前提是人,但不是处在某种虚幻的离群索居和固定不变状态中的人,而是处在现实的、可以通过经验观察到的、在一定条件下进行的发展过程中的人。"②既然人的个体存在是人的具体的现实的生命存在,那么,非物质文化遗产的生产和再生产,就不能不以个体的存在为基本立足点。人的个体存在包含有两个层面,一为生命存在,另一为精神存在。人作为群居动物,生命存在通常依赖于类存在和社会存在。在这个意义上,非物质文化遗产保护在个体存在层次上的取向,就只能是个体的精神价值。个体层面上的精神层次主要是个体与自我的关系。

　　此外,人还是一种历史性存在。马克思和恩格斯指出:"创造这一切、拥有这一切并为这一切而斗争的,不是'历史',而正是人,现实的、活生生的人。'历史'并不是把人当作达到自己目的的工具来利用的某种特殊的人格。历史不过是追求着自己目的的人的活动而已。"③既然人是一种历史性存在,他就要从历史中获得存在的意义,"获取人在某个时刻具有的确定性和行动的立足点。"④作为人在历史中对自然的人化的非物质文化遗产,就其在历史中承载的人在不同历史阶段中对自然的认识及对人本身的认识而言,对它们的保护传承实际上就是保护传承人自身存在的意义,保护传承人对确定性的需要,保护人的行动的立足点。

---

① 《马克思恩格斯选集》第 1 卷,人民出版社 2012 年版,第 146 页。
② 《马克思恩格斯选集》第 1 卷,人民出版社 2012 年版,第 152—153 页。
③ 《马克思恩格斯全集》第 2 卷,人民出版社 1979 年版,第 118—119 页。
④ [德]扬·阿斯曼:《文化记忆》,金寿富、黄晓晨译,北京大学出版社 2015 年版,"序二"。

由此可见,非物质文化遗产的生产和再生产要以"人的存在"为价值取向。脱离了"人的存在"的非物质文化遗产的生产和再生产是难以想象的。人的存在有四个层面,即类存在、社会存在、个体存在、历史性存在,非物质文化遗产的保护传承也就具有了四重价值,即人的类价值、人的社会价值、人的自我价值、人的历史价值。非物质文化遗产的生产和再生产,就人的类价值来看,主要是满足人作为类与自然界的协调,使人类在自然界中能够轻松愉快地生活;就人的社会价值来看,主要是满足个体与社会、个体与个体、社会与社会之间的和谐共存,使人们能够和平相处、相互理解、求同存异;就人的自我价值而言,主要是满足个体与自我的协调,使人能够达到自我实现的境界,获得精神上的慰藉;就人的历史价值来说,主要是满足人对意义、对确定性、对行动支点的需要,使人在时间上持续保持一致性。人的类价值、人的社会价值、人的自我价值是共时性价值,历史价值是历时性价值。历时性价值通过共时性价值在时间变动中而得以表现,因此,人的类价值、人的社会价值、人的自我价值的共时性存在,构成了非物质文化遗产保护传承的价值系统,即构成了保护传承非物质文化遗产的"理由和根据系统"。

人通过活动或行动来确证自己在自然界中的存在。伽达默尔指出:"实践就是行动"①,"它(实践)是一个整体,其中包括了我们的实践事务,我们所有的活动和行为,我们人类全体在这一世界的自我调整——这就是说,还包括我们的政治、政治协商以及立法活动。我们的实践——它是我们的生活形式。"②这就意味着,行动或实践作为整体,包含了人的存在过程中的一切活动。人类是通过文化而与自然界相互作用的,文化就是人在实践活动中作用于自然界的中介,没有文化中介,人就不能从自然界中获取物质能力,因此,人

---

① [德]伽达默尔:《解释学、美学、实践哲学——伽达默尔与杜特对谈录》,商务印书馆2005年版,第74页。
② [德]伽达默尔:《解释学、美学、实践哲学——伽达默尔与杜特对谈录》,商务印书馆2005年版,第67—68页。

类是依赖文化才得以生存的。人的实践活动或行动虽然受人的目的所控制，但人的目的与动物的目的不同，它很大程度上也起源于文化这一中介。人的实践活动的目的是满足人的需要，需要本身很大程度上也主要起源于人的文化。这样，人实际上就是通过文化（包括物质文化和精神文化）为中介来确证和表现自己的存在性。

非物质文化既是自然人化、人自然化的中介，同时也是自然人化、人自然化结果。自然的人化使自然得以进入人类社会，成为人类的文化和文明，展示了人的本质力量。人的自然化使人的本质得以对象化，表现了人类自身的创造性，并使自然的无限丰富的形式、力量和属性，成为人类自身的主体能力。自然的人化和人的自然化是一个持续变动的过程。在这个过程中，随着科学技术的进步，人征服自然、占有自然的欲望高度膨胀，但却忽视了科学技术的应用对自然界本身造成的不利于人的存在的后果，从而使人类面临着巨大的生存困境和危机。而在过去所形成的非物质文化中，有些非物质文化则体现了人与自然在相互转化中的协调性与和谐性，因而成为人类的非物质文化遗产。但这部分非物质文化遗产却因受现代科学技术的冲击和排挤，在现代社会中面临着持续生存的困境，因而我们要提倡对其进行保护传承。

罗马尼亚哲学家亚·泰纳谢指出："文化无非是人文主义化了的自然界。文化是对自然财富的认识和掌握，是人们用认识、感觉和活动创造价值和积累价值"，"文化价值的持久性及其对个人和社会影响的能力，取决于其中体现的人类的认识丰富到何等程度。"①就此而言，我们保护传承文化实质上就是保护人的认识、丰富人的认识，使人能够做出合理的选择，从而使人能够在历史过程中实现人与自然的和谐共进。同样，非物质文化遗产的"生产性保护"（生产和再生产）在本质意义上也就是要使人、非物质文化遗产、自然三者之间实现动态和解与协同共进。

---

① ［罗］亚·泰纳谢:《文化与宗教》，张伟达等译，中国社会科学出版社 1984 年版，第24—25 页。

　　人构成了社会,没有人就没有社会;任何人都属于社会,不存在不生活在社会中的人。个体与个体之间通过非物质文化共享而构成了社会,社会反过来也通过非物质文化而制约、控制、影响着人。从社会对人的影响来看,任何个体的行为都受到社会规范的制约。社会规范为社会群体所共有并强制个体学习和遵守。任何个人,只有懂得行为规范,才能与他人配合,以满足共同的需要。因此,行为规范控制着人们的行为,起着组织和协调人类群体生活的重要作用。但从个体对社会来看,社会规范本身又是各个个体相互作用的产物,它是人们共同创造的,必须通过每个个体的行为而表现出来,而且还要靠一代一代人的学习、创造保存和传递下去。费孝通先生说:"文化在哪里? 就在人们生活的行为和意识中。文化是代代相传的,是有子有孙的。它靠一个个人在他们生活中表现,改变和发展着,日新不已。"①德国哲学家威廉·狄尔泰(Wilhelm Dilthey)的话,"我们通过体验和理解所领会的,是作为把人类包含于其中的脉络而存在的生活"②,"各种行为类型,诸如感知过程、评价和确定各种目的的过程,都是以生活本身为基础而产生出来的,并且都带着无数细微差别而不断相互融合,在这种生活过程中,他们形成了各种各样的系统性联系,而这些联系则既包含所有各种活动和发展,也决定这些活动和发展"③,说的也就是社会和人之间的相互作用。

　　社会通过非物质文化来制约、影响、控制社会个体(包括群体、组织)的行为和活动。但个体之间的相互交往也改变和丰富着社会的非物质文化遗产。可以认为,个体与社会之间的构成、制约关系,以及社会本身的历史继承性,是通过非物质文化遗产而实现的。这样,非物质文化遗产就成了个体构成社会,社会控制影响个体的内容和中介。

　　费孝通先生说:"自从人类形成群体以来,'美好社会'总是群体生活不可

①　费孝通:《文化与文化自觉》,群言出版社 2010 年版,第 296 页。
②　[德]狄尔泰:《历史中的意义》,艾彦译,译林出版社 2011 年版,第 9 页。
③　[德]狄尔泰:《历史中的意义》,艾彦译,译林出版社 2011 年版,第 10 页。

缺少的意念。"①个体与个体相互作用构成社会,社会又影响和控制个体与个体的相互联系,最终都是为了获得"美好生活""幸福生活"。恩格斯告诉我们,"世界不是既成事物的集合体,而是过程的集合体。"个体、社会、非物质文化之间的相互关系自然也不例外。但在目前阶段,这个相互关系或多或少都存在着不利于人的生存、生活的情况,严重偏离了人对"美好生活""幸福生活"的期望和追求。在一定程度上可以说,现代社会是一个在一定意义上患了病的社会。现代社会病的根源很大程度上正是来源于个体与个体之间的零和博弈意识和观念。

在新的历史条件下,尽管存在多种多样的不可控的偶然因素,但人仍然需要做出新的选择和新的决定,以实现"美好生活""幸福生活"的期冀和追求。美国社会学家查尔斯·霍顿·库利(Charles Horton Cooley)说:"选择的结果就是生活向前进了一步",又说:"选择是有范围的。"②人要让他的新选择、新决定使生活前进一步,就应该基于非物质文化遗产这个范围,因为它是人类在历史中积累的并经验证了的,具有最大的确实性。非物质文化遗产"是一种达到某种目的的明显有效的手段"。③ 在非物质文化遗产传统中,人们的行动通常是在不知不觉中做出的,几乎没有任何心理压力。凭借着这种"润物细无声"的对人所产生的影响,非物质文化遗产将十分有利于个体与个体之间的协调与合作。因此,人只有从这个范围中进行选择,才有可能最便利地、成本最低地使社会的各个个体的意志形成叠加性、加和性合力。

如果社会中个体之间能无障碍地相互合作、协同、配合,那就表明人在社会生活中没有分离感和疏离感,这也就意味着个体与社会、个体与个体之间的

---

① 费孝通:《文化与文化自觉》,群言出版社 2010 年版,第 106 页。

② [美]查尔斯·霍顿·库利:《人类本性与社会秩序》,包凡一、王源译,华夏出版社 1999 年版,第 50 页。

③ [美]爱德华·希尔斯:《论传统》,傅铿、吕乐译,上海世纪出版集团 2009 年版,第 217 页。

协调一致性。正如库利在《人类本性与社会秩序》中指出的那样,个体的行为很大程度上取决于对自我的认识,而自我的认识却主要的是通过与他人的社会互动而形成的。就此而言,个体与个体之间的协同一致,在某种意义上也表明了个体与自我的和谐。

以上分析表明,如果一个社会中的个体之间不存在零和博弈的意识和观念,那么,由这些个体所组成的群体的内部,以及这个群体在与其他群体发生联系时,都将更容易形成"美人之美""成人之美""求同存异""相互欣赏"的意识和观念。

马克思和恩格斯指出:"'你们的选择和你们的意愿'……如果他要进行选择,他也总是必须在他的生活范围里面、在绝对不由他的独立性所造成的一定的事物中间去进行选择的。例如作为一个爱尔兰的农民,他只能选择或者吃马铃薯或者饿死,而在这种选择中,他并不永远是自由的。"①个体的选择有范围,群体的选择也有范围,甚至人类社会整体的选择也有范围,非物质文化遗产的"生产性保护"(生产和再生产),就是要通过非物质文化遗产的不断再现和再生产,为个人、群体、人类的选择提供最大的确定性,从而增加个人、群体、人类实现"美好生活""幸福生活"的现实可能性。

目前,人类离"美好生活""幸福生活"还很遥远,通向"美好生活""幸福生活"之路需要人类形成共同的信念。费孝通先生指出:"虽然我们现在离实现全人类共同生存、荣辱与共的大同世界还比较遥远,但总得树立个信心向这方面前进。看来要有一个过程,中间免不了有一个全世界人类能和平共处的阶段。在这个阶段里要能使大家接受一个共同的信念,一个人和人怎样相处的问题。"②我们提倡、推广、实施非物质文化遗产的生产性保护传承,就是希望通过非物质文化遗产的再现和再生产,为人类形成共同信念,从而为人类解决人与自然、人与人的和谐相处问题有所助益。

---

① 《马克思恩格斯全集》第 3 卷,人民出版社 1979 年版,第 355—356 页。
② 费孝通:《文化与文化自觉》,群言出版社 2010 年版,第 132 页。

参 考 文 献

一、中文文献

（一）著作

1.《马克思恩格斯全集》第 1 卷，人民出版社 1965 年版。

2.《马克思恩格斯全集》第 2 卷、第 19 卷、第 20 卷、第 26 卷下、第 47 卷，人民出版社 1979 年版。

3.《马克思恩格斯全集》第 30 卷，人民出版社 1995 年版。

4.《马克思恩格斯全集》第 40 卷，人民出版社 1982 年版。

5.《马克思恩格斯文集》第 1 卷、第 8 卷，人民出版社 2009 年版。

6.《马克思恩格斯选集》，人民出版社 2012 年版。

7. 马克思、恩格斯:《德意志意识形态》(节选本)，人民出版社 2003 年版。

8. 马克思、恩格斯:《共产党宣言》，人民出版社 1997 年版。

9. 马克思:《1844 年经济学哲学手稿》，人民出版社 2000 年版。

10. 马克思:《资本论》，人民出版社 2004 年版。

11. 恩格斯:《反杜林论》，人民出版社 1999 年版。

12. 恩格斯:《家庭、私有制和国家的起源》，人民出版社 1999 年版。

13. 恩格斯:《自然辩证法》，人民出版社 1971 年版。

14.《毛泽东选集》，人民出版社 1991 年版。

15.《毛泽东文集》，人民出版社 1999 年版。

16.［奥］冯·哈耶克:《个人主义与经济秩序》,贾湛等译,北京经济学院出版社1989年版。

17.［奥］维特根斯坦:《逻辑哲学论》,贺绍甲译,商务印书馆1996年版。

18.［波］彼得·什托姆普卡:《社会变迁的社会学》,林聚任等译,北京大学出版社2011年版。

19.［德］德罗伊森:《历史知识理论》,胡昌智译,北京大学出版社2006年版。

20.［德］狄尔泰:《历史中的意义》,艾彦译,译林出版社2011年版。

21.［德］恩斯特·卡西尔:《人论》,甘阳译,上海译文出版社2004年版。

22.［德］伽达默尔、杜特:《解释学、美学、实践哲学——伽达默尔与杜特对谈录》,金惠敏译,商务印书馆2005年版。

23.［德］黑格尔:《法哲学原理》,范扬、张企泰译,商务印书馆1961年版。

24.［德］黑格尔:《逻辑学》上下卷,杨一之译,商务印书馆1996年版。

25.［德］马克斯·韦伯:《经济与社会》第1卷,阎克文译,上海世纪出版集团2010年版。

26.［德］马克斯·韦伯:《社会科学方法论》,韩水法、莫茜译,中央编译出版社1998年版。

27.［德］扬·阿斯曼:《文化记忆》,金寿富、黄晓晨译,北京大学出版社2015年版。

28.［法］路易·皮埃尔·阿尔都塞:《保卫马克思》,顾良译,商务印书馆2010年版。

29.［法］阿兰·图海纳:《我们能否共同生存?》,狄玉明、李平沤译,商务印书馆2005年版。

30.［法］埃德加·莫兰:《方法:思想观念——生境、生命、习性与组织》,秦海鹰译,北京大学出版社2002年版。

31.［法］埃德加·莫兰:《方法:天然之天性》,吴泓缈、冯学俊译,北京大学出版社2002年版。

32.［法］埃德加·莫兰:《复杂思想:自觉的科学》,陈一壮译,北京大学出版社1999年版。

33.［法］埃德加·莫兰:《迷失的范式:人性研究》,陈一壮译,北京大学出版社1999年版。

34.［法］爱弥儿·涂尔干:《社会学与哲学》,梁栋译,上海世纪出版集团、上海人民出版社2002年版。

35.［法］迪尔克姆:《社会学方法的准则》,狄玉明译,商务印书馆1995年版。

36. [法]迪尔克姆:《自杀论》,冯韵文译,商务印书馆 2001 年版。

37. [法]卢梭:《论人类不平等的起源和基础》,李常山译,商务印书馆 1962 年版。

38. [法]帕斯卡尔:《思想录:论宗教和其他主题的思想》,何兆武译,商务印书馆 1985 年版。

39. [古希腊]柏拉图:《泰阿泰德》,詹文杰译,商务印书馆 2015 年版。

40. [古希腊]亚里士多德:《形而上学》,苗力田译,中国人民大学出版社 2003 年版。

41. [罗]亚·泰纳谢:《文化与宗教》,张伟达等译,中国社会科学出版社 1984 年版。

42. [美]D.C.菲立普:《社会科学中的整体化思想》,吴忠等译,宁夏人民出版社 1988 年版。

43. [美]E.B.威尔逊:《科学研究方法论》,石大中等译,上海科学技术文献出版社 1988 年版。

44. [美]E.拉兹洛:《用系统的观点看世界》,闵家胤译,中国社会科学出版社 1985 年版。

45. [美]L.A.怀特:《文化的科学》,沈原等译,山东人民出版社 1988 年版。

46. [美]P.K.博克:《多元文化与社会进步》,童奇志译,辽宁人民出版社 1988 年版。

47. [美]R.M.基辛:《文化·社会·个人》,甘华鸣、陈芳译,辽宁人民出版社 1988 年版。

48. [美]爱德华·希尔斯:《论传统》,傅铿、吕乐译,上海世纪出版集团 2009 年版。

49. [美]爱尔乌德:《文化进化论》,钟兆麟译,上海文化出版社 1989 年版。

50. [美]贾雷德·戴蒙德:《崩溃——社会如何选择成败兴亡》,江滢、叶臻译,上海译文出版社 2008 年版。

51. [美]拉尔斐·比尔斯:《文化人类学》,骆继光、秦文山等译,河北教育出版社 1993 年版。

52. [美]刘易斯·科塞:《社会学导论》,安美华等译,南开大学出版社 1990 年版。

53. [美]路易斯·P.波伊曼:《宗教哲学是什么》,黄瑞成译,中国人民大学出版社 2014 年版。

54. [美]露丝·本尼迪克特:《文化模式》,何锡章、黄欢译,华夏出版社 1987 年版。

55. [美]罗伯特·阿克塞尔罗德:《合作的进化》,吴坚忠译,上海世纪出版集团 2007 年版。

56.［美］穆蒂莫·艾德勒:《哲学是每个人的事》,郗庆华、薛笙译,北方文艺出版社2014年版。

57.［美］乔尔·查农:《社会学与十个大问题》,汪丽华译,北京大学出版社2009年版。

58.［美］斯坦利·霍尔:《哲学的邀请:问题与选择》,顾肃、刘雪梅译,上海译文出版社2014年版。

59.［美］威尔伯·施拉姆、威廉·波特:《传播学概论》,何道宽译,新华出版社2010年版。

60.［日］柳宗悦:《工艺文化》,徐艺乙译,广西师范大学出版社2006年版。

61.［日］牧口常三郎:《价值哲学》,马俊峰、江畅译,中国人民大学出版社1989年版。

62.［苏］巴普洛夫:《巴甫洛夫选集》,吴生林等译,科学出版社1955年版。

63.［匈］乔治·马尔库什:《马克思主义与人类学——马克思哲学关于“人的本质”的概念》,李斌玉、孙建茵译,黑龙江大学出版社2011年版。

64.［英］H.P.里克曼:《理性的探险》,姚休等译,商务印书馆1996年版。

65.［英］阿诺德·汤因比:《历史研究》(上下卷),郭小凌等译,上海世纪出版集团2010年版。

66.［英］阿诺德·汤因比:《人类与大地母亲:一部叙事世界历史》(上下卷),徐波等译,上海人民出版社2012年版。

67.［英］阿尔弗雷德·诺斯·怀特海:《过程与实在》,杨富斌译,中国城市出版社2003年版。

68.［英］安东尼·吉登斯:《社会的构成》,李康、李猛译,生活·读书·新知三联书店1998年版。

69.［英］柏克:《法国革命论》,何兆武译,商务印书馆1998年版。

70.［英］丹尼·卡瓦拉罗:《文化理论关键词》,张卫东、张生、赵顺宏译,江苏人民出版社2006年版。

71.［英］罗素:《西方哲学史》(上下),冯德元译,商务印书馆1976年版。

72.［英］洛克:《人类理解论》(上下),关文运译,商务印书馆1959年版。

73.［英］马林诺夫斯基:《文化论》,费孝通等译,中国民间文艺出版社1987年版。

74.［英］齐格蒙特·鲍曼:《作为实践的文化》,郑莉译,北京大学出版社2009年版。

75.［英］特伦斯·霍克斯:《结构主义和符号学》,瞿铁鹏译,上海译文出版社1987

年版。

76. [美]查尔斯·霍顿·库利:《人类本性与社会秩序》,包凡一、王源译,华夏出版社 1999 年版。

77. 潘荣陛:《帝京岁时纪胜,燕京岁时记》,北京古籍出版社 1981 年版。

78. 北京大学社会学系社会学理论教研室《社会学教程》编写组:《社会学教程》,北京大学出版社 1987 年版。

79. 陈国庆:《汉书艺文志注释汇编》,中华书局 1983 年版。

80. 董晓萍:《现代民俗学讲演录》,广西师范大学出版社 2007 年版。

81. 方李莉:《全球化背景中的非物质文化遗产保护——贵州梭嘎生态博物馆考察所引发的思考》,《非物质文化遗产保护》2006 年第 3 期。

82. 费孝通:《文化与文化自觉》,群言出版社 2010 年版。

83. 冯俊英:《浅谈非物质文化遗产的生产性保护》,《大众文艺》2013 年第 6 期。

84. 冯友兰:《觉解人生》,浙江人民出版社 1996 年版。

85. 冯友兰:《中国哲学简史》,新世界出版社 2004 年版。

86. 冯之浚:《文化与人生》,《科学学研究》2007 年第 3 期。

87. 高清海:《哲学的奥妙》,吉林人出版社 1997 年版。

88. 耿波:《文化自觉与正当性确认:当代中国非遗保护的权益公正问题》,《思想战线》2014 年第 1 期。

89. 郭艳君:《历史与人的生成》,社会科学文献出版社 2005 年版。

90. 韩树英:《通俗哲学》,中国青年出版社 2011 年版。

91. 贺善侃:《价值、文化、科技》,华东大学出版社 2004 年版。

92. 胡军:《哲学是什么》,北京大学出版社 2002 年版。

93. 胡平生、陈美兰:《礼记·孝经》,中华书局 2007 年版。

94. 姜永志、张海钟:《社会认同的区域文化心理研究》,《长安大学学报》(社会科学版)2009 年第 11 卷第 4 期。

95. 寇占奎:《非物质文化遗产保护的社会价值分析》,《河北广播电视大学学报》2010 年第 15 卷第 4 期。

96. 李德顺:《价值论》,中国人民大学出版社 2007 年版。

97. 李连科:《价值哲学引论》,商务印书馆 1999 年版。

98. 李鹏程:《当代文化哲学沉思录》,人民出版社 2008 年版。

99. 李庆善:《金少英集释:汉书食货志集释》,中华书局 1985 年版。

100. 梁漱溟:《东西文化及其哲学》,商务印书馆 2010 年版。

101. 林继富、王丹:《解释民俗学》,华中师范大学出版社 2006 年版。

102. 刘劲杨:《哲学视野中的复杂性》,湖南科学技术出版社 2008 年版。

103. 刘森林:《实践的逻辑》,社会科学出版社 2009 年版。

104. 鲁迅:《鲁迅全集》(第八卷),人民文学出版社 1981 年版。

105. 麦克米伦出版有限公司:《麦克米伦高阶英语词典》(英语版),外语教学与研究出版社 2003 年版。

106. 蒙冰峰:《主体间性道德人格教育研究》,西安理工大学博士学位论文,2010 年。

107. 苗东升:《系统科学精要》,中国人民大学出版社 2010 年版。

108. 闵家胤:《进化的多元论》,中国社会科学出版社 1999 年版。

109. 欧阳康、张明仓:《社会科学研究方法》,高等教育出版社 2001 年版。

110. 钱理群:《周作人传》,北京十月文艺出版社 2001 年版。

111. 钱学森:《论系统工程》,湖南科学技术出版社 1982 年版。

112. 青岛泰之:《在"中国非物质文化遗产保护论坛"开幕式上的致辞》,载王文章编:《中国非物质文化遗产保护论坛论文集》,文化艺术出版社 2006 年版。

113. 商务印书馆辞书研究中心:《古代汉语词典》,商务印书馆 2014 年版。

114. 世界银行:《1998/99 世界发展报告:知识与发展》,中国财政经济出版社 1999 年版。

115. 孙正聿:《崇高的位置》,吉林人民出版社 2007 年版。

116. 孙正聿:《人的精神家园》,江苏人民出版社 2014 年版。

117. 孙正聿:《属人的世界》,吉林人民出版社 2007 年版。

118. 王文章:《非物质文化遗产概论》,文化艺术出版社 2006 年版。

119. 王阳明:《王阳明全集》,吴光、钱明等校,上海古籍出版社 2012 年版。

120. 魏宏森、曾国屏:《系统论——系统科学哲学》,清华大学出版社 1995 年版。

121. 文化部非物质文化遗产司:《非物质文化遗产保护法律法规资料汇编》,文化艺术出版社 2013 年版。

122. 文亚妮:《社会科学中的方法论个体主义研究》,山西大学硕士论文,2010 年。

123. 乌丙安:《非物质文化遗产保护理论与方法》,文化艺术出版社 2010 年版。

124. 乌丙安:《非物质文化遗产的概念界定与分类认定》,载王文章编:《中国非物质文化遗产保护论坛论文集》,文化艺术出版社 2006 年版。

125. 乌丙安:《中国民俗文化的根基及其深刻影响》,载乌丙安编:《非物质文化遗产保护理论与方法》,文化艺术出版社 2010 年版。

126. 吴彤:《多维融贯系统分析与哲学思维方法》,云南人民出版社 2005 年版。

127. 夏甄陶:《人是什么》,商务印书馆 2000 年版。

128. 萧放:《传统节日与非物质文化遗产》,学苑出版社 2011 年版。

129. 辛敬良:《马克思主义哲学导论》,复旦大学出版社 1991 年版。

130. 幸强国:《语意、辨明与实用主义——普特南哲学研究》,西南财经大学出版社 1998 年版。

131. 许慎:《说文解字新订》,臧克和、王平校订,中华书局 2002 年版。

132. 杨国荣:《人类行动与实践智慧》,生活·读书·新知三联书店 2013 年版。

133. 袁贵仁主编:《马克思主义哲学原理》,北京出版社 1999 年版。

134. 张汝伦:《意义的探究》,辽宁人民出版社 1986 年版。

135. 张松:《城市文化遗产保护国际宪章与国内法规选编》,同济大学出版社 2007 年版。

136. 张松:《历史城市保护学导论》,同济大学出版社 2008 年版。

137. 张一兵:《马克思历史辩证法的主体向度》,南京大学出版社 2002 年版。

138. 赵家祥、丰子义:《马克思东方社会理论的历史考察和当代意义》,高等教育出版社 2002 年版。

139. 郑杭生:《社会学概论新修》,中国人民大学出版社 2001 年版。

140. 中共中央书记处研究室文化组:《党和国家领导人论文艺》,文化艺术出版社 1982 年版。

141. 周和平:《在"中国非物质文化遗产保护论坛"闭幕式上的讲话》,载王文章编:《中国非物质文化遗产保护论坛论文集》,文化艺术出版社 2006 年版。

142. 宗懔:《荆楚岁时记》,宋金龙校注,山西人民出版社 1987 年版。

（二） 文章

1. 陈华文:《论非物质文化遗产遗产生产性保护的几个问题》,《广西民族大学学报》(哲学社会科学版)2010 年第 5 期。

2. 陈力丹、闫伊默:《传播学纲要》,中国人民大学出版社 2007 年版。

3. 陈天培:《非物质文化遗产经济价值》,《改革与战略》2006 年第 21 卷第 5 期。

4. 陈文:《城市非物质文化遗产保护研究》,西北大学硕士论文,2007 年。

5. 陈信宁、李锋:《非物质文化遗产生产性保护新解》,《知识经济》2013 年第 19 期。

6. 程惠哲:《非物质文化遗产的和谐价值》,《百色学院学报》2008 年第 21 卷第 1 期。

7. 段菲菲:《从社会认同的视角看"五四"知识分子的认同危机》,《山西青年管理干部学院学报》2010 年第 23 卷第 2 期。

8. 高清海:《人与哲学》,《求是学刊》1995 年第 6 期。

9. 高小康:《如何为非遗的"生产性保护"划出红线》,《人文杂志》2013 年第 9 期。

10. 桂勇:《论当代文化的消费主义化》,《复旦学报》(社会科学版)1995 年第 5 期。

11. 韩新民:《系统方法论与社会科学研究》,《南京大学学报》1994 年第 1 期。

12. 黄胜进:《从"文化遗产"到"文化资本"——非物质文化遗产的内涵及其价值考察》,《青海民族研究》2006 年第 17 卷第 4 期。

13. 李文贵:《非物质文化遗产传承与保护面临的主要问题探析》,《中华文化论坛》2012 年第 3 期。

14. 李醒民:《价值的定义及其特性》,《哲学动态》2006 年第 1 期。

15. 李晓林:《共同参与保护,构建和谐精神家园》,《中国文化报》2006 年 3 月 2 日。

16. 李寅:《侗族大歌传承路在何方?》,《中国民族报》2012 年 10 月 19 日。

17. 李哲、姜天娇:《传统技艺生产性保护大有可为》,《经济日报》2009 年 2 月 15 日。

18. 李志丹:《河南省非物质文化遗产生产性保护——基于旅游开发视角》,《北方经贸》2012 年第 5 期。

19. 厉春雷:《非物质文化遗产的价值审视:基于生存资源与文化资本的两个维度》,《生产力研究》2012 年第 1 期。

20. 刘爱华:《非遗视域下江西体育民俗生产性保护简论》,《江西师范大学学报》(哲学社会科学版)2013 年第 3 期。

21. 刘洪艳、王宇:《非物质文化遗产的多元价值探讨》,《山东社会科学》2010 年第 179 卷第 7 期。

22. 刘魁立:《民间传统技艺的人性光辉》,《中南民族大学学报》(人文社会科学版)2009 年第 4 期。

23. 刘萍:《生产性保护能否推进传统手工艺之传承》,《河北日报》2009 年 6 月 19 日。

24. 刘茜、金娟:《专家眼中的"非遗"生产性保护》,《中国文化报》2009 年 2 月 25 日。

25. 刘锡诚:《"非遗"产业化:一个备受争议的问题》,《河南教育学院学报》(哲学社会科学版)2010 年第 4 期。

26. 刘锡诚:《传承与传承人》,《河南教育学院学报》(社会科学版)2006 年第 5 期。

27. 刘锡诚:《论"非遗"传承人的保护方式》,《河南教育学院学报》(社会科学版)2011 年第 1 期。

28. 刘阳:《聚焦"生产性保护"中的非遗:"中国式保护"进行时》,《人民日报》2013 年 7 月 4 日。

29. 刘忠培、龙叶先:《苗族水鼓舞的生产性保护初探》,《贵阳学院学报》2015 年第 2 期。

30. 柳长华:《非物质文化遗产保护能为我们带来什么?》,《西安交通大学学报》(社会科学版)2008 年第 28 卷第 4 期。

31. 龙叶先、王冬敏:《系统哲学方法在社会科学研究中的应用再析》,《系统科学学报》2015 年第 23 卷第 2 期。

32. 龙叶先:《蚩尤文化与贵州文化身份构建》,《贵阳学院学报》(社会科学版)2013 年第 1 期。

33. 龙叶先:《非遗"重申报、轻保护",根源何在?》,《贵州民族报》(民族文化周刊)2012 年 9 月 12 日。

34. 龙叶先:《贵州蚩尤文化资源的特色分析》,《黔南民族师范学院学报》(哲学社会科学版)2015 年第 35 卷第 3 期。

35. 龙叶先:《论苗族服饰的活态保护》,《黔南民族师范学院学报》2007 年第 1 期。

36. 吕田品:《重振手工与非物质文化遗产生产性方式保护》,《中南民族大学学报》2009 年第 4 期。

37. 闵家胤:《社会系统的新模型》,《系统科学学报》2006 年第 1 期。

38. 潘年英:《矛盾的"文本"——梭戛生态博物馆的人类学观察》,《文艺研究》2002 年第 1 期。

39. 彭岚嘉:《物质文化遗产与非物质文化遗产的关系》,《西北师大学报》(社会科学版)2006 年第 33 卷第 6 期。

40. 祁庆富:《论非物质文化遗产保护中的传承及传承人》,《西北民族研究》2006 年第 3 期。

41. 钱永平:《非物质文化遗产的价值评估与保护实践》,《重庆文理学院学报》(社会科学版)2012 年第 31 卷第 6 期。

42. 秦岩、杨爱民、代志鹏:《第三意大利的兴起及其对中国西部大开发的启示》,

《云南社会科学》2007年第6期。

43.秦永富:《"一町一品"运动——日本"社区文化"总体营造中对传统手工艺的保护和开发》,《上海工艺美术》1996年第2期。

44.宋建林:《中国古代对非物质文化遗产的传承与保护》,《中国文化报》2005年7月7日。

45.宋俊华:《文化生产与非物质文化遗产生产性保护》,《文化遗产》2012年第1期。

46.谭宏:《"非遗"生产性保护方式与文学艺术创作》,《文艺研究》2010年第9期。

47.田艳:《加强非物质文化遗产的生产性保护》,《人民日报》2012年1月12日。

48.汪欣:《对非物质文化遗产生产性保护理念的认识》,《艺苑》2011年第2期。

49.汪信砚:《马克思主义哲学与价值哲学》,《社会科学辑刊》2004年第2期。

50.王鹤云:《非物质文化遗产的多元价值分析》,《中国文化报》2008年7月16日。

51.王建祥、金剑:《非物质文化遗产生产性保护研究—以刘伶醉酿酒工艺为例》,《河北经贸大学学报》(综合版)2012年第4期。

52.王泽鹏、陈建国:《浅谈非物质文化遗产的生产性保护——以五莲割花为例》,《新乡学院学报》(社会科学版)2013年第3期。

53.吴波:《社会发展的规律性和人的目的性》,《江苏大学学报》2010年第12卷第5期。

54.向云驹:《从自在走向自觉——论保护非物质文化遗产在建设社会主义核心价值体系中的作用与地位》,《文化学刊》2008年第10卷第2期。

55.晓光:《从日本"人间国宝"说起》,《人民日报》2007年5月23日。

56.谢中元:《"生产性保护"视野下佛山剪纸的现代传承研究》,《原生态民族文化学刊》2012年第4期。

57.杨国荣:《实践哲学:视域与进路》,《学术月刊》2013年第45卷第5期。

58.杨刘保:《个人与社会的关系——社会学的基本问题》,《长春市委党校学报》2009年第3期。

59.佚名:《"非遗"保护存三大误区:传承与创新之间把握失衡》,《民族论坛》2001年第11期。

60.苑利、顾军:《非物质文化遗产开发应遵循传承规律》,《中国知识产权报》2009年7月3日。

61.苑利:《非物质文化遗产保护主体研究》,《重庆文理学院学报》(社会科学版)

2009 年第 2 期。

　　62. 苑利:《非遗"重申报""轻保护",原因何在?》,《中国艺术报》2012 年 2 月 29 日。

　　63. 张乃和:《认同理论与世界区域化研究》,《吉林大学社会科学学报》2004 年第 3 期。

　　64. 张兆林、孙元国:《浅析非物质文化遗产的生产性保护》,《学理论》2012 年第 19 期。

　　65. 赵农:《非物质文化遗产与生产性保护》,《文艺研究》2009 年第 5 期。

　　66. 赵玉燕、吴曙光:《象征生命的原始符号》,《中南民族大学学报》(哲学社会科学版)2006 年第 3 期。

　　67. 朱祖希:《中国的"申遗"和业已取得的成就》,《北京观察》2007 年第 10 期。

　　68. 宗文、刘红婴:《保护文化遗产,构建和谐社会——献给第二个文化遗产日》,《光明日报》2007 年 6 月 8 日。

二、外文文献

　　1. Adam, Barbara. *Time and Social Theory*. Cambridge: Polity Press, 1990.

　　2. Bronisilaw Malinowski. *The Dynamics of Culture Change: An Inquiry into Race Relation in Africa*. New Haven Yale University Press, 1945.

　　3. Christopher S. dawson. *Leading Culture Change*. Stanford University Press, Stanford, California, 2010.

　　4. Erik Cohen. *The Commercialized Crafts of Thailand: Hill Tribes and Lowland Villages*. Richmond, Surrey, Curzon Press, 2000.

　　5. Maurice H. Krout. "Culture and Culture Change". *The American Journal of Sociology*, Vol.38, No.2 (Sep., 1932), pp.253-263.

　　6. Morton White. *A Philosophy of Culture: The Scope of Holistic Pragmatism*. Copyright 2002 by Princeton University Press. Published by Princeton University Press, 41 William Street, Princeton, New Jersey 08540.

　　7. PaulTillich. *Theology of Culture*. Oxford University Press, Inc. 1959.

　　8. Region. *Growth and Change*, Vol.41 No.1 (March 2010).

　　9. Wilson D. Wallis. *Culture and Progress*. The Mcgra whill Book Company, INC, 1930.

后　记

　　经过多年艰辛探索,本书作为国家社会科学基金项目成果终于可以出版了。回顾起自项目立项到结题再到出版的心路历程,真是悲喜交集、感慨万端。项目获批时的激动,研究过程的痛苦思考和写作,结项时的忐忑,以及通过结项时的欣喜,经历了多少个难眠的日日夜夜,真是太不容易了!

　　文化遗产的传承保护是一个古老而时新的课题。非物质文化遗产"生产性"保护是人们对这一个古老课题在现时代中进行深切反省后而提出的。本书对非物质文化遗产"生产性"保护进行哲学反思,实质上又是对这一反省的进一步反省。因此,某种意义上可以说,"非物质文化遗产'生产性'保护的哲学研究",不仅是"老问题,新方法",更是"新问题,新视角"。同时,在学科由分离不断走向综合的现时代,从哲学这一新角度反省非物质文化遗产的"生产性"保护,无疑也是学科交叉研究的一种尝试。

　　本书主要做了如下几件事情:第一,梳理了我国非物质文化遗产保护的历史传统,批判了非物质文化遗产国际四种通行保护方式,考察了非物质文化遗产"生产性保护"实施成绩及问题,提出了对非物质文化遗产"生产性保护"进行哲学审视反思的必要性,明确了研究的主要构成及相关内容。第二,以马克思、恩格斯社会基本生产两个理论——物质生活资料生产和人本身生产(人的繁衍)为方法论基础,对非物质文化遗产"生产性保护"进行了再认识和再理解,初步澄清了非物质文化遗产"生产性保护"的含义及适用范围。第三,根据系统哲学原理对非物质文化遗产"生产性保护"实施主体系统进行了再认识和再理解,重新论证、构设了非物质文化遗产"生产性保护"实施主体系统的结构、要素。第四,提出了认识非物质文化遗产"生产性保护"价值合理性和正当性的新方法论——系统哲学。以新方法论为指导,从人的多层次存在角度,对非物质文化遗产"生产性保护"的价值合理性和正当性进行了重新认识,得出了"生产性保护"的深层价值合理性和正当性,是由人与自然、人与社会、人与自我、人与历史协同价值所构成的系统的认识。第五,论证了非物质文化遗产"生产性保护"在"人与自然"互动关系中的媒质意义,并探讨其中的机制原理。最后,本书较为详致地论证了非物质文化遗产"生产性保护"在"人与社会"互为依赖、相互促进联系中的介质性功能,认为非物质文化遗产"生产性保护"是人的社会理想、美好生活目标愿望实现的重要方式。

本书具有如下突出的特色:第一,从哲学角度审视非物质文化遗产"生产性保护",为非物质文化遗产"生产性保护"展开多学科、多视角研究提供范性和启迪。第二,澄清了非物质文化遗产"生产性保护"概念的内涵及适用范围,为人们正确认识非物质文化遗产"生产性保护"和正确实施非物质文化遗产"生产性保护"奠定坚实理论基础。第三,厘清了非物质文化遗产"生产性保护"实施主体系统的要素及要素之间的关系,对人们认识、了解自己在非物质文化遗产"生产性保护"中角色、定位、义务、责任有所提示。第四,明辨了非物质文化遗产"生产性保护"的深层理由和基本根据,为非物质文化遗产"生产性保护"明确了方向,使人们能够认识到再现和再生产非物质文化遗产的重要意义,并自觉行动。第五,剖析了非物质文化遗产"生产性保护"和"人与自然"的相互关系,使人们能够正确认识非物质文化遗产"生产性保护"对协调人与自然关系的意义。第六,透视了非物质文化遗产"生产性保护"和"人与社会"的相互关系,使人们能够认识到非物质文化遗产"生产性保护"对于构建美好社会、幸福生活的作用,从而使人们能够主动自觉地参与到非物质文化遗产"生产性保护"中去。此外,本书从人类社会整体层次上展开研究,相对于以往着眼于非物质文化遗产事项本身、个人层次等狭隘视角,也是一种特色。

尽管"谦虚使人进步",但也不必"妄自菲薄"。俗话说:"好酒也怕巷子深"。本书在学术价值上丰富发展、拓宽开阔了非物质文化遗产保护研究的理论体系和理论视野,深化了非物质文化遗产"生产性保护"的认识和理解,提升了非物质文化遗产"生产性保护"的理论层次,拓展了哲学研究领域,促进了哲学走出书斋、走上田野。同时,本书可以使非物质文化遗产"生产性保护"突破现有的领域,拓展到所有非物质文化遗产上;还可以为筛选非物质文化,确定遗产与非遗产,提供基本的参照尺度。

在本书完成并即将付梓之时,我衷心感谢资助、支持和帮助过我的各单位和个人。

首先,衷心感谢国家社会科学基金委员会给予我课题和经费的资助和支持。如果没有你们的课题立项及资金支持,就不会存在本书稿,再次感谢你们!

其次,衷心感谢评审专家,正是你们的审慎意见使我的思考更为深入,也使我的文稿更为严密。这里对你们再次表示感谢!

再次,感谢贵阳市政府和贵阳学院学科与硕士点建设部门。如果没有你们的出版基金支持,本文稿难以出版。再次感谢你们!

同时,还要感谢人民出版社的编辑,你们不厌其烦、字斟句酌地审阅稿件,避免了本书的文字瑕疵,你们提出的修改建议也使本书增色不少。由衷向你们表达我的谢意!

责任编辑：段海宝
封面设计：石笑梦
版式设计：胡欣欣
责任校对：张杰利

图书在版编目（CIP）数据

非物质文化遗产"生产性保护"的哲学研究/龙叶先 著. —北京：人民
　出版社，2021.11
ISBN 978－7－01－024296－5

Ⅰ.①非…　Ⅱ.①龙…　Ⅲ.①非物质文化遗产-保护-研究-中国
　Ⅳ.①G122

中国版本图书馆 CIP 数据核字（2021）第 238361 号

非物质文化遗产"生产性保护"的哲学研究
FEI WUZHI WENHUA YICHAN SHENGCHANXING BAOHU DE ZHEXUE YANJIU

龙叶先　著

人民出版社 出版发行
（100706　北京市东城区隆福寺街 99 号）

天津文林印务有限公司印刷　新华书店经销

2021 年 11 月第 1 版　2021 年 11 月北京第 1 次印刷
开本：710 毫米×1000 毫米 1/16　印张：17
字数：224 千字

ISBN 978－7－01－024296－5　定价：60.00 元

邮购地址　100706　北京市东城区隆福寺街 99 号
人民东方图书销售中心　电话（010）65250042　65289539